〈현실의 학〉
으로서의 철학

인간에 대한 해석, 지도, 창조의 학문에 묻다

〈현실의 학〉
으로서의 철학

정종 지음

kSi 한국학술정보㈜

머리말

주로 敎本으로 엮은 이 冊子는 ㄴ의 original한 것은 아니나, 나의 口味에 맞도록은 엮었다고 생각한다.

敎養 科目으로서의 哲學 槪論, 그리고 入門書로서의 哲學 槪論, 나아가서는 一生을 통하여 아마 단 한 번밖에 接할 機會가 없을지도 모르는 許多한 初學者들을 위한 哲學 槪論이라는 點 등을 念頭에 두고, 한사코 平易와 興味를 圖謀하면서로 專門的인 面을 소홀히 하지는 않을 생각이었으며, 그러나 광범위하고도 깊은 現實의 理解와 哲學的인 특수한 素養을 쌓도록 이끌기 위해, 親切을 다하기로 힘썼다. 末尾의 Memo欄은 그러한 意圖에서 나온 것이다.

보통의 例와는 달리 特히 現代 哲學을 앞에다 내어놓았음은, '哲學하는 일'을 통한 哲學에의 關心을 환기하기 위한 것 外에, 더 깊이는 哲學이 '現實의 學'이며, 또한 그것이 되기 위해서이다. 우리가 함께 살고 있는 이 現實, 그리고 現實을 뜨받치고 있고, 또 規定짓고 있는 現代라는 特異한 時代的 樣相을 한층 우리들의 關心 앞에 끌어오기 위해서인 것이다.

우리는 단지 現實에서 살고 있을 뿐 아니라, 더 나아가 現實을 살고 있는 것이므로, 우리는 現實을 哲學하고 또 現代를 哲學하여야 하는 것이다. 現代라고 하는 特異하고도 緊迫한 狀況이 밑받침하고 있는 우리의 現實은 바로 우리가 '어떻게 살아야 할 것인가?' 하는 숨 가쁜 물음이 비롯하는 地點이면서 또 그 물음에의 解答이 마련될 막바지의 地點이기도 하다. '現實의 學'으로서의 哲學은 그래서 항상 '生의 學'이기도 '人間의 學'이기도 하며, 결국 '自我의 學'이 되는 것이다.

동시에 '現實의 學'은 '現實의 解釋學'일 뿐 아니라, '現實의 指導學'이며 나아가서는 '現實의 創造學'이 되어야 한다. 現實의 主體를 人間이라고 할 때, '現實의 學'으로서의 哲學은 더욱 깊은 자리에서 '人間의 學'이며 따라서 '人間의 解釋學'에 그치지 않은 '人間의 指導學', 나아가서는 '人間의 創造學'이 되어야 할 계제에 다다른다.

이처럼 哲學이 人間 自身의 學일진대, 그것은 동시에 다름 아닌 '나' 自身의 學일 수밖에 없다. 그런 까닭으로 해서 '現實의 學'으로서의 哲學은 궁극적으로 '自我의 學'인 것이며, 現代에 와서 더욱 그렇다. 그러기에 現代 哲學은 그 自身 '主體(性)의 學'으로서 등장하게 된 것이 아닌가. 여기에 바로 現代가 지닌 특수하고도 긴박한 時代的 樣相의 片鱗이 깃들어 있다.

哲學은 이처럼 또한 본래가 '自我의 學'이며 '主體의 學', 그리고 '人間의 學'이기 때문에 동시에 '非我의 學' 또는 '世界의 學'이 되기도 하는 것이다. 哲學을 일러 '世界觀의 學'이라고 하는 까닭이 여기에 있다.

本是, 自我와 世界는 둘이 아니므로, 哲學의 對象 領域은 自我 自體이기도 하며, 世界 全體이기도 하다. 自我를 떠나지 않은 世界와 世界를 여의치 않은 自我가 한곳 際會하는 그 자리가 곧 哲學의 本來의 領土인 것이다. 哲學의 그러한 自己 故鄕에의 復歸는 결코 장난삼아 하는 따위의 일 이기는커녕, 우리가 더욱 굳건히 살아 나가기 위해서 어쩔 수 없는 일인 것이다. 아무튼 오늘의 哲學은 '어떻게 살 것인가?' 에 대하여 盲目일 수는 없다. 우리가 哲學을 함은, 오로지 喪失된 故鄕의 回復을 위한 피투성이의 싸움 아닌 다른 어떠한 것도 아니다.

이러고서 어찌 哲學이 무미건조한 學의 찌꺼기일 수 있겠으며, 어떻게 우리가 또 哲學을 남 일처럼 방관만 하고 있을 수 있겠는가.

大抵, 우리는 哲學하지 않고는 살 수 없는 것이 아닐까. 적어도 哲學하는 일과 사는 일이 따져 놓고 보면, 別個의 것이 아님을 깨닫고 또 그것을 몸소 體驗하는 데까지, 친절한 案內의 구실을 할 수 있는 使命의 學的 努力의 표현이 바로 哲學 槪論이라는 것이 아니겠는가.

그러나 나의 企圖가 이 冊子로서 불충분하고 또 미급했다면, 나는 그것을 또 한번 講義의 機會를 통해 보충해야 할 것이며, 또한 그것으로도 부족하다면, 學生 諸君들의 열의에 찬 自己 努力과 奮鬪 곧 스스로의 '哲學 하는 일'을 통하여 스스로가 目標에 도달할 수 있도록, 마치 無에서 創造하고, 零에서 飛躍하듯, 스스로 싸워 얻도록 하여야 할 것이다. 사는 것도 그렇거니와, 哲學하는 것은 더욱 남이 代身해 줄 수 없는 노릇이기 때문이다. 스스로 哲學하지 않고는 영원히 哲學은 나의 것이 되지 않을 것이다. 人生을 제 스스로가 살아 보지 않고는 이 단 한 번뿐인 人生을 살았다고 이를 수 없는 것처럼.

哲學하는 일이야말로 眞實로 사는 일의 처음이며 마지막이기에.

1962년 3월 1일
지은이 적음

차 례

哲學이란 무엇인가?

첫째 가름
哲學(的) 精神(Der philosophische Geist)

§ ① 우리는 '哲學 精神이란 무엇인가?'를 묻기 위하여 哲學 精神의 發祥地인 Grecia로 거슬러 올라가고, 또 거기서 紀元前 5世紀에서 4世紀에 걸쳐 빛나는 生涯의 幕을 내린 Sokrates 곧 哲學 精神의 創始者이며 權化인 그의 人間과 生活을 더듬어 볼 필요가 있다. 왜 그러냐 하면, 이른바 哲學 精神은 바로 Sokrates라는 한 人間과 그 生活 속에서 우러나와 또 거기로 돌아가는 精神이기 때문이다. 그래서 哲學的 精神은 Sokrates的 精神이라고도 할 수 있는 것이다. 그러면 Sokrates的 精神이란 무엇인가? Sokrates는 어떠한 精神에서 살고 또 죽었는가? 우리는 그의 人間과 그의 思想이 渾然一體가 된 그의 生活史에서 그것을 生生하게 또 典型的으로 볼 수 있는 것이다.

(1) Sokrates

§ ② 그는 紀元前 <u>469</u>(470)년 5월 中旬에서 6월 中旬 사이의(tharge-lion) 6일에 Athenai市의 Alopeke라는 동내(Demos)에서 났다. 이 동내는 市의 城壁으로부터 東北쪽 約 半時間 가량의 行程, Lykabettos의 언덕의 南麓에 있었다.

그 아버지는 *Sophronikos*, 數代前부터 줄곧 彫刻을 業으로 하고 있는 이었다. *Sokrates*도 젊어서는 한동안 家業에 종사한 것처럼 보인다. 그가 특히 人間의 肉體美에 대하여 섬세한 識見을 가지고 있었다는 것을 보면 당시 Athenai의 彫刻業은 收入이 많은 職業으로 *Sokrates*의 아버지도 상당히 富裕한 편에 속했던 모양이다. 그래서 *Sokrates*에겐 약간의 遺産도 있었다.

그의 어머니는 Phainarete라고 부르는 '무척 훌륭한 그리고 엄격한 産婆'여서, *Sokrates*는 스스로의 敎育 方法을 나중에 어머니의 産婆術(maieutlke)에 비겨 精神的 産婆術이라고 부르기까지 했다.

§ ③ *Sokrates*가 畢生의 事業 곧 敎育에, 말을 바꾸면 'Philoso-phieren' 하는 일에 투신하게 된 것은 30세 전후가 되겠는데, 거기에 깊은 自覺과 굳은 信念을 얻게 된 결정적인 동기는, Delphoi 神殿의 Apollon 神의 神託(oracle)과 그 解釋에 말미암고 있다. 그의 竹馬古友이며 民黨의 一員인 그리고 直情徑行의 人으로 유명한 *Kaire phon*은 어느 날 멀리 Parnassos 山의 기슭에 자리 잡은 Delphoi에 가서, 거기 Apollon의 神託所에 "*Sokrates*보다 더한 賢者가 있느냐?"는 것을 問議하여, "모든 사람들 가운데서 *Sokrates*야말로 가장 賢者"(Diogenes Iaertius에 의함)라는 oracle을 얻어왔다.

§ ④ *Sokrates*는 이 소리를 듣고 크게 놀랐으며, 또 한편, 그것이 과연 무엇을 意味하는가에 대하여 생각해 보았다. 그런 나머지 自己보다도 賢明한 사람들을 歷訪하여 이 oracle의 錯誤 與否를 밝혀 보기로

결심하였다. 그의 발걸음이 Delphoi 神殿에 이르러 거기 正門의 기둥에 새겨진 "Gnothi seauton"(Know thyself, Erkenne dich selbst, Connais toi toi-même)라는 文句를 보자마자 여태까지의 疑問을 완전히 풀 수가 있었다. 그것은 그가 방문한 허다한 政治家, 詩人, 手工業者 등에 있어서, 이들의 모두가 실은 '賢者가 아닌데도 무엇인가 有價值한 것을 알고 있는 것처럼 스스로 생각하고' 있으며, 이에 反하여 *Sokrates* 自身은 '아무것도 아는 것이 없을 뿐만 아니라, 알고 있다고 생각하지도 않는다'는 것을 스스로 발견함에 이르렀다는 것이다. 그리하여 마침내 저 oracle이 "*Sokrates*와 같이 실은 智慧에 있어서 아무런 價值도 없는 것을 알고 있는 사람이야말로 가장 賢明하다"고 함을 意味하는 것이라고 解釋했다.

§ ⑤ *Sokrates*는 이른바 自己 認識 또는 無知의 知(自覺)야말로 가장 귀중한 것이라고 생각하고, 널리 사람들을 吟味하여 如上의 自覺에까지 引導하는 일을 神意의 命하는 바 自己의 天職(Beruf, vocation, Calling)이라고 확신하게 되었고, 거기서 마침내 많은 사람들의 憎惡와 反感에도 불구하고, 또는 허다한 公事와 家事를 팽개치고 最後의 瞬間까지 이 職責에 전념하였다.(Apologia Sokratis)

§ ⑥ *Sokrates*는 괴상한 風貌의 소유자였다. 突出하고 빛나는 眼球, 치켜 올라간 큰 獅子코, (Theaitetos) 두터운 입술, 아무렇게나 자란 수염, 여름이나 겨울이나 한결같은 때 묻은 웃옷, 그리고 완강하게 생긴 맨발을 市中의 사람들이 많이 모인 集會場(Agora)이나 Gymnasion으로 끌고 다니면서, 웃는 얼굴로 그러나 남이 보기엔 기분이 썩 좋지도 않은 表情으로 老若의 구별 없이, 특히 美少年을 붙들기도 하고, 때로는 몸을 깨끗이 하고 신발도 신고, 上流의 知名人士들을 방문하여, 언제나 humor와 irony를 뒤섞은 含蓄性 있는 談論으로써 사람들을 매혹하고 나아가 그들을 날카로운 自己 省察로 向하게 하는 일이 그의 나날의 일이며 生活이었다.

§ ⑦ *Sokrates*는 위와 같은 일에 종사하게 된 뒤에, 이윽고, pelopo-nnesus 戰爭이 일어나, 전후 세 번이나 從軍하여 크게 功을 세우고, 그 人品의 훌륭함도 크게 드러나게 되었다. 三回의 勇戰에서 生死의 危險을 무릅쓰고, 그 職責을 훌륭히 완수한 것도 *Sokrates* 自身의 신념 굳은 자랑이었으며, 그가 그 뒤에 그 敎育的 天職의 固守를 辯明함에 있어서 그 矜持를 회상하고, 일찍이 戰場에서 命令된 地點을 死守한 自己가, 이제 神에 의하여 命令되었다고 믿어지는 이 職務를 죽음이나, 그 外의 危險 따위가 두려워 팽개친다는 것은 심히 부끄러운 일이며, 있을 수 없는 일이라고 告白하고 있는 것이다.(Apologia)

§ ⑧ Sokrates는 만년에 이르러—아마 50살 頃에—Xanthippe와 결혼하여 세 사내애를 낳았다. Xanthippe는 고래로 惡女의 대명사처럼 되어 論評이 區區하나, Sokrates에게는 그녀 外에 Myrto라는 愛人이 있어서, 그것이 妻의 不平의 원인이 되기도 했다느니 하여, 아무튼 여러 가지로 말썽이 많으나, Platon에게 있어서는 Xanthippe는 임종의 남편을 어린애들과 더불어 찾아가 訣別의 情을 나누는 한 사람의 溫情女로서 묘사되어 있다.

§ ⑨ 敎育을 大職으로 정한 *Sokrates*는 政治에의 關與를 극력 피했다. 그는 이를 오로지 그의 이른바 Daimonion의 소리의 抑止에 말미암은 것이라고 하고, 또한 이를 當然한 일이라고 믿었다. 大抵 당시의 타락한 民主 政治에 있어서는 政界에 투신하면 正義를 지킬 수가 없고, 애써 正義를 고집하면 몸이 危殆롭고, 결국 自己도 同胞도 利로울 것이 없다고 생각했기 때문이었다. 그는 이 사정을 증명하기 위하여 五百人會(議會 oi Pertakosioi)의 一員이었을 무렵(B.C. 406~405)의 一生中 단 두 번의 政治的 經驗을 실례로서 피력하고 있다. 그中 하나만 들면, —民主 政台 時代 406년 7월에 Arginousai의 小群島 근처에 있어서의 Sparta와 Athenai와의 海戰에서 勝利한 Athenai 軍이 歸路의 暴風雨로 인하여 44名(그中 半은 Athenai 市民)을 海中에서 잃었는데,

市民들은 이를 8名의 司令官의 책임이라고 규탄하여, 마침내 그들을 一括하여 刑에 처할 것을 要求하였다. 이에 대하여 Sokrates는 단신 大衆의 이 감정적 불법처치를 지적하고, 迫害와 危險을 무릅쓰고, 이에 反對하였으나, 이른바 衆愚 政治 때문에 결국 失敗의 苦杯를 마시게 되었다. 이 하나의 사실은 政治에 참여하면서 正義를 행한다는 일이 얼마나 어려운 일인가를 말함과 동시에, 他面 Sokrates가 얼마나 완강하게 正義를 死守하고, 法을 지지했는가를 말해 주는 것이다. 그는 告白하고 있다. "참으로 正義를 위하여 분투하려는 자가 만약 얼마 동안이라도 生命을 보유하려고 하면, 公務에 관여하지 말고 私的 生活을 마련할 필요가 있다"고.

§ ⑩ 마침내 399년 晩春頃, Meletos, Lykon 그리고 Anytos 등 세 사람은 돌연 Sokrates를 告訴했다. 그 訴狀의 內容인즉, "Sokrates는 國家가 인정하는 神들을 인정하지 아니하고, 다른 새로운 Daimonia를 내세워 靑年들을 타락시키므로 罪가 있다"(Xenophon, Memorabilia)라는 것이다. 이 告訴者의 표면의 대표자는 Meletos로 되어 있지만 실은 Sokrates 자신도 모르는 사람이고, 그 이면에 숨은 진정한 조종자는 Anytos다. 그는 政界에 세력을 갖고 民主 政治의 열렬한 지지자인데, 自己 아들이 아버지의 뜻 곧 實業家가 되라는 뜻을 저버리고 Sokrates의 門下고 달려갔다는 데에 不滿을 품었고, 自己가 노상 祖國의 恩人으로 경모하고 있는 Demistocles, Aristides, Thucydides 등을 Sokrates가 비난한 것에 대하여 私感을 갖고 있었다. 따라서 이 告訴는 순전히 私怨에 기인하고 있다고 할 수 있다.

§ ⑪ 그러나 동시에 이러한 당면의 告訴 內容 外에 그 背後에 흐르고 있는 오랫동안의 세상의 그에 대한 非難을 간과하여선 아니 된다. 그것은 "Sophistes는 地下의 일 및 天上의 일을 탐구하고, 劣弱한 理論을 優秀하다고 하며, 남에게도 그것을 가르친다"라는 것이다. ─이것은 바로 당시의 사람들이 Sophistes에게 대하여 퍼붓던 常套的인 誹謗

이었던바, 결국 이를 *Sokrates*가 둘러쓰게 된 셈이었다. 요컨대 *Sokrates*가 告訴된 참의 理由는 그가 일부 사람들로부터는 *Sophistes*(Sophistai (복수형), Sophists, Sophisten) 곧 기괴한 自然 硏究와 危險한 道德論을 가지고 靑年들을 유혹한다는 誤解를 받아 온 *Sophistes*와 부당하게도 同一視되고, 또 일부 사람들로부터는, 民主 政治에 반대한다는 주목을 받았다는 것이다. 그리고 그가 한 일, 곧 비교적 부유한 靑年들이 그에게 入門 就學했다는 것과, 일견 그 所論에 詭辨的·論爭的인 一面이 있었다는 것과 더욱 그가 政治에의 關與를 피하고 私的으로 靑年들에게 呼訴하고 있었다는 것 등등의 사실을 생각하면, 그 당시의 일로 봐서 誤解나 反感이 나옴 직도 한 일이다.

§ ⑫ *Sokrates*가 法庭에서 어떻게 自己 自身을 正正堂堂하게 그리고 勇敢無雙하게 변명했는가는 *Platon*의 對話篇 「Apologia Sokratis」에서 상세히 볼 수 있거니와, 그가 五百人會의 議員을 裁判官으로 하고, 文字 그대로 生死의 岐路에 서서, 떳떳하게 自己의 生活과 所信을 천명한 그 변명(apologia)은 실로 *J. Adam*이 말한 것처럼 "스스로의 피로써 스스로의 經典을 밑받침하려는 豫言者의 입술로부터 튀어나오는 氣槪이 있고, 두려움이 없는 說敎"(Platons Apologia Socratis)의 높은 格調가 있고, 더욱 절실하게는 *Busse*의 말처럼, "거기에 說破되고 있는 것은 告訴를 당한 被告人이라기보다는 오히려 Athenai의 敎育者로서 그는 同胞의 道德的 更生에 헌신한 그 生涯의 終末에 있어서 幾百名의 청중 앞에서 그의 敎育的 經典을 開陳하는 好機를 잘 이용한 것"이라고 할 만하다.(Sokrates, 「Die Grossen Erzieher」)

§ ⑬ 一場의 辯明만이 끝난 뒤, 먼저 罪의 有無에 관한 判決 投票로 들어가, 280표로 有罪가 결정되었다. 이 불과 60표의 차로 有罪가 결정되었다는 것은 당시의 Athenai 市民 中 *Sokrates*를 증오하는 자가 반드시 많지 않았다는 것을 말하는 것이다. 그리고 有罪判決 뒤에 刑罰의 적용에 대하여 논전이 있었고, 原告의 死刑 提議에 대해 *Sokrates*

는 하등의 不正도 없는 自己는 死刑은커녕 監禁도 부당함을 지적하고, 다만 銀 一무나의 벌금이라면 자기도 지불할 용의가 있음을 밝혔다.(거기에 참석해 있던 門弟, *Platon, Kriton*, 및 *Apollodoros* 등의 保證으로 30무나의 벌금을 提議도 했다.) 그리고 *Sokrates*는 시종, 비굴한 태도로, 刑의 輕減을 애걸하는 일도 없이, 오히려 自己는 國家가 國家의 殊勳者에게 보답하는 최상의 방법인 Prytaneion의 饗宴으로써 대접을 받아야 마땅하다고 주장함에 이르자, 裁判官들의 감정을 건드린 결과가 되어, 이젠 앞의 것에 80표를 더한 差로 死刑 判決이 내려지고 말았다.

§ ⑭ 判決이 끝난 뒤에도 더욱 *Sokrates*는 발언의 기회를 얻어 먼저 有罪 投票를 한 側의 사람들을 向하여, 이 판결이 얼마나 부당하고, 또 可恐할 만한 것인가에 대하여 역설하고, 그 다음엔 無罪 投票를 한 사람들에게는, 親愛의 情이 넘쳐흐르는 呼訴를 통하여, 自己는 지금의 運命을 조금도 두려워하지 않는다는 것, 그리고 冥界로 간 다음의 부푼 希望, 自己가 죽은 뒤의 남은 어린애들에 대한 간곡한 부탁들을 이야기하고, 드디어 窮極의 幸不幸을 神의 審判에 맡기면서 泰然自若하게 法庭을 물러 나갔다.(이것이 *Platon*의 不朽의 名作 「Apologia Sokratis」에 있어서의 재판의 경과의 대략이다.)

§ ⑮ *Sokrates*가 死刑을 받은 전날부터 마치 Athenai의 例年의 祭祀인 Delos 島의 Apollon의 祭祀 派遣의 儀禮가 시작되어, 그 祭使의 배가 떠나서 돌아올 때까지는, 都市를 淨化한다는 의미에서 國法에 의한 死刑조차도 보류하는 관례가 있어, *Sokrates*의 死刑 執行은 1개월간 연기되었다. 그동안 獄中에서 나날을 보내게 될 때, 門弟들은 날마다 찾아가 恩師와 談論했다. 老友 *Kriton*은 情을 다하여 脫獄을 권장하기도 했으나, *Sokrates*는 毅然히 이를 물리치고, 國法의 遵守가 얼마나 중요한 市民의 義務인가, 그리고 違法 脫獄이 自己의 오늘날까지의 敎說과 얼마나 矛盾되는 일인가를 상기시키면서, 諄諄하게 所信을 피력하여 敢然히 國法을 따르기로 마음먹는다(*Platon*의 對話篇 「Kriton」)

§ ⑯ 드디어 臨終의 날이 오자 悲嘆에 젖은 門弟들을 달래면서 靈魂의 不滅에 관한 談論을 펴고,妻子와 告別하고, 獄吏가 주는 毒杯를 從容히 마신 다음에 마치 돌아가듯 大悟裡에, Platon의 이른바 "우리가 알고 있는 사람들 中에서 가장 善하고, 가장 슬기로운 또 가장 바른 사람"(「Phaidon」)은 70년의 生涯를 조용히 마쳤다. 때는 399년 첫여름이었다.

哲學 精神

§ ⑰ 哲學은 '哲學하는 일'(philosophize, philosophieren)에 깃들고 있다, 哲學은 바로 Philosophieren하는 精神이다. 그러나 Philosophie가 없는 philosophieren은 盲目이며, philosophieren이 없는 philosophie는 空虛하다.

Philosophies는 단순한 知識의 蓄積도 體系만도 아니다. Philosophie는 哲學的 知識의 所有가 아니라, 실로 哲學的 精神의 所有라야 한다. 哲學的 精神이란 곧 哲學하는 精神을 이름하는 것이므로.

우리는 산다는 일과 더불어 이를 밑받침하기 위하여 哲學하지 아니치 못하는 것이다. 人間에게 산다는 것처럼 至上 命令은 없기 때문이다. 哲學的 知識이 한낱 知識에 그치고 말 때, 哲學 精神은 抹殺되고 만다. 哲學 精神이 枯渴될 때, 生의 綠野도 荒廢化하고 말 것이다. 生의 바탕이 不毛地化할 때, 哲學도 詩도 사랑도 神도 世界도 없다. 산다는 일이야말로 중요한 일이다. 哲學하는 일이 要請되는 所以이다. 自覺的으로 산다는 일이란 곧 哲學하는 일이므로, 위 두 가지는 本是 하나임을 알 수 있다. 그러므로 우리는 항상 哲學하는 精神을 통하여 人生을 主體的으로 살도록 힘써야 하겠다.

(2) 探究의 精神

§ ⑱ 哲學하는 精神은 이를 分析하면 먼저 探究의 精神이다, 哲學은 眞理의 思慕며, 眞理에의 不斷한 追求며 挑戰이기 때문이다. 探究의 精神이란 오로지 探究 그것에만 向하는 精神이다. 純粹한 知的 追求의 精神이다. 純粹(pure, rein, pur)라는 槪念 속에는 단순함과 경험 이전의 따라서 본래적인 모습이 포함되어 있다. 그러한 哲學의 探究 精神을 哲學者들은 어떻게 갖가지로 표현하였는가?

Aristoteles는 그 主著 Metaphysica의 開卷 第一面 第一行에서 다음과 같이 말하고 있다.

"All men naturally have an impulse to get knowledge. ~All Menschen haben von Natur ein Verlangen nach wissen."이라고.

여기서 우리의 注目을 끄는 대문은 바로 "Naturally" "von Natur"라는 점이다, 人間에게 있어서의 探究의 精神이란, 누구에게서 배운 바의 것이 아니고, 本來의 것, 生得的이라는 것이다. 그것은 하나의 impulse 며, Verlangen이다. 그것이 어디서 온 것인가에 대하여는 아무도 모른다. 다만 人間은 그것 없이는 살 수 없는 그러한 것이라는 것만이 확실할 뿐이다. 그것은 본질적으로 人間 存在의 한 부분을 형성하고 있는 것이다.

§ ⑲ 그래서 Schopenhauer는 人間을 가리켜 形而上學的 要求(Bedürfnis einer Metaphysik ~ Desire of metaphysics)를 가진 形而上學的 動物 (animal metaphysicum ~ Metaphysical animal)이라고 부른다. Paul Natorp (1854 ~ 1924)는 人間을 일러 "永遠히 끝일 줄 모르는 探究의 運命 (Das Schicksal der Forschung)을 짊어진 者"라고 했다. 그런데 그는 왜 何必이면, 運命이라고 하는 不可思議한 말을 골라 썼을까? 人間에게 固有한 探究 精神의 所從來가 永遠의 疑問이라는 데서이리라.

§ ⑳ Heidegger는 "人間이 存在하는 限, 어떠한 方式으로든 哲學하

는 일이 行하여진다."(Sofern der Mensch existiert, geschiehet in gewisser Weise das Philosophieren. — 「Was ist Metaphysik」)고 하고, "形而上學은 '人間의 本性' 속에 있다."(Die Metaphysik gehört zur 'Natur des Menschen') 또는 "形而上學은 現存在에 있어서의 根本 生起다, 形而上學은 現存在 그 自體다"(Die Metaphysik ist das Grundgeschehen in Dasein, Sie ist das Dasein selbst — ditto)라고 했다. 人間에게 있어서의 探究 精神은 위에서 보는 바와 같이 人間 存在의 存立의 根據인 것이다.

이러한 생각을 *Platon*은 일찍이 對話篇 「Phaidros」에서 "왜 그러냐 하면. 나의 벗이여, 天性에 의하여 人間의 思索 속에는 어떠한 哲學(philosophia)이 內在하고 있기 때문에"라고 표현하고 있다. *Platon*은 여기에 확실히 "天性에 의하여"라고 썼다. 이 점을 그는 어떻게 전개하고 있는가가, 우리의 關心거리다.

§ ㉑ *Sokrates*는 철두철미 自己 自身이 智者(sophos)가 아니고, 智를 사랑할 줄만 아는 사람(philosophos)인 것을 더욱 자랑스럽게 여겼다, *Sokrates*가 生命과 바꾼 그의 生涯의 事業은, '스스로 智慧를 사랑하며, 사람들로 하여금 이를 사랑하게 하며, 서로 더불어 찾아보는 일(探究)'이었거니와, 그렇다면 "왜 人間은 智慧를 사랑하는 것인가?

우리는 어찌하여 알려고 하는 것인가?" 孔子는 "好學. 近乎知"라고 했다. 우리는 "왜 好學하는 것일까?"

§ ㉒ 그러나 우리는 이 問題 곧 眞理 認識을 求得하려는 哲學的 衝動(이를 Eros라고 부른다)의 근거를 묻는 일에 대하여는 理論的으로 벌써 대답할 길이 없는 것이다, 왜냐면, 이러한 根據를 묻는 일 자체가 벌써 知에의 사랑(Eros) 또는 眞理라는 價値에의 憧憬에 틀림없기 때문이다. "왜 우리는 알려고 하는가?"라는 質問 그것은 동시에 그와 동일한 내용의 질문을 內包하고 있으므로, 결국 解決의 方途가 없는 영원의 循環論이 되고 마는 것이다.

이와 같이 理論的 論究 곧 Iogos의 미치지 않는 根源的 事實의 해명을 위하여 *Platon*은 마침내 假說的 神話를 끌어 오는 수밖에 없었다.(Symposion)

Eros의 誕生

§ ㉓ 美의 女神 Aphrodite의 탄생일을 기하여 Grecia의 神들은 盛宴을 베풀고, 이를 祝賀하기 위하여 한자리에 모였다. 思慮의 神 Metis의 아들, Poros도 거기에 참석하여 神들의 飮料인 Nektar에 만취되어 Zeus의 神苑 넓은 금잔디 위에 쓰러져 잠들어 있었다. 그때 마침 門밖에 서 있었던 女神 Penia는 자기의 가난함(aporia-停滯) 때문에 富의 神 Poros를 사모한 나머지 거기에 같이 쓰러져 갔다, 이리하여 탄생한 것이 Eros다. 거기서 Eros는 자기의 탄생의 직접 기연이 되었다 하여, Aphrodite를 思慕하게 되고, 그에게 奉仕하게 된다.

그런데 Eros는 Poros와 Penia라는 相反되는 神을 양친으로 모신 데서, 그들의 相克的인 本性을 그대로 지닌 바 되어, 항상 가난한 것(Penia)에서 넉넉한 것(Poros)에의 끊임없는 焦慮와 憧憬에만 살게 되는 것이다, 무엇인가 求하는 마음, 그것이 곧 사랑이다. 사랑은 이렇게 해서 탄생한 것이다.

§ ㉔ *Platon*에 의하면 Eros는 어떤 것에 대한 Eros며, 그리고 그것은 현재 내가 가지고 있는 것을 장래도 가져보려는 그런 따위 바람이 아니고, 현재 전연 가지고 있지 않기 때문에, 그것을 얻고자 하는 憧憬이며, 思慕다. Eros는 美를 동경하기 때문에 스스로는 美를 가지고 있지 않으며, 善도 智도 또한 그렇다. 그런다고 Eros는 醜며 惡이며 無智냐 하면, 그것도 아니다, Eros는 바로 그 中間이다, 그는 神도 아니며 그런다고 전인 無價值한 人間도 아닌 그 中間者다, Eros는 위대한 Daimonion이다. 神과 人間과의 中間者, 不滅者와 可滅者와의 中間者다. 그 직능

은 神과 人間과의 仲介에 있다. 神은 Eros를 통하여서만 人間과 더불어 사귄다. 神과 人間과의 中間者는 앎에 대해서는 Philosophos로서 나타난다. 自身이 완전한 智者(Sophos)인 神은 智慧를 사랑하지 않으나, 또 스스로가 智者가 아닐 뿐 아니라, 또한 스스로에 만족하고 있는 철저한 無智者도 또한 智를 사랑할 줄 모른다. 오직 中間者인 Eros만이 '生涯를 통하여 智를 사랑하여 마지않는 者'인 것이다. 그래서 그는 哲學者를 가리켜 '神을 닮으려는 者'라고 했다. Eros가 神과 人間과의 中間者란 필경 人間 속에 있어서의 神的인 것 이외의 다른 것이 아니기 때문이다.

"His(Eros) father is wealthy and wise. and his mother is poor and foolish."

"So he is never in want and never in wealth; and, further, he is in a mean between ignorance and knowledge. And he is by nature neither mortal nor immortal, but alive and flourishing at one moment when he is inplanty, and dead at another moment, and again alive by reason of his father's nature."(「Symposion」)

§ 대체 "우리는 왜 智慧를 사랑하는가?"라는 물음에 대해서 우리는 *Platon*의 mythos를 빌려, "우리들 속에 Eros가 살고 있기 때문에, 아니, 우리들 자신이 곧 Eros의 後裔 곧 Eros의 化身이기 때문"이라고 밖에 대답할 도리가 없는 것이다.

위대한 Alpinist인 *Gearge Leigh Mallory*(1886~1924)는 "왜 그대는 항상 山에만, 山에만, Everest에만 오르려고 하는가?"라는 사람들의 質問에 직석에서 대답하기를 "Because, it is there!"라고 했다고 전해진다. Alpinist가 山에 오름은 山이 좋아서일 뿐 다른 이유가 있을 턱이 없다,

이에 대하여 "왜 좋으냐?"고 묻는 것처럼 어리석은 질문은 없을 것이다. 大抵 登山의 精神이나, 探險(Erforschung)의 精神은 그대로 探究(Forschung)의 精神에 통한다. "그것(X)이 거기에 있기 때문에"라고 밖에는 표현할 도리가 없는 人間에게 있어서의 本來的·宿命的인 要求인 것이다. 그 X가 사람에 따라 山이 될 수도, 眞理일 수도, 돈일 수도, 神일 수도, 사랑일 수도 있을 뿐인 것이다. "Wille zum Leben"(*Schopenhauer*)이 盲目的인 것처럼, 그 X도 理由가 없다. *Mallory*가 "We expect no mercy from Everest"라고도 말하였듯이, 眞理라고 하는, 또는 最高의 智慧라고 하는 山 곧 高極을 向하여, 그 先頭에 서서 壯烈한 戰死를 한 *Sokrates*처럼, 勇往邁進할 따름인 것이다. 쓰러져서만 그만두는 敢鬪 精神이야말로 哲學 精神이다. 人間의 一生은 求道의 一生이다. 求道의 精神, 그것은 探究 精神의 한 樣相으로서 哲學 精神의 全人的인 表現 以外의 다른 것이 아니다.

위와 같은 探究의 精神에서 哲學 精神은 나아가 懷疑하고 批判하는 精神으로 나타나며 또 그것은 自覺하는 精神에 이르러 結實한다. 필경 위 세 精神은 哲學 精神의 具體的인 表現 形態로서 三者가 別個의 것이 아닐 것이다.

(3) 懷疑와 批判의 精神

§ ㉕ *Platon*은 "哲學은 驚異에서 시작한다"(Philosophy begins in wonder－Theaitetus)고 하였다. 驚異를 外向的 懷疑라고 한다면, 懷疑는 內向的인 驚異라고 할 수 있다. *Jaspers*는 哲學의 起源(Ursprünge der Philosophie)을 始源(Anfang)과 구별하여, *Platon*의 das Erstauen(驚異)과 *Descartes*의 der Zweifel(懷疑)과 自身의 Das Bewusstwerden dieser Grenzsituationen(極限 狀況이 意識되는 것)의 셋을 들고 있다.(Einführung in die Philosopie) 自然이거나(上代) 意識이거나(近世) 特殊한 狀況(現

代)이거나를 막론하고 하나의 壁에 부딪힐 때, 사람들은 哲學하지 아니치 못하는 것이겠다.

§ ㉖ 그러나 哲學 精神으로서의 懷疑 精神은 이른바 Scepticism과는 다르다. 곧 그것은 批判 精神에 밑받침된 懷疑이기 때문이다. 여기서 懷疑는 手段이고 目的일 수는 없다. 일체를 先哲學的으로 받아들이는 것이 아니고, 어디까지나 主體的으로 批判的 立場에서 하는 것이다. 따라서 哲學 精神으로서의 懷疑 精神은 Descartes에게 있어서의 이른바 方法的 懷疑(methodic doubt)다.

Descartes는 學問의 基礎가 될 certainty를 求하기 위하여 일체를 疑心하기 시작했다.(目的과 手段) 그 그칠 줄 모르는 作業에서 마침내 그가 얻은 結論은 다음과 같은 것이었다. "I may doubt about everything else, but I can not doubt than I think."가 바로 그것이다, 여기서 to think는 to doubt를 의미한다. 여기서 나아가, 내가 疑心한다는 것이 그 以上 疑心의 餘地가 없는 곧 確固한 것일진댄, 그 疑心하는 일의 主體로서의 나의 存在도 또한 確實한 것이 아니면 아니 된다는 意味에서 Descartes는 마침내 "Cogito, ergo sum."이라는 유명한 命題를 들었다. 곧 "If I think, I exist"인 것이다.

§ ㉗ 여기서 Descartes는 모든 認識(眞理) 또한, 내가 疑心한다는 그것이 그 以上 疑心의 餘地없이 곧 確實한 것처럼, 明晰(clear)하고도 判明(distinct)하여야 한다고 하였다. ※Descartes에게 있어서 Klar und deutlich(claire et distinct~clera et distincta)는 眞理의 標識(規準−criterion~kriterium~criterium)다일체의 學問이 이러한 標識 위에 건설되어야 한다는 것이 그의 주장이다. 우리가 數學에서 그 典型을 찾아볼 수 있듯이.

※ 明晰한 개념이란 어떤 특이성에 의하여 모든 다른 개념으로부터 절연히 식별되는 개념을 말한다. 따라서 이는 判明한 개념처럼, 반드시 그

概念이 갖는 바 個個의 內容, 屬性을 명확하게 인식할 필요가 없다. 漠然 또는 曖昧(obscura)란 이에 대립하는 槪念이다. 이에 대하여 判明한 개념이란 그 內容의 하나하나가 명확하게 인식되는 개념이다. 따라서 明晰한 槪念에 비하여 明晳度가 일층 높다. 紛糾(confusa)라는 개념은 이에 대립하는 개념이다. 그러므로 判明이 아닌 明晰은 있으나, 明晰이 없는 判明은 없다.

우리는 젊은 *Descartes*의 强靭한 懷疑 過程을 생각할 때, 苦惱의 象徵인 *Hamlet*이 그 戀人 *Ophelia*에게 띠운 片紙 中의 한 사연을 상기하게 된다.

> Doubt thou the stars are fire;
> Doubt that the sun doth move;
> Doubt truth to be a liar;
> But never doubt I love (2막 2장)

이 詩句의 前 三句는 *Hamlet*에게 있어서 第四句를 찾아내기 위한 한낱 수단적인 회의 과정임에 불과한 것이다. "I love"라는 確乎不動한 事實 하나를 제외하고는, 일체가 不確實한 것뿐이라는 *Hamlet*의 뜨거운 사랑에의 信念을 표현한 것이라 하겠다. 따라서 前 三者에 대한 懷疑 作業 없이는 後者에의 信念은 생겨나지 않을 것이다.

§ ㉘ 哲學의 敵은 盲信이고 權威고 先入見이고 假定이고 傳統이고 無條件的인 前提와 偏見이며 常識이다. 참된 것을 세우기 위해서는 누구나가 疑心의 餘地조차 없다는 듯이 생각하고 있는 것에 대하여 용감히 懷疑의 화살을 던져야 한다. 젊은 *Newton*은 수천 년을 두고 범상하게만 보아 내려오던 능금의 落下 現象에 대하여 疑心을 품기 시작한 끝에, 마침내 自身도 예기치 못했던 眞理의 발견에 성공했다. 의심스러운 것을 의심함은 常識人의 世界에서도 항상 가능한 일이다. 그러나

哲學의 世界는 항상 常識의 世界의 顚倒에서 비로서 열린다. 이러한 의미에서 *Francis Bacon*(1561~1626)은 哲學 精神의 敵인 偶像(idol~ idole~idola)과 싸워야 한다고 가르치고 있다. 그는 「Novum Organum~ 1620」에서 우리가 破壞하여야 할 偶像 네 個를 들고 있다.

① idola specus(洞窟의 偶像)는 개인적인 특성 때문에 사실을 사실 대로 파악하지 못하는 偏見을 말한다. *Platon*의 Höhlengleichnis는 그 한 보기다. 그러나 이것은 남의 지각과 경험과 비교됨으로써 파괴되기 마련이다. 남과의 넓은 교섭이 요청되는 所以이다.

② idola tribus(種族의 偶像)는 人間이라고 하는 종족의 본성 때문에 일 어나는 오류다. 곧 人間이 자기의 성질을 삼라만상에 投射함으로써 생기는 편견이다. 이를테면 自然을 擬人化(personification－Anthropomorphism)한 다든지, 객관적 사실을 目的論的으로 歪曲하여 보는 일이라든지, 모두 그것이다.

③ idola theatri(劇場의 偶像)는 사람들이 자기 자신들의 主體的인 思索에 의거하지 아니하고, 盲目的으로 권위나 전통에 의거하는 데서 오는 편견이다. 古人의 말이라든지 권위를 의심하는 일 없이 믿는 데 서 일어나는 것이다. 先人들의 敎說은, 事物이 있는 그대로와는 다른 事物로 나타나듯, 일종의 妖術, 마치 劇場의 무대 위에서 진짜인 듯이, 보이려고 하는 妖術이므로, 이를 참이라고 믿어서는 안 된다는 것이다.

④ idola fori(市場의 偶像)는 인간 상호간의 交通 특히 言語라는 媒 介物에 膠着함으로써 생기는 오류다. 幸福이라든지, 第一運動이라든 지, 絶對者라든지－事實은 없는 것들을 말만을 만들어 가지고, 마치 있거나 하는 것처럼, 스스로 믿고 착각하는 따위다.

이러한 의미에서 哲學 精神은 判斷 精神이다. 따라서 偶像 崇拜 (idolatry~Götzendienst) 精神이 아니고, 偶像 破壞(iconoclasm~Bilde- rstümerei)의 精神이라고 할 수 있다. 哲學者는 왕왕 偶像 破壞者로서 나타난다. 哲學者는 時代의 批判者이기 때문이다. 到來하여야 할 새로

운 時代를 위하여 낡은 時代와 그 精神과 더불어 목숨을 걸고 싸워 왔다. 哲學史는 그 開幕 以來 破邪顯正의 줄기찬 歷程이었다. 우리가 이미 본 바와 같이 Sokrates가 그래서 毒杯를 마셨고, Renaissance에 이르러는 당시의 學問界에 있어서의 一大 話題였던 地動說(太陽中心 說~Heliocentric theory)을 옹호하고, 天動說(Hypothesis of the diurnal revolution of the heavens)을 반대하였다 하여, Giordano Bruno(1548~ 1600)는 Roma의 廣場에서 火刑을 당하였다.

§ ㉙ Kant의 批判哲學(Critical ph:losophy~kritische Philosophie)은 Dogmatism과 Scepticism, 그리고 Rationalism과 Empiricism을 批判하고 調和시키는 것을 사명으로 등장한 哲學이다. 人間의 認識 能力의 自 己批判과 더불어, 知識의 材料(質料~Materie)는 經驗에서 오지만 그 型式(Form)은 理性 自身의 作用이라그 결론지었다. 그러나 Kant의 哲 學은 批判的 立場에 서서 재래의 形而上學을 가리켜, 많은 哲學的 難 破船으로 點綴된 "海岸도 燈臺도 없는 암흑한 大洋"(a dark ocean without shores or light house)이라고 했다. 그러나 그의 批判哲學은 한 著書名이 가리키는 대로 '學으로서 나타날 수 있는 未來의 形而上學 에의 序說'(Prolegomena zu einer jeden künftigen Metaphysik, die als Wissenchaft wird auftreten können~1783)로서, 새로운 形而上學에의, 한 方法論(Methodologie)임을 자처한다. Heidegger는 Kant의 「Krtiik der reinen Vernunft~1781」를 形而上學의 基礎附與(Begründung)라고 해석하고 있다. Kant에게는 認識論의 問題를 취급한 第一 批判書 外에 道德 哲學의 問題를 취급한 Kritik der praktischen Vernunft(1788)와 藝術 哲學의 問題를 취급한 Kritik der Urteilskraft(1790) 등이 있다.

§ ㉚ 그 뒤에 Hegel은 Kant의 認識 批判哲學을 가리켜, 水泳 選手 가 水泳 練習을 위하여 바다에 가서 온종일 물속엔 들어가지 않고 바 닷가에서 준비운동만 하다가 해가 저문 경우와 같다고 비유하여, 哲學 이 自己 反省에의 方法論에만 그칠 것이 아니라는 것을 말하고 있는

것이다.

그 뒤에 다시 Materialist인 *Feuerbach*는 *Hegel*의 觀念論 哲學을 批判하여 神學의 合理的인 表現에 불과하다고 했다. 곧 *Hegel* 哲學의 基礎는 神學이라는 것이다. 그리고 神은 人間의 自己 認識의 天上에의 投影이므로, 神學의 秘密은 필경 人間學에 있다고 하여, "神學은 人間學이다"(Die theologie ist Anthropologie)라고 말했다. 이리하여 그는 Christianity 및 그 合理化로서의 *Hegel* 哲學을 批判하여 辨證法的 唯物論(dialektischer Materialismus)에의 새 길을 열어 놓았다.

§ ㉛ 또 다른 面에서 *Nietzsche*는 Christianity에의 果敢한 批判을 전개하였다. Christianity가 절대적 지배권을 행사하고 있는 <u>유럽</u> 사회에 있어서의 評價의 原理를 根柢로부터 뒤집어 놓고, 새로운 評價의 原理에 의하여, 宗敎는 물론 政治, 藝術, 哲學 및 社會 生活 등 모든 方面에 있어서의 낡은 價値 觀念을 改價(Umwertung aller Werte)하는 일을 도맡고 나서서 孤戰奮鬪하였다.

§ ㉜ *Jaspers*의 哲學者로서의 새로운 出發을 告하는 최초의 哲學書인 「Die geistige Situation der Zeit」(1931)는 바로 그가 現代라는 重病患者를 診察台 위에 놓고, 精神病理學的 診斷을 내리는 臨床醫의 입장에서 쓰인 하나의 時代 批判書라고 할 수 있다. 哲學은 그러한 意味에서 時代에의 診斷學(Diagnostics)이라고 말할 수도 있을 것이다. 病의 治療는 診斷에 메어 있다. 診斷만 제대로 되면, 處方은 절로 되는 것이다.

§ ㉝ 최근에 *Bertrand Russell*(1872~1970)伯은, 核武器 反對 運動의 百人 委員會의 指導者서, "大衆을 선동하고 치안을 문란하게 하는 者"라는 이유로, 당국에 의하여 起訴되어, 1961년 9월 12일에 일주간의 禁錮刑을 받았는데, 89살의 老大 哲學者는 그날 法庭에서 "核戰爭의 災禍에서 인류를 구하는 길을 우리는 호소하고 있는 것이다. 만약 재판장이 나를 有罪 判決하면 그대는 이 운동을 도와주는 셈이 되는 것이다."라고 진술하고, 夫人과 더불어 30名의 젊은 동지들과 재판자의

遵法 勸告를 거부했다. 선고된 2개월의 刑은 변호인으로부터 제출된
건강 진단서를 참작하여 일주간으로 단축된 것이다. 우리는 여기서 멀
리 *Sokrates*와 *Bruno*의 재판 사건을 상기하게 된다.

§ ㉞ 西洋에 比하여 東洋에 있어서는 일반적으로 批判 精神이 박약
했다고 볼 수 있다. 그러는 限, 學問은 발달하지 않을 것이다. 특히 西
洋의 그것에 비하여 東洋에 科學이 발달하지 않은 중요한 이유의 하나
는 批判 精神의 缺如에 있음을 지적하지 아니할 수 없다. 聖賢의 敎說
을 批判하는 일은 斯文亂賊으로 취급되었다. 그러므로 東洋의 學問은
聖賢之學이었을지는 모르나 적어도 科學은 아니었다. 本是 批判이 없
는 곳엔 순수한 學問이 배태되기 어려운 법이다. 宗敎는 왕왕 批判을
불허한다. 따라서 批判이 禁制되는 것은 대개 宗敎로 轉化되어 간다.

神의 存在의 證明法(Argument of the existence of God)의 하나인
Anselmus Cantaberiensis(1033~1109)의 本體論的 證明(Ontological argu-
ment)은 그 大前提(완전하고 절대한 神의 槪念)가 아직 批判의 對象
에서 벗어난 채, 하나의 假定에 머물러 있는 限, 그것은 어디까지나 하
나의 宗敎的 信仰일 수는 있어도 哲學이 되지는 못할 것이다.

무릇 批判의 封鎖는 發展의 抛棄다. 發展을 두려워하는 데서는 언제
나 批判 精神의 抹殺이 恣行된다. 民主 精神은 批判 精神의 밑받침
없이는 成長하지 않는다. 필경, 앞의 것은 뒤의 것의 産物인 것이다.
따라서 哲學 精神은 어느 때나 民主 精神의 原動力이며 推進力이다.

(4) 自覺 精神

§ ㉟ 哲學 精神으로서의 自覺 精神은 말을 바꾸면 自覺을 促求하
는 精神이다. Delphoi 神殿에서 *Sokrates*가 발견하고 체현한 Grecia 民
族 傳來의 motto인 "Know thyself"는 바로 哲學의 自覺 精神을 단적
으로 표명한 말이라 하겠다. *Bernard Groethuysen*은 "모든 哲學的 人

間學의 Thema는 Gnothi seauton에 있다"고 하였다. 自覺 精神으로서의 哲學 精神은 根源的으로, "Was ist die Philosophie?"를 묻고, 또 "Was ist der Mensch?"를 묻는다. 실은 이 두 問題는 別個의 것이 아닌 것이다. Grecia 사람들이 일찍이 自然(Phys's)을 묻고 近世 사람들이 認識을 물은 것도 따지고 보면, 現代에 이르러서의 유일 최대의 물음인 "Was ist der Mensch?"라는 문제를 풀기 위한 過程 내지 準備였다고 할 수 있는 것이다.

連綿不絶의 哲學의 歷史는 그 첫날로부터 오늘에 이르기까지, 自己 自身을 省察하고 反問하는 意圖에서 나온, 저 Sokrates의 敎訓에 의해서 갖가지로, 展開되어 왔다고 볼 수 있다. "네 자신의 分數를 알라"라는 日常的인 意味에서 나온 이 말은 Sokrates의 脚色에 의하여 哲學 精神의 本質的 表現으로 등장하게 되었던 것이다. 자기 자신의 認識, 특히 스스로의 無知 또는 不足함을 自覺함으로써만 참된 知識과 具足함을 얻을 수 있으며, 또한 거기서만 참되게 行할 수 있다고 Sokrates는 굳게 믿었던 것이다.

§ ㊱ 世界에 있어서의 自己의 位置를 찾는 것처럼 중요한 일은 없다. 自己에게 대하여 自己처럼 가장 가까우면서도 또 가장 먼 것은 없기 때문이다. 自己가 自己를 잃기 쉬운 이유가 바로 여기에 있다. 그래서 自己를 지키라고 하는 것이다. 自己 自身을 찾고 自己 自身을 回復하는 일. 佛敎의 全敎說이 그렇고, 現代의 實存 哲學이 또한 그렇다. 佛家에서는 '照顧脚下'를 가르치고, 實存 哲學은 日常的 自己(das alltägliche Selbst)에 대하여 本來的인 自己(das eigentliche Selbst)를 회복할 것을 가르친다. 本來의 自己를 自覺한 自己가 眞實한 自己며 이러한 自己가 곧 實存(Existenz)이다. 여기서 이러한 實存을 主體的으로 확립하려는 哲學이 現代 哲學의 주요한 흐름의 하나를 이루고 있음은 두말할 것도 없다.

§ ㊲ 韓龍雲 님은 "尋春莫須向東去, 西園寒梅已破雪"이라고, 읊었

다, 그것보다도 봄은 各自의 봄을 기다리는 그 마음속에 이미 와 있는
지도 모른다. 그리고 幸福의 파랑새는 하필 深山幽谷, 손이 미치지 않
는 곳에만 있는 것이 아니라, 오막살이 집집의 처마 끝에 있는 것이
아니겠는가. 幸福은 一片의 觀念이 아니라, 日常 生活 속에 있다는 것
을 *Maurice Maeterlinck*(1862~1949)는 그 著 「Blue Bird」(1909)에서
이야기했다. 幸福은 마음의 문제다. 幸福은 항상 안에 있다. 그래서 自
己를 찾음은 天下를 얻음의 시작이며, 自己를 잃음은 天下를 버림의
마지막이라고 하는 것이다.

　§ 우리가 自覺한다는 것은 自己가 둘로 分裂된다는 것을 의미한다.
보는 自己와 보이는 自己, 理想我와 現實我, 客體로서의 自己와 主體
로서의 自己, 良心의 나와 苛責을 받는 나, 本來의 自我와 非本來의
自我－이 두 個의 自己가 熾烈한 싸움을 겪고 하나가 될 때, 비로소
진정한 自己가 탄생함을 알 수 있다. 人間의 一生 中 分裂된 自己가
피나는 싸움을 계속하는 때는 反抗과 苦惱의 時代인 靑年期
(adolescence)다. *Eduard Spranger*(1882~1963)는 이러한 靑年期의 특색
을, '自我의 發見'(Entdeckung des Ich)에서 찾았다. 世界에 있어서의
自我의 位置를 發見하는 시기인 것이다. 自我를 통하여 비로소 世界
도 發見하는 시기다.

　§ ㉚ 自我가 分裂을 통하여 自我를 發見하고, 自我의 發見을 통하
여 自我는 더욱 分裂한다. 따라서 靑年期의 自我의 內的 對立과 相
克이 뚜렷하면 할수록 苦惱의 度가 높아지며, 따라서 그것의 克服이
어려우면 어려울수록 거기서 誕生되는 自我는 더욱 偉大하며, 眞正한
自我가 될 수 있는 것이다. 나에 의하여 誕生된 自我－여기서 第二의
誕生이 이룩되는 것이다. 誕生의 主體도 客體도 바로 自我 自體라는
데에 第一의 誕生과는 本質的으로 相異한 것이 있다. 이 모두가 靑年
期의 自覺 精神에 의해서만 可能함은 물론이다.

　앞서 自覺 精神으로서의 哲學 精神은 항상 自己 自身에 대하여 質

問을 發한다고 했다. "Was ist die Philosophie?"라고. 哲學의 최초이며 최후의 問題가 다름 아닌 이 問題라 함은, 學으로서의 哲學의 本質的인 特色을 이루는 한 側面이라고 하겠다. '哲學의 學名의 構成이 다른 學名과 다른 點도 여기에 그 이유가 있다.' "끊임없이 自己 自身에 관한 質問을 發하지 않으면 아니 된다고 하는 것은 모든 學에 대한 哲學의 優越性이다"라고 Heidegger는 말한다. 哲學은 그 自體가 自覺 精神의 表現이기 때문에, 그 根本 되는 問題는 究竟엔 自己 自身에게로 돌아오기 마련이다.

§ ㊴ Heinrich Rickert(1863～1936)에 의하면, "哲學者들은 무엇 때문에 다른 學究者들과 같이 問題의 硏究에도 착수하지 아니하고 그렇게 哲學의 槪念만을 논의하고 있는 것일까? 自己들이 연구할 대상에 대하여서조차 그들은 일치하고 있지 않는 것이다. 그러나 왕왕 나타나는 이러한 놀람이 비난을 포함하고 있는 것이라면, 그건 정당하지가 않다(So ist nicht berechtigt)"고 한다. 哲學의 難解性도 따지고 보면, 거기에 그 근본 원인이 있는 성싶다. 哲學은 본시가 어떤 객관적 존재(특수 사실 또는 경험)에 대한 연구가 아니고, 보다 더 自己 自身에 관한 問題가 항상 앞장을 서기 때문이다. 그래서 哲學은 항상 根源에의 復歸, 本質의 追求, 存在 自體의 回復, 또는 自我의 確立을 꾀한다. 遠心的인 方向에의 逸脫이 아니고, 求心的인 方向에의 還入이야말로 哲學의 본래의 길인 것이다. 哲學은 喪失한 故鄕에의 歸還을 위한 영원한 努力이다. 그래서 항상 原則 問題가 問題가 된다. 動 中에서 靜을 求하고, 多 中에서 一을 求하고, 現象 中에서 本質을 따진다. 그것은 바로 '永遠한 하나에의 憧憬'이다. 한 時代를 대표하는 哲學과 哲學者들이 자주 되풀이하는 哲學的 要求 또는 motto－이를테면 "Zu Grunde Gehen!"이나, "Zur Sache selbst!"나, 또는 "그대가 (본래) 있는 바의 것이 되라"(Werde, was du bist!)는 외침은, 모두 이러한 哲學의 自覺 精神에서 우러나오는 端的인 表現 이외의 다른 것이 아닌 것이다.

☆ ☆ ☆

"네 자신으로부터 밖으로 나가지 말고, 네 자신에게로 돌아오라. 眞
理는 人間 속에 있느니라."

(Noli foras ire, inte ipsum redi: in interiore homine habitat Veritas.)

(Aurelius Augustinus.)

"De vera religione"

參　考

☆ (A) Many a man thinks he is buying pleasure, when he is really
selling himself a slave to it.(Benjamin Franklin <1706~1790> Poor
Richard's Almanac

　　　　　Polonius가 Laer에게;

☆ (B) This above all to thine own self be true,

And it must follow,

as the night the day,

Thou canst not then be false to any man.

(Shakespeare: Hamlet, Act Ⅰ scene Ⅲ)

☆ (C) Work as if you were to live one hundred years, pray as if
you were to die tomorrow.(Benjamin Franklin <1706~1790>: Poor
Richard's Almanac)

☆ (D) 公孫丑이 孟子에게

夫子는 旣聖矣乎－신저 曰惡, 是何言也 昔者에 子貢이 問於孔子
曰夫人는 聖矣乎－신저 孔子一曰 聖則吾不能이어니와 我는 學不厭而
教不倦也－로라. 子貢이 曰學不厭은 智也오 教不倦은 仁也니 仁且智
하시니 夫子는 旣聖矣신저하니 夫聖은 孔子도 不居하시니 是何言也
오(「孟子」 公孫丑 上)

☆ (E) 子曰 默而識之 學而不厭誨人不倦이 何有於我哉오(論語: 述而
篇) (何有於我哉란 則謙而又謙之辭也)

☆ (F) "내가 너희에게 이라노니, 이와 같이 罪人이 하나이 悔改하면,

하늘에서는, 悔改할 필요가 없는 九十九를 인하여 기뻐하는 것보다 더하리라"

I say unto you, That likewise joy shall be in heaven over one sinner that repenteth, more than over ninety and nine just person, which need no repentance.(Luke 15:7)

Ich sage euch: Also wird auch Freude im Himmel sein über einen Sünder, der Busse tut, vor neunundneunzig Gerechten, die der Busse nicht bedütfen (Lukas 15:7)

둘째 가름
哲學이라는 것

(1)

§ 1, "人間은 말하자면, 한 個의 갈대며, 自然 가운데서도 가장 軟弱한 것에 지나지 않는다. 그러나 그는 생각하는 갈대다."(Persées sur la religion－1670)

roseau Pensant

Pascal의 이 말은 Schopenhauer가 人間을 규정하여 자랑스럽게도 "形而上學的 動物"

Pascal(1623～1662)
Schopenhauer(1788～1860)

(Animal metaphysicum)이라고 한 것과 다를 것이 없는 것이다.

§ 2, 참으로 人間은 一切의 存在 가운데에서 스스로가 스스로를 높이고, 또 빛내고 있는 唯一한 理性的 存在(rational Being)로서, 그 本質을 이루는 것은 '思考'라고 할 수 있는 것이다. 그러기에 Pascal도 "人間의 人間된 所以는 思考에 있다. 이것 없이는 人間은 意識되지 않는 것이다"라고 하였다.

§ 3, 그러나 이 思考的 人間(denkende Mensch)의 偉大性에서 동시에 또 벗어날 수 없는 人間의 悲劇이 우러나오기도 하는 것이다. 다시 Pascal의 말을 빌자면, "人間은 越等하게 偉大하다. 人間은 悲慘을 알기 때문에" 이와 같이 '아는' 일에 있어서 一切의 存在에 冠絶한 人間의 偉大함은 또 스스로의 悲慘마저 '아는' 일에 있어서 심각하게 人間悲劇이 浮彫되지 않을 수 없는 것이다.

§ 4, 이리하여 人間은 自然 가운데에서도 가장 軟弱한 한 個의 갈대로서, 그를 부수기 위하여, 全 宇宙가 武裝할 필요도 없으며, 또 아무리 스스로의 悲慘을 自覺함으로써, 悲劇的 存在라고 하더라도, 思考하는 일이 人間의 本質※인 限, 人間은 그 宿命에서 벗어날 수가 없는 것이다. 그러기커녕은 人間은 그 悲劇의 深淵(Abgrund)에 몸

thinking
Denken
pensée

essence
Wesen
essence

essentia
ousia

을 내던져, 스스로의 悲劇의 쓴잔을 들이키려고 하는 데에, 오히려 人間의 偉大함이 깃들어 있는 것이며, 또 여기에 眞理에의 바른 길이 열리기로 하는 것이다.

§ 5, 이와 같이, 思考하는 일이 人間의 本質이라고 한다면, 그것은 바로 人間이 "形而上學的 動物"(Metaphysical animal)이며, 人間은 本來的으로 哲學的 精神(Der philosophische Geist)을 가지고 있다는 것을 의미하는 것이라고 말할 수 있을 것이다. 이것은 바로, '眞實'한 것을 파악하려고 하는 純粹한 知識欲 곧 "形而上學的 要求"(Bedürfnis einer Metaphysik)가 人間에게 嚴存한다고 하는 것을 의미한다. 그것은 神이 人間에게만 허락한 偉大함이며 또 자랑인 것이다. 그러나 만약 이 人間의 '眞實한 것에의 欲求'가 단순한 희망이나 소원에만 그치고 만다면, *Schleiermacher*의 지적한 것처럼, 人間은 '偶然의 奴隷'밖에 되지 않을 것이다. 自己가 欲求하고 思慕하는 것을 획득하지 않고는 견디지 못하는 情熱과 意慾, 이것 없이는 '眞理'를 말할 權利조차 없는 것이니, 人間은 동시에 意慾的 人間(wollende Mensch)이기도 한 것이다. 이 '眞理'에의 渴望, 探究에의 情熱, 價値에의 사랑을 *P¹aton*은 Eros라고 불렀다. 곧 眞理의 認識을 얻으려는 純粹한 哲學的 衝動이다.

truth
Wahrheit
vérité
aletheia
veritas

형이상학적 요구

Schleiermacher
(1768~1834)

Platon
(427~347 B.C.)

Eros

(2)

(memo 1.)

Philosophie

common sense
Gomeinsinn
sens commun

§ 6, 우리는 위에서 人間이란 本質的으로 어떠한 存在인가를 考察하였거니와, 더 나아가 '哲學이란 무엇인가?'(Was ist die Philosophie?)라는 當面 問題에 대하여 생각하여 보기로 하자.

§ 7, 哲學 곧 Philosophy라는 말의 語源은 그레시아 말의 Philosophia로서 이는 '사랑한다'라는 意味의 Philos와 智慧 또는 知識을 意味하는 Sophia와의 合成語다. 이 語源에서도 엿볼 수 있는 것처럼, 哲學이란 곧 '知識을 사랑하는 일'(Liebe zur Wissenschaft, Liebe zum Weisheit, streben nach Wissen～, love to wisdom, desire of knowledge, strive after kowledge)임에 틀림없다. 그러므로 哲學이란 '眞理'에 대한 무한한 思慕의 情이며, 意慾이다. 그러나 그것은, 單只 무한히 많은 知識을 集積하여, 이른바 博識을 자랑하는 따위의 知的 享樂主義者의 知識慾이 아니라는 것을 주의하여야 한다. 높은 哲學的 精神은, 오히려 이런 따위의 日常生活上의 雜同散異 知識을 부정하고, 종래의 實際 生活을 一貫하여 支配하고 있는 常識의 破壞 위에서만 비로소 確立되는 것이다. 하등 懷疑를 품을 餘地도 없이, 참된

것이라고, 무턱대고 믿어 왔던 것에의 思惟
의 動搖 다시 말하면 日常的인 것이나(the
commonplace), 잘 알고 있던 것이나(the we-
llknown), 또는 전통적인 것이나(the tradi
tional)에 對한, 말하자면 *Platon*이나, *Aristo-
teles*의 이른바 驚異感(feeling of wonder)이
야말로, 先哲學的 槪念의 崩壞와 哲學的
精神의 黎明과의 境界에서 低迷하는 苦憫
이라고 할 것이니, 여기에 우리는, 哲學 誕
生의 瞬間을 읽을 수 있는 것이다.

　　※ *Platon*; "Theaitetus"; Sokrates: for wonder
　　　　(thaumazai) is the feeling of a philosopher,
　　　　and philosophy begins in wonder:

　§ 8, 이와 같이 前提의 動搖와 偶像의
崩壞와의 苦憫을 經驗하는 일 없이는, 眞
理의 빛나는 峻嶺을 바라볼 수 없을 것이
다. 마치 宗敎的인 새 生涯가 懺悔에 의하
여 비로소 神의 소리(Divine voice)를 들을
수 있는 것처럼, 哲學的 槪念의 荒凉한 廢
墟 위에서만, 그 새 出發에의 地盤을 얻을
수 있게 되는 것이다. 이 動搖를 가장 강렬
하게 體驗하고 마침내는 自己 自身의 存在
마저 懷疑하지 아니할 수 없었던 戰慄할
만한 苦憫을 감내하여 드디어 西洋 近世
思想에 點火한 최초의 哲學者 *Descartes*에

Idol
Idole
Idola

(Bacon의 偶像說)

(memo 2.)

Descartes
(1596~1650)

doubt
Zweifel
doute
dubitatio
skepsis

certainty
Gewissheit
certitude

Platon

Höhlengleïchnis

(memo 3.)

게 있어서, 그의 一切의 動搖와 懷疑와 否定은, 그 自身이 決코 目的이 아니고,(方法的 懷疑 methodic doubt, Methodischer Skeptizismus, doute méthodique) 最後의 不動의 眞理, 또는 確實性에 到達하기 위한 荊棘의 길이었던 것이다, *Descartes*가 스물세 살 때(1619~1620), 南獨逸의 Neuburg 陣中에서부터 들어선 이 苦難의 길은, 哲學的 人生 旅路를 걷는 모든 사람들이 다 같이 걷지 않으면 아니 되는 運命의 行路가 아닐 수 없다.(§468 참조) Platon이 "哲學은 最上의 音樂이다"라고 한 말은, 단순히 樂天的인 의미로만 이해할 것이 아니다. 音樂은 靈魂을 淨化하는 주요한 方法이며, 淨化라고 하는 以上, 人間 靈魂의 不淨을 예상한다. 그에 의하면 人間은 본래, 精神的인 Idea의 世界에 살고 있었던 것이나, 出生과 더불어 靈魂은 地上에서 肉體와 결합하게 되었다. 그러나 人間의 靈魂은 끊임없이 自己의 故鄕인 Idea의 世界에의 鄕愁에 煩悶하고 하는 것이다.(§175 참조)

§ 9, Platon의 이 아름답고 香氣로운 비유는 大體 무엇을 意味하는 것인가? 靈魂이 그 故鄕인 Idea의 世界에 돌아가려면(眞理의 認識), 感覺的・肉體的인 不淨을 떠나, 純粹한 精神 그것이 되지 않으면 아니

된다. 肉體를 여의는 일, 곧 肉體의 부정이
죽음이라고 한다면, 眞理에 도달하려고 하
는 哲學的 精神의 情熱은 바로 낡은 것의
죽음―日常的 實際 生活을 지배하여 온바,
常識의 否定―을 前提하지 않으면 아니 된다.
그러나 *Platon*에 의한 靈魂의 淨化, 곧 實際
生活을 一貫하는 常識의 부정은, 한번 이를
敢行하기만 하면 必然的으로 眞理가 나타난
다고 하는 따위는 아니다. 哲學하는 者에게 있
어서는, 이들의 前提와 偶像의 否定과 破
壞는 永遠의 課題인 것이다. 곧 낡은 것의 죽
음을 넘어가는 그칠 줄 모르는 鬪爭의 길이라
고 이르지 않을 수 없다. 부질없이 現實에의
苦惱 없는 安易와 靈魂의 安定만을 貪하려는
데에는 哲學은 싹트지 않는다. 만약에 思索의
十字架를 忌避하고 준엄한 自己 反省과 克
服하지 않으면 아니 될 不安과 懷疑를 회피
하여, 無自覺과 自己 喪失과 頹落의 日常的
인 常識 世界의 陽地에서 醉生夢死나, 無爲
徒日을 일삼는 人間이 있다면, 그는 스스로가
人間임을 포기한 가엾은 사람이며, 따라서 이
는 곧 人間의 自殺的 行爲임이 틀림없다.

§ 10, 自己와 現實과의 矛盾撞着의 苦憫,
不安定한 精神의 彷徨과 自己 分裂, ㅍ투성
이가 되어 홀로 싸우는 魂의 무한의 遍歷이야
말로, 人間만이 갖는 哲學的 思索의 避할래야
避할 길이 없는 運命이라고 할 수밖에 없다.

philosopher
Philosoph
philosophe
philosohos

사색의 십자가

Bruno
(1548~1600)

Sokrates
(470~399 B.C.)

"그대들은 내가 死刑의 判決을 받는 것
보다도 더 큰 恐怖로써 나에게 死刑의 判
決을 내리고 있을 것이다."

라고 외치고, 로마의 刑場에서 火刑에 處하
여 自己의 哲學的 信念(곧 人間的 信念)에
殉하고, 때마침 崩壞하려고 하는 中世의 황
혼에 서서 光輝에 넘치는 Renaissance에의
길을 연, *Giordano Bruno*의 빛나는 人生은,
그 위대한 죽음과 더불어, *Sokrates* 以來의
人間 本來의 哲學的 精神을 宣揚함과 동
시에 우리들로 하여금, 스스로 대체 '人間
이란 무엇인가?'를 自問하고 自己 反省하
게 하는 警鍾을, 이 地上에 영원히 울려 줄
것을 믿어 의심하지 않는다.

셋째 가름

科學과 哲學

(Memo 4.)

(1)

§ 11, 우리가 安住하여 오는 常識의 世

界에 대하여 이를 懷疑하고, 또 反省한다고 하는 것은, 이 所與의 現實의 世界의 背後에 혹은 그 속 깊이에, 이것과는 딴판인 眞實의 世界가 있을 것이라는 可能을 意識하게 하는 것이다. 우리에게 주어진 人生과 世界의 이 現實과 現象에 대한 우리의 反省과 懷疑는, 이를 超越하여 이를 성립시키고 있는바, 本質에로 우리를 志向하게 한다. 곧 世界(Welt)와 人生(Leben)의 眞實한 모습은, 우리의 불완전한 感覺에 의하여 受容되는 대로의 혹은 단순한 想像이나 恣意에 의하여 파악되는 대로의 現象이 아닌 것이 아닌가? 이러한 現實의 世界의 深奧에 있는, 보이지 않는 世界에야말로, 眞實한 것이 實在하고 있는 것이 아닌가? 하는 疑問이야말로, 思考的 人間의 徵表이며, 一切의 哲學的 思想을 관통하는 한 個의 강인한 緯絲인 것이다.

§ 12, *Goethe*는 「Faust」(1808~1832) 손에서

> 이 世界를 深奧의 深奧에서
> 統轄하고 있는 것은 무엇인가?
> 그것이 나는 알고 싶다.
>
> 거기서 作用하고 있는
> 一切의 힘과 一切의 種子는 무엇인가?
> 그것이 나는 보고 싶다.

mark
Merkmal
marque

(memo 5.)

Goethe
(1749~1832)

그것을 알고 그것을 보면,
여러 말로 짓거리지 않더라도 되리라고 믿
었던 것을.(제1부 밤)

(Das ich erkenne, was die Welt
Im Innerstern zusammenhält,
Schau' alle Wirkenskraft und Samen,
und tu' nicht mehr in Worten Kranmen,)

이라고 노래하였다. 다시 *Goethe*는 惡魔 Me-
phistopheles로 하여금,

우리의 思索은
있는 그대로의 것의 저 편
本質의 깊이로만 들어가려고 努力한다.

(weit entfernt von allem schein
nur in der wesen tiefe trachtet.) (「Faust」)

라고 읊게 하였다.

  § 13, 이 노래는 '생각하는 갈대'(roseau
pensant)인 人間이 現象의 世界를 뛰어넘어,
그 本質의 世界에로 줄기차게 달리려는 憧
憬의 마음을 표현하여 족부함이 없는 것이
다. 이러한 熱烈한 憧憬과 追及은 일찍이
哲學의 아버지, ─Thales에 의하여 宇宙의
根源(Arche)은 '물'이라고 宣言하게 하였다.
뒤이어, *Anaximandros*는 '無限'(Apeiron)을,
*Anaximenes*는, '空氣'를 그 뒤에 *Empedokles*

Thales
(c, 624/40~546 B.C.)

Anaximandros
(c. 610~546 B.C.)

는 네 個의 '元素'(Element)를, *Anaxagoras*
는 無數의 '種子'(Spermata)를 各各 '根源'
으로서 들었다. 그리고 *Pythagoras* 學派는,
*Aristoteles*가 지적한 것처럼, "그들은 '數'
(number)를 물이나 空氣보다도 存在의 原
型에 일층 適合한 것이라고 생각하였던 것
이다." 그리고 또 *Leukippos* 및 *Demokritos*는
'元子'(Atom)를 주장하고, 한 걸음 더 나아
가, Platon은 'Idea'만이 本質 또는 實體라고
하였고, 近世에 와서는 *Kant*가 本質을 규정
하여 '物自體'라고 말하였다. 모두 이러한
주장은 雜多한 現象의 속 깊이에
實在하는 本質에의 熱烈한 追求 이외의 다
른 것이 아닌 것이다. 참實在에 대한 부단
한 思索과 追窮이야말로, 人間의 人間다운
本然의 姿勢일 것이다.

§ 14, 그러나 現象的 世界를 超越하여,
참實在에로 追進하려고 하는 情熱은, 古代
그레시아의 *Sokrates* 以前에 있어서는, 단지
自然(Physis, natura)을 설명하는 原理를 찾
으려는 要求 이상의 것이 아니었다. 가장
直接的인 것, 眼前에 存在하는 것, 直時 把
握이 可能한 것인 自然이 최초에 그들의 探
求 精神을 자극한 것이다. 自然의 變轉 無
雙한 形態, 그 多樣한 現象의 根柢에 變化
속에서도 恒存하는 第一 原理(first principle)

Anaximenes
(546 B.C.경
활동~525 B.C.)

Empedokles
(c. 493~c. 433 B.C.)
Anaxagoras
(c. 500~c. 428 B.C.)

Pythagoras
(B.C. 6,경)

Leukippos
(c. 480~?, B.C.)

Demokritos(c. 460~c.
370 B.C.)

Kant
(1724~1804)

reality
Realität
réalité

(memo 6.)

nature
Natur
nature
natura
physis

物化論(§ 151 참조)

Lear 王

定義

veracity
Wahrhaftigkeit
vcracité
veracitas

가 있다고 그들은 생각하였던 것이다. 이 時代에 있어서는, 哲學도 科學도 分科되어 있지 않고, 다만 '自然學'(physica)이라는 이름 밑에 일체가 總括되어 있을 뿐이었다. 그 뒤(特히 1831) 特殊 科學(particular Science)의 발달에 따라서 哲學은 自己의 領域으로부터 科學을 分科시킴에 이르렀다. 科學의 비상한 發達은 필경, 그 독자의 領域에 있어서, 宇宙와 人生 等에 關한 問題에 對하여서도, 敢히 哲學을 필요로 하지 않을 것처럼, 爲先 생각할는지 모르나, 哲學은 상금도 儼然히 그 自身의 領域을 가지고, 독자의 意義를 喪失하지도 않고 있는 것이다. 이른바 리어王(King Lear)의 運命은 한낱 杞憂에 지나지 않다는 것을 알게 된 지도 오래다. 그러면 대체 哲學과 科學과는 어떠한 關係를 가지고 있는가?

§ 15, 哲學은 가장 根源的인 學으로서 (Philosophie als Grundwissenschaft), 宇宙와 人生의 最窮極的인 것, 곧 眞理를 把握, 하여 人間과 그 現實을 指導할 수 있는 世界觀(Weltanschauung, ~world view)을 樹立하려는 人間 精神의 誠實한 表現이라고 할 수 있다. 이러한 의미에서 생각하면, 一切의 現象은 모두 哲學的 考察의 對象 아닌 것이 없을 것이다. 따라서 一切의 科學的 知識(Scientific knowledge)을 總

括하는 것이 哲學의 입장이 아니면 아니 된다고 말할 수도 있는 일이다. 사실, Spencer는 科學的 知識은 "部分的으로 統一된 知識"(partially—unified knowledge)이며, 이에 대하여 哲學은 "完全히 統一된 知識" (Completely—unified knowledge)이라고 하여, 스스로 이른바 綜合 哲學(Synthetic philosophy)을 組織하고 Paulsen도 亦是 科學的 認識의 總和가 곧 哲學이라고 하였다.(Philosophy as the sum total cf all scientific knowledge)이 입장은 곧 哲學이란 科學의 科學이며 科學 一般(wissenschaft überhauft)이 아니면 아니 된다고 하는 주장이다. 그러나 우리는 이러한 理論에 左祖할 수는 없다. 왜냐하면 哲學이 만약 단순히 科學의 綜合·總括이라고 한다면, 哲學은 무엇보다도 먼저 그 存在의 前提로서, 科學의 存在를 絶對的으로 필요로 하게 될 것이다. 따라서 만약 科學이 없으면, 결국 哲學도 있을 수 없다. 또 *Rickert*도 말하고 있는 것처럼, 科學은 영구히 未完結이지만, 哲學은 各各 完結的 體系를 이루고 있는 것이다. 그럼에도 불구하고, 이 입장은 科學이 完結하지 않으면, 哲學도 또한 완결할 수 없다고 하는, 모순을 남기게 되는 것이다.

Spencer
(1820~1903)

綜合哲學

Paulsen(1846~1908)

批判

Rickert
(1863~1936)

(2)

§ 16, 또 哲學은 科學의 統一이라고 주장하는 입장이 있다. 곧 科學은 純粹한 知의 입장으로서 조금도 情意의 介在를 허용하지 않는다. 그러므로 이러한 科學의 불완전에 대하여 哲學은 情意의 요구조차도 여기에 덧붙여, 보다 더 완전한 統一體를 구성하는 것이 아니면 아니 된다는 주장으로, *Wundt* 및 *Jerusalem*들은 이 입장을 取하고 있다.

§ 17, Jerusalem에 의하면, 哲學은 科學的 研究 成果에 基礎를 둠과 동시에, 단순히 經驗을 정리할 뿐 아니라, 自己를 擴大 補充하여 心情 全體의 要求(the demands of the heart)도 만족시킬 수 있는 世界觀을 형성하려고 하는 데에 있기 때문에, 科學 以上의 것이라고 말한다. 곧 *Jerusalem*에 의하면,

Jerusalem
(1854~1923)

    "哲學은 科學的 基礎 위에 섰고, 科學的 研究 方法을 使用하므로 하나의 科學이다. 그러나 哲學은 經驗을 規律할 뿐 아니라, 또 이를 補充하며, 그 最終 目的 곧 矛盾이 없는 世界觀을 建設하려면 想像力의 協力을 얻어야 하므로 科學 以上이다"(Philosophy is science because is rests upon scientific foundations and uses scientific methods of investigation. It is more than science beca-

use it must not only regulate experience but
also supplement it, and because fancy and
imagination must cooperate in the attainment
of its ultimate aim, namely a consistent
world‒theory)

(Introduction to Philosophy, 1899; 『原著는
獨文)

§ 18, 그리고 Wundt도 個個의 認識 以
上으로 여기에 말미암은 理性 및 心情의
要求마저 만족시킬 수 있는 世界觀의 형성
을 哲學의 課題라고 생각한다. 혹은 또 哲
學은 最窮極的인 學이기 때문에, 이는 어
떠한 學에도 基礎 세워지는 것이 아니고,
오히려 一切의 學은 그 根柢에 哲學을 예
상하지 않으면 성립하지 않는다. 바꾸어 말
하면, 科學은 哲學에 基礎지워짐으로써
(Begründung) 비로소 그 성립이 가능하게
된다는 것이다. 따라서 科學의 研究는 哲學
을 그 根柢에 갖지 않고서는 불가능하다.
이 입장에 의하면, 哲學은 바로 科學이 가
정하는 바를 研究하는 學이 되겠는데, 科學
이 가정하는 것이란 大體 무엇인가? 그것은
필경 科學이 研究할 對象의 存在와 그리고
그것의 認識 可能에 대하여서다. 그리고 科
學이 그 研究 對象의 存在를 가정하고 있
다고 하는 것은, 곧 物理 現象이나, 心理
現象이나, 기타 科學의 研究 對象인 存在

Wundt, W
(1823~1920)

哲學과 科學

無假定의 學

연구태도의 상이

의 存在를 허용하고 있다는 것을 의미한다. 그러나 단순히 그것만의 의미라면, 科學의 假定을 研究한다고 하는 哲學의 使命은 지나치게 국한되고 마는 것이며, 또 그것은 벌써 哲學을 필요로 하는 것이 아니고, 科學의 研究 領域 以上의 것이 아니다. 그러나 哲學은 이러한 科學의 어떤 特殊한 現象이 아니고 그 特殊한 存在를 通하여, 對象 一般의 存在 곧 科學이 그 存在를 懷疑함이 없이 허용하고 있는 바의, 根本的으로 '있다'고 假定하고 있는 것의 研究가 아니면 아니 된다. 科學에는 반드시 그 研究 對象이 있다. 그리고 科學은 그 對象을 研究하려고 하는 경우에 그 對象이 存在하고 있다는 것을 懷疑 없이 前提하지 않으면 성립하지 않는다. 哲學은 이러한 科學이 前提하는 '存在'를 懷疑하고, 그 自體를 研究하는 것이다. 哲學이 窮極的·根源的 學 (Grundwissenschaft)이라고 불리는 所以이다. 一般 科學은 반드시 어떤 假定·假說 (Hypothese) 위에 입각하지만, 哲學은 假說이 없는 것을 표방하며, 도리어 假說 그 自體를 研究하고 批判하는 것을 임무로 한다. 그러므로 哲學은 絶對 '無假定의 學'이라고 할 수 있는 것이다.

§ 19, 이와 같이 哲學과 科學과의 相異는 그 研究 態度의 問題에도 存在한다. 科

學의 研究 方法은 어떠한 경우에나 一定한 假定 위에 서 있다. 이를테면, 經驗的 事實의 存在의 論理學的 法則의 確實性들은 科學이 의심할 수 없는 또 의심하여서도 아니 되는 假定이며, 만약 이러한 기본적인 것을 懷疑하게 되면, 科學의 研究는 불가능하게 되지 않을 수 없다. 그러나 哲學은 어디까지나 無前提의 學이며, 無假定性의 原理에 따르는 것만이 또한 哲學의 理想인 것이다. 哲學은 '宇宙·人生의 最窮極的인 原理의 學'이기 때문에, 어떠한 것일지라도 科學의 研究 態度와 같이 無批判的으로 假定할 수는 없는 것이다. 곧 科學이 추호도 회의하지 않고 假定하는 것, 科學이 無批判的으로 거기서 출발하려고 하는 그 前提에 對하여 哲學은 먼저 批判의 눈을 돌리고 또 나아가 스스로의 입장 그것을 먼저 自己 反省의 對象으로 삼지 않으면 아니 된다. 科學이 假定하는 存在란 무엇인가라고 하는 根源的인 것에, 研究의 태도를 집결시키지 않으면 아니 되는 것이다.

批判의 學

§ 20, 知識의 段階

"꽃이란 무엇인가?"라는 질문에 對하여 어린이는 "꽃은 붉은 것이다"라고 대답한다. 이것은 獨斷(Dogma)이다. 그 다음에 常識은 "꽃이란 아름다운 花瓣을 가지고 있는

지식의 3단계

것이다"라고 대답한다. 여기에 對하여 科學
的 知識(wissenschaftliches Wissen)은 "꽃은
수술과 암술을 가진 植物의 繁殖 器官이다"
라고 대답한다. 大部分의 사람들은 여기에
만족하고, 그 以上의 해답을 요구하지 않을
것이다. Bacon이 "知識은 힘이다"(Scientia
est potentia)라고 한 것은 곧 이 段階의 知
識에 지나지 않는다. 그러나 이와 같이 국
한된 硏究 領域 內에 있어서만 統一되고
綜合된 科學的 知識만으로 만족하지 않는
사람들은 되물어 나간다.

"植物이란 무엇인가?" "植物은 動物과
더불어 生物이다" 그러면 "生物이란 무엇
인가?" "生物이란 生活 現象을 나타내는 하
나의 物이다." 그러면 "物이란 무엇인가?"
"物이란 經驗的 存在다" 그러면 또 "存在
란 무엇인가?"라는 窮極的인 問題로까지
發展하게 되는 것이다. 여기에 대답하려는
것이 곧 哲學的 認識(philosophical cognition,
philosophische Erkenntnis)이다.

인식 가능의 문제

§ 21, 그리고 科學은 이러한 스스로의
對象을 認識할 수 있는가 없는가의, 이른바
認識의 可能의 問題(Theinqury concerning the
possibility and limit of human knowledge)
에 대하여서도 懷疑를 품지 않는다.(§205
참조) 이러한 懷疑와 反省과는, 본래 哲學
의 領域에 屬하는 것이다. 이 문제는 哲學
上 이른바 認識論的 硏究의 課題다. 이 認

識論的 研究가 哲學의 독자적인 方売인 以
上, 哲學은 科學의 成立 根據가 된다고 아
니 할 수 없는 것이다. 이리하여 哲學은 科
學이 假定하는 '存在'에 대하여, 그것을 우
리는 과연 확실히 認識할 수 있는가라고 하
는 또 하나의 根源的인 것에 研究의 태도
를 집결하게 되는 것이다. 그러므로 哲學은
哲學 自身을 준엄하게, 反省하고, 항상 哲學
自體를 "哲學 한다"고 할 수 있다. 여기서
哲學을 一切의 根源學이라고 부르는 것이다.

自覺의 學
phiosophize
philosophieren
philosopher
philosophein

넷째 가름

哲學과 藝術 및 宗敎

§ 22, 哲學은 窮極的인 原理의 學(science
of principles)으로서 理論的 形態에 있어서,
人生觀・世界觀을 수립하려는 學的 努力
이거니와, 藝術이나 宗敎도 이 點에 있어
서는 마찬가지다. 그러나 藝術이나 宗敎에
있어서는, 人生觀이나 世界觀을 수립하는

view of life
Lebensanschauung

intuition
Anschauung

데에 있어서도 哲學과 같이 반드시 理論的 方法을 필요로 하는 것이 아니고, 藝術的 想像力이나 直觀을 基礎로 하여, 人生觀 · 世界觀을 把握하려고 한다. 따라서 이 경우에는 理論的인 嚴密性(Strenge)이나 槪念的인 確實性이나는 반드시 絶對的 要件이 아니다. 혹은 宗敎的 體驗이나 信仰을 기초로 하여, 直觀的(intuitive)으로 宗敎的 人生觀을 파악하려는 것이 宗敎다. 宗敎的 人生觀은, 열렬한 宗敎的 믿음이며, 宗敎的 사랑이다.

§ 23, 藝術的 人生觀 · 世界觀도 宗敎的 人生觀 · 世界觀과 같이 直觀的이며, 人間의 情緖에 호소하고, 그것을 根柢로 하여, 端的으로 人生과 世界를 파악하려고 하는 것이다. 그리고 藝術이나 宗敎에 있어서는 世界를 表象的으로 파악하려는 것이 아니고, 오히려 理想的인 姿勢에 있어서 보고 있는 것이다. 곧 人生을 藝術的으로 美化하고, 理想化하여 파악하려고 하는 것이 藝術이며, 宗敎的으로 聖化 · 神化하고 理想化하여 人生과 世界를 직접적으로 파악하려고 하는 것이 宗敎다.

delfication
Vergottung

§ 24, 이에 대하여 哲學은 理論的인 嚴密性을 그 方法으로 하여, 人生觀과 世界觀을 수립하려고 하는 것이며, 따라서 여기

에 있어서는, 藝術이나 宗敎와 같이 情緒
에 호소하는 따위는 허용되지 않는다. 우리
가 日常 經驗하는 바를 基礎로 하여, 理論
的·槪念的으로, 그리고 또 比量的(discu-
rsive, diskursiv)으로 人生과 世界에 대한 견
해를 수립하려고 하는 것이다. 哲學은 情意
의 입장에서, 人生을 諦觀한다고 하는 따
위의 일이 아니며, 따라서 단순한 主觀이나
直觀 위에 人生觀·世界觀을 건설하려고
하는 것도 아니다. 哲學은 철두철미 冷靜
한 態度와 成心 없는 論究를 必須 要件으
로 한다. 哲學은 끝까지 嚴密한 學으로서
(Philosophie als strenge Wissenschaft) 統一
있는 理論인 것을 특색으로 한다. 哲學을
高次的인 知的 體系라고 부르는 까닭도 여
기에 있다.

고차적인 지적 세계

§ 25, 藝術은 이에 反하여 도리어 非理
論的·非論理的이라고 말할 수 있을 것이
다. 그러나 非理論的·非論理的이라고 하
는 것은 反理論的·反論理的이라는 뜻이
아니다. 理論的·論理的이 아니고, 다만 想
像力과 直觀에 의하여 認識이 構成된다는
것을 의미하는 것이다. 이 사실은 兩者의
價値의 優劣을 말하는 것이 아니고, 다만
兩者의 硏究 領域의 相異가 곧 硏究 方法
을 결정한다는 것을 말하는 것뿐이다. 이를
테면, *Goethe*나 *Schiller*의 詩가 人生 描寫,

藝術

Goethe(1749~1832)

Schiller
(1759~1805)

Nietzsche
(1844~1900)
Platon(427~347)

宗教

(實存 哲學 참조)

Schleiermacher
(1768~1834)

methodology

世界 解釋에, 제아무리 심원한 哲理가 說破되어 있다고 하더라도, 그대로 哲學이 될 수는 없다. 그리고 *Nietzsche*의 「Also sprach Zarathustra」(1883~1891)나, *Platon*의 「Symposion」이 제아무리 아름다운 文字와 교묘한 比喩로써 엮어졌다 할지라도, 그것을 그대로 藝術 作品이라고는 할 수 없는 것이다.

§ 26, 宗敎는 이에 대하여, 超理論的이며 超論理的이라고 말할 수 있다. 宗敎는 哲學과 같이 論理와 槪念을 前提로 하는 것이 아니고, 도리어 理論이나 論理의 世界를 超越하여, 그것을 自己 속에 包攝하는 입장에 서 있는 것이다. 곧 理論이나 論理에는 절로 限界가 있다. 理論이나 論理가 스스로의 限界의 障壁에 부딪쳐 挫折하는(sheitern)자리에 宗敎的 信仰이 탄생하는 것이다. 그것은 벌써 理論이나 論理의 世界가 아니고, 그것을 완전히 超越한 世界다. 이러한 의미에서, *Schleiermacher*가 宗敎를 "絶對 依存의 憾情"(schlechthinniges Abhängigkeitsgefühl)이라고 한 것은 妥當하다고 할 것이다.

§ 27, 그러나 돌이켜 생각하건대, 哲學도, 藝術도, 또 宗敎도, 다 같이 人生 내지 世界의 가장 眞實한 것을 파악하려는 의미에 있어서는, 그 對象과 目的을 같이한다고

할 수 있다. 다만 그 의거하는 方法論이 다를 뿐이다. 哲學은 理論的·槪念的·體系的으로 眞理를 把握하려는 데 反하여, 藝術은 直觀的으로 곧 非論理的으로 眞理를 구현하려고 하고, 또 宗敎는 超論理的인, 오히려 體驗(Erleben) 혹은 實踐을 通하여 직접 神의 소리를 들으려고 하는 것이다.

Methodologie
methodologie

相異點

practice
Praxis
pratique

§ 28, 그러나 우리는 여기에 또 하나의 사실을 주의할 것을 잊어서는 아니 된다. 우리는 위에서, 三者의 相互 差異點에만, 주목하였지만, 여기서는 三者의 相互 類同點에 착안할 필요가 있다. 이들은 相互間에 긴밀한 內的 聯關性을 가지고 있는 것이다. 우리가 이미 본 바와 같이 哲學은 理論的으로 人生을 闡明하려고 하는 것이지만, 그 根柢에는 直觀 作用을 갖고, 또 氣分이나, 情緒가 흐르고 있음을 부정하지 못할 것이다. 특히 現代의 生이 哲學(Lebensphilosophie)에 있어서는 直觀이나, 體驗을 理知나 槪念보다도 더 重視한다. 그리고 또 다른 面에서, 앞서 든바 Jerusalem은 自己의 입장에서 "哲學은 단지 科學的 準備(scientific equipment)"일 뿐 아니라, 그 위에 "道德的 勇氣(moral courage)와 藝術家的 構成力(artistic construction)을 가짐으로써, 동시에 經驗을 超越할 수 있다"고

類同點
(memo 7.)

生의 哲學

Jerusalem
(1854~1923)

實存 哲學

하였다. 아무튼 哲學의 이러한 입장은, 藝術이나 宗敎와의 共通點을 의미하는 것이다. 오늘날 實存 哲學(Existenzphilosophie)이 그것을 甚히 주장하고 있는 것처럼, 人生 그 自體가 벌써 非合理的인(irrational) 것이며, 따라서 單純한 '灰色의 理論'(Goethe)의 累積만으로는 쪼개낼 수 없는 어떤 것을 지니고 있다.

Goethe(1749~1832)
(memo 7.)

§ 29, Goethe는 말하기를, "우리는 언제나 理性을 分母로 하여, 우리의 生의 總額을 쪼개려 하지마는, 實은 이로써는 불가능한 것이며, 따라서 항상 生의 剩餘가 더 많이 생기게 되는 것이다. 아무래도 體驗으로 쪼개내지 않으면 商이 나오지 않는 計算이 있으니 이것이 곧 生의 類型(Lebensform)의 問題다."라고 하였고, Dilthey

Dilthey
(1833~1911)

는 또한 비슷한 의미에서, "어떠한 生에도 분석되지 않은 잉여가 있다"고 갈파하여, 이를 그 哲學의 中心 思想으로 삼았다.

§ 30, 그와 동시에 藝術도 또한 人生과 世界에 對한 哲學的 考察을 등한히 할 수 없는 것이다. 위대한 藝術은 항상 위대한 哲學的 人生觀에 依하여서만 가능한 것이다. 그리고 宗敎와 哲學과는 本來부터 無緣한 것이 아니었다.

Windelband
(1848~1915)

§ 31, Windelbant의 말을 빌리면, 일찍이 Platon은 "超感覺的 世界의 實際에 對하여(von der Realität der übersinnlichen Welt) 槪念的으로 證明하려고 무척 努力하였는데, 그 마음은

확실히 宗敎的 要求에 말미암고 있는 것이다. 주어진 그대로의 것에 대하여 만족할 수 없는 感情(Das Gefühl der Unzulänglichkeit des Gegebenen)은, 이 經驗界(Sinnenwelt)의 背後에 숨어 있는, 보다 相異한, 보다 高尙한 世界(einer anderen, einer höheren Welt)에 대한 不可思議한 요구가 되어 나타난다. *Platon*은 이 宗敎的·形而上學的 衝動을 思慕(eros)라고 불렀다. 보다 좋은 故鄕을 동경하는 望鄕의 마음이다"(*Plato* nennt diesen religiös—metaphysischen Trieb den eros, da Heimweh der Seele nach einer besseren Heimat.)

§ 32, 우리는 여기서 哲學과 宗敎와의 一體性을 看取하거니와, 고래로 洋의 東西를 막론하고 兩者의 關係는, 相互 規定의 聯關性 위에 긴밀히 유지되어 있는 것이 사실이다. 宗敎가 결정적으로 哲學의 影響을 받은 사실은 中世 基督敎가 그레시아의 哲學에 依한 解說과 組織을 떠나서는 성립할 수 없었던 這間의 事情에 依하여 보더라도 명확한 것이다. 스콜라 哲學은 순전히 *Aristoteles* 哲學에 依한 基督敎의 敎理(dogma)의 合理化에 불과하였던 것이다. 그리고 東洋의 佛敎는 그 自體가 이미 하나의 심원한 哲學이다. 또 그와 반대로, 宗敎가 哲學에 끼친 影響도, 또한 심대한 것이 있다. Europe의 哲學者들은 누구나 다소간은 基督敎의 影響을 받고, 또 그들의 哲學的 思索의 根柢에 그

哲學과 宗敎

scholastic p,
Scholastische p,
philosophie
scolastique

思想을 감추고 있는 것이 사실이다. 東洋의 哲學者들도 또한 佛敎的 雰圍氣 속에서, 또는 그것을 基底로 하여 思想과 理論을 전개하여 왔다. 哲學은 宗敎로부터 刺戟을 받음과 동시에, 宗敎가 直觀的·體驗的·實踐的으로 도달한 境地를, 理論的·槪念的으로 파악하고 또 이를 體系化하려고 한다. 哲學은 高次的인 知的·自覺的인 體系를 通하여, 世界觀의 수립을 노리는 點에서 하나의 科學임에 틀림없으나, 동시에 道德과 藝術과 宗敎와도 通하여, 그 힘을 빌려야 하므로 단순한 科學과는 다른, 그 以上의 것이라고 할 수 있다.(*Jerusalem* 참조) **哲學**은 곧 人間의 精神과 그 生의 統一的인 全體的인, 및 根本的인 表現 形態이기 때문이다.

哲學

다섯째 가름

哲學과 人間과 生

(memo 8.)

哲學의 問題

§ **33,** 哲學의 問題는, 그것은 '무엇인가?' (what, Was, being, Sein)라는 存在의 問題

'어떻게 그것은 생겼는가?'(becoming～Werden)라는 生成의 問題, 그리고 '어떻게 그것을 알 수 있는가?'(knowledge～Wissen)라는 認識의 問題의 셋으로 大要를 잡을 수 있을 것이다. 이러한 哲學의 問題는 항상 반드시 人生에 직접 關係가 있는 問題라고는 할 수 없을는지 모른다. 물론 전연 無關係하다고야 할 수 없을지라도, 認識論(Epistemology～Erkenntnistheorie)이나 存在論(Ontology～Ontologie)이나 혹은 論理學(Logik) 等이, 人生을 第一義的인 問題로 삼는다고는 할 수 없을 것이다. 그러므로 왕왕 哲學은 人生의 問題 解決에 對하여 무력하고, 맹목하고 따라서 그것을 無用之長物이라고 하는 비난이 생기게 되는 것이다.

인식론

존재론

논리학

§ 34, 그러나 人生의 問題에 無關心하고, 따라서 無用하다고까지 일러지는 認識論, 存在論 또는 形而上學, 論理學, 自然 哲學 등등이 哲學 研究의 不可缺의 問題로서, 대체 그레시아 以來의 哲學者들이 心血을 경주하여, 研究하고 思索하고 마침내 毒杯를 마시고 火刑을 當하면서까지 계속하여 온 이유는 무엇인가? 이를 생각하면 이러한 迂遠하고·無用한 것같이만 보이는 問題가, 實은 人生과 그 世界에 깊이 뿌리를 박고 있으며 또 거기서 우러나오는 심각한 要求 以外의 다른 것이 아니기 때문이라고 할 수 있을 것이다. 果然, 우리는 人生의 問題에

人生의 問題

Locke(1632∼1704)

Hume
(1711∼1776)

Descartes
(1596∼1650)

Spinoza
(1632∼1677)

Kant
(1724∼1804)

는 전연 無關係한 것같이 立論된 어떠한 哲學論도 及其也엔 깊이 人生 問題의 解決에 그 動機를 주고 있다는 것을 보게 된다. 이를테면, *Locke*의 「人間 悟性論」(An Essay concerning human Understanding－1690)은, 道德과 宗敎의 問題 解決을 위한 先決 條件으로서, 硏究에 착수되었던 것이며※, *Hume*의 「人性論」(A Treatise of human Nature－1739∼1740)은 道德과 政治의 根本的인 改善을 기도한 것이라고 말한다. 또는 *Descartes*의 哲學도, *Spinoza*의 思想도 결국, 人生 問題의 根源的인 것에의 지대한 關心을 내포하고 있고, 近世에 있어서는 *Kant*의 主著 「純粹 理性 批判」(Kritik der reicen Vernunft－1781)은 실로 道德과 宗敎 觀의 樹立에 對한 前提였던 것이다. 그 外에 古代 그레시아에 있어서 *Platon*이나, 그 外의 경우도 있어서도 역시 純理論的인 것 같이 보이는 哲學의 問題도 그 根柢에는 깊은 關心이 人生과 그 現實의 問題에 연결되어 있다는 것을 우리는 간과할 수가 없다.

　※ "萬若 이 論文의 來歷을 써서 당신을 괴롭히는 일이 不適當하지 않다고 한다며, 5·6명의 동무들이 내 房에 모여서 이 問題와는 全然 關係도 없는 어떤 問題를 論議하고 있었는데, 여러 方面에

서 들고일어나는 難問* 때문에 우리들 自
身이 갑자기 窮地에 빠지게 되고 마는
사실을 알게 되었다는 것을, 당신에게
말씀드리지 않으면 아니 되겠다. 우리는
그릇된 길을 걷고 있었다는 것,ꞌ또 우
리가 그러한 성질의 探究에 들어가기
前에 우리들 自身의 能力을 음미하여
우리의 悟性은 어떠한 對象을 다루기에
適合한가? 또는 適合하지 않는가라고
하는 것을 알 필요가 있었다는 즛이 내
머리에 떠올랐다.ꞌ ꞏꞏ(and that before we
set ourselves upon inquiries of that nature,
it was necessary to examine our own
abilities, see what objects our understa-
ndings were, or were not, fitted deal
with.) 이것을 나는 동무들에게 提案하
였더니, 모두가 손쉽게 容忍하여 주었으
며, 거기서 이것이 우리들의 최초의 연
구가 되어야 한다는 것에 의견이 딜치되
었다.ꞌꞌ(and there upon it was agreed
that this should be our first inquiry.)

※ (여기서 難問이라는 것은 道德과 天啓
宗敎를 論하는 데서부터 생긴 것이다)(「人
間 悟性論」)

§ 35, 이리하여, 어떠한 哲學일지라도, 직
접 간접으로 또는 陰으로 陽으로, 人生 問
題에 관련을 갖고, 따라서 人生과 그 現實,
또는 人間 存在에 關한 直理를 말하지 않

는 哲學은 없다고 할 수가 있는 것이다. 그
런다고 해서 哲學的 思索과 探究에 依하여,
우리는 바로 人生 問題가 해결될 수 있다고
말할 수 없는 것이다. 人生 問題는 未來 永
劫으로 解決을 期하기 어려운, 永遠의 難問
(aporia)일 것이다. 그럼에도 불구하고 哲學
의 硏究가 기도하는 바는, 우리의 現實的
經驗의 世界이며, 直接的이냐 間接的이냐의
別은 있을지언정, 바로 人生 問題이다.

§ 36, 그러기에 Rickert도 일찍이, "우리의
努力은 大體 무엇을 志向하는 것일까? 이 人生
의 目的은 무엇인가?(Was ist der Zweck dieses
Daseins?) 우리는 무엇을 행할 것인가?(Was
sollen wir tun?) 이러한 問題는 學의 範圍 外라
고 생각하는 思想家가 있을지도 모른다. 그러나
過去의 大哲學者의 거의 全部가 多少나마, 명
백하게 人生의 意味 如何의 問題(die Frage
nach dem Sinn des Lebens)를 提出하였다는 것,
그리고 이 問題에 對하여 그들이 發見한 解答
이 그들의 世界觀(Weltanschauung) 本來의 特色
을 이루고 있음은 사실이다. 그것은 如何間에,
이러한 問題를 哲學에서 除外하는 일은 許容할
수 없는 恣意일 것이다.(eine unzulässige willkür)
설령 재래의 어떠한 사람도 아직 이러한 問題를
提出한 일이 없다손 치더라도 哲學은 이제 마침
내 그것을 하지 않으면 아니 된다.(mußte die
Philosophie es jetzt endlich tun.) 哲學은 적어도
哲學인 以上은 진실하게 問題로 삼을 수 있는

Rickert
(1863~1936)

일로서, 그리고 다른 學이 解答을 주려고도 하지 않는 일은, 모두 남김없이 問題 삼지 않으면 아니 되는 것이다."(Sie hat als Philosophie nach allem zu fragen, wonach ernsthaft gefragt werden kann, und worauf andere wissenschaften keine Antwort geben wollen, 「Vom Begriff der Philo-sophie」-1910)라고 말하였다.

§ 37, 現代 哲學의 새 方向과 傾向은, 過去에 그 類例를 볼 수 없을 만큼, 적극적으로 具體的인 '人間'을 中心 課題로 삼고 있다. *Max Scheler*는 現代는 "거의 1萬 年에 걸친 歷史에 있어서, 人間이 徹底的으로 '問題'가 된 最初의 時代다. 이 時代에 있어서는, 人間은 그가 무엇인가를 벌써 모르지만, 그러나 그와 同時에 또 그가 그것을 모른다는 것을 알고 있는 것이다"라고 말하고, Heidegger는 1929年에 Freiburg 大學의 강당에서 Max Scheler의 主著 「宇宙에 있어서의 人間의 地位-1928」(Die Stellung des Menschen im Kosmos)에 언급하면서, "어떠한 時代드 오늘날처럼, 人間의 多樣性에 對하여, 意識한 時代는 없다. 어떠한 時代도 오늘날처럼, 人間에 對한 知識이 절실하게 또 魅惑的인 方法으로 表現되어 있는 時代는 없다'. 어떠한 時代도 오늘날처럼, 人間에 관한 知識을 빨리 또 손쉽게 제공할 時代는 없다. 그러나 또 人間이란 무엇이냐에 대하여, 오늘날처럼, 적게 意識된 때도 없다. 그리고 人間이 오늘날처럼,

Max Scheler
(1874~1928)

Heidegger(1889~1976)

問題가 되어 있는 時代도 또 없다"고 하고, 또 이를 그의 主著 「칸트와 形而上學의 問題」(Kant und das Problem der Metaphysik—1929)에도 적은 바 있다.

이 책 속에서 *Heidegger*는, *Kant*의 基礎 附與(Begründung)가 "人間에의 물음 곧 人間學(Anthropologie)이라는 결론에 도달한 것"이라고 해석하고, 哲學的 人間學(philosophische Anthropologie)의 입장에 서서 그 自身이 *Kant*가 行한 形而上學의 基礎 附與를 되풀이하려고 시도한다.

§ 38, 이처럼, 人間은 現代의 問題다. 現代의 問題는 人間 以外의 아무것도 아니다. 그러니까 現代 哲學은 人間을 問題 삼아야 하는 것이다. 哲學은, 스스로 現實의 學이기 때문에, 人間이 問題인 現代의 哲學은, 스스로 人間學(Anthropologie)이 되지 않으면 아니 되는 것이다. 그러기에 *Max Scheler*의 「哲學的 人間學」은 現代 哲學의 prologue며, 實存 哲學은 그것의 epilogue인 것이다.

「哲學的 人間學」

§ 39, 오늘날 實存 哲學이라고 하는 것은, 人生 問題라기보다는 오히려 人間, 個人 또는 主體的 人間의 存在와 狀況(Situation)이 問題이며, '人間의 本質은 무엇인가?'가 아니고, '人間이란 어떠한 存在인가?'를 묻는 것이며, 따라서 人間의 本來的인 存在

實存 哲學

方式, 또는 人間의 特殊한 存在의 方式을 開
明하려고 기도하고 있는 것이다. *Heidegger*
는, 人間을 '誕生과 죽음과의 中間'이라고
규정하고, 또 人間이란 '죽음에의 存在'(Sein
zum Tode)라고 한다. *Kierkegaard*은 스스로
가 '어떻게 살 것인가?'(How to live?)에 대
하여 무서운 苦惱 속에 빠지고, 그리하여,
이를 해결하지 아니치 못하기 때문에 哲學
하였고, Dilthey는 實 人生의 生生한 體驗
에 基한 진실한 思索에 依하여, 人生의 意
義와 價値를 추구하고 生의 수수께끼를 해
명하는 것을 '生의 哲學'의 本領이라고 생
각하고, 스스로 "나는 어디서 왔는가? 나는 무
엇 때문에 거기에 있는가? 나는 어떻게 될 것인
가? 이것이 모든 물음 가운데서, 가장 普遍的인
물음이며, 또 가장 많이 나를 엄습하여 오는 물
음이다. 詩的 天才나, 豫言者나, 思想家는 제가
끔 이 물음에 對한 答을 求하고 있는 것이다"
라고, 生의 수수께끼를 내걸고 있다.

§ 40, Dilthey는 世界觀의 內容으로서, 現實
認識과 價値 評價(生의 評價)와 理想 設定(目
的 樹立)과의 세 段階를 구별하고 있다. 첫째의
現實 認識은 '世界란 무엇인가?' '人生이란 무
엇인가?'를 물어, 世界 및 人生의 客觀的인, 그
自身에 있어서 갖는 性質, 構造. 法則 等을 把
捉하는 일이며,(存在 問題) 둘째, 이것이 基礎가
되어 여러 가지 對象의 價値를 評價하고, 또는
評價의 標準이 되는 것을 求한다. 여기서는 '世

Heidegger(1889~1976)

Kierkegaard(1813~1855)

Dilthey
(1833~1911)

生의 수수께끼

世界觀

①

②

③

界는 우리에게 對하여 어떠한 意味를 갖는가?'
또는 '人生은 살 보람이 있는 것인가?'를 물어,
世界 및 人生이 우리에게 對하여 갖는 意味와
價値를 問題 삼는다.(價値 問題) 그리고 **셋째로**
는, 이러한 生의 評價와 世界의 理解가, 여러
가지 意志 決定의 底層이 되어서 여기에 理想
이 생기는 것이다. 이 段階에 이르러 비로소 世
界觀의 實踐的 Energie가 우러나온다. 이리하여
世界觀은 決코 단순히 思惟의 論理的 所産이
아니고, 말하자면, 이러한 知的인 現實 認識, 感
情이 中心이 되는 價値 經驗, 그리고 意志的인
理想設定의 三段階의 內的 聯關에 依하여, 形
成되는 法則性을 갖게 되고, 앞에서는 다만 異
常한 一聯의 수수께끼로서만 投與된 것이, 이제
여기에 있어서는, 問題와 解決과의 意識的 聯
關에까지 높여지는 것이다. 이리하여 *Dilthey*의
生의 哲學은, 同時에 '世界觀學'(Weltanschauu-
ngslehre)으로서 君臨하는 것이다.

§ **41,** 이와 같이, 그것이 哲學인 限, 어
떠한 哲學이거나를 막론하고, 人生 問題에
관여하지 않는 것이란 없다. 따라서 우리는
生의 哲學이나, 哲學的 人間學, 또는 現代
의 實存 哲學이나는 두말할 것도 없고, 지
난날에 盛代를 누리던 認識論이나, 存在
또는 實在만을 問題 삼던 形而上學조차도,
間接的·概念的으로 그 뿌리를 깊이 人生
의 問題에 뻗고 있으며, 또 이 人生의 問
題가 이들을 그 밑바닥으로부터 떠받고, 거

기에 가장 根本的·基礎的인 問題 解決의
방향을 지시하여 주고 있음을 간과하겨서는
아니 될 것이다.

§ Wilhelm Dilthey의 主著   Dilthey

1, 「실라이에르마허의 傳記」(Das Lebens Schle-
   iermachers.) 1870.

2, 「精神 科學 序論」(Einleitung in die Ge-
   isteswissenschaften, Versuch einer Gru-
   ndlegung für das Studium der Gese-
   llschaf und der Geschichte, Bd. I.) 1883.

3, 「詩人의 想像力」(Die Einbildungskraft des
   Dichters, Bausteine zu einer Poetik) 1887.

4, 「普遍 妥當的 敎育學의 可能性에 關
   한 論文」(Über die Möglichkeit einer
   allgemeingültigen Pädagogik) 1888.

5, 「記述的 및 分析的 心理學」(Ideen über
   eine beschreibende und zergliedernde
   Psychologie) 1894.

6, 「解釋學의 起原」(Die Entstehung der
   Hermeneutik) 1900.

7, 「體驗과 詩」(Das Erlebnis und die Di-
   chtung) 1905.

8, 「精神 科學에 있어서의 歷史的 世界」
   (Der Aufbau der geschichtl. −Welt in
   der Geisteswissenschaften) 1910.

9, 「敎育學―그 歷史와 體系 槪說」(Pädago-

gik—Geschichtè und Grundlinien des
Systems) 1933.
10, Wilhelm Diltheys Gesammelte Schriften.
12 Bde, von B. G. Teubner, 1913 ff.

☆☆☆

Die hohe Kraft
Der Wissenschaft,
Der ganzen Welt verborgen!
Und wer nicht denkt,
Den wir sie geschenkt,
Er hat sie ohne Sorgen,

(Faust: Hexenküche)

現代 哲學(Modern philosophy)

여섯째 가름

實存 哲學(Existenzphilospohie)

첫째 조각 實存 哲學이란 무엇인가?

(memo 9.)

§ 42, 實存(Existenz, existence)이란 人間 存在의 本來的인, 特有한 存在 方式을 意味한다. 따라서 그것은 어디까지나, 人間의 存在(Existenz)에 관계하는 것이며, 종래의 合理主義(Rationalism)의 哲學에 있어서와 같은 '人間의 本質'(Wesen)이라고 하는 따위의 이른바 本質 問題가 아니라는 것을 먼저 주의하지 않으면 아니 된다. 그러므로

實存

人間은 이를테면, 理性的 存在라고 하는 것과 같은 人間의 本質 規定의 問題는, 實存 哲學에 있어서는 직접적인 關心事가 아니다. 實存(Existenz)이라는 말은 中世的으로는, 存在(Existentia)인데, 이 말은 本質(Essentia)에 對應하게 되는 말이다. 그리고 Existentia는 ex−sistere, 곧 밖에(ex) 나타나(sistere) 있는 것을 意味한다고, 할 때, 그 밖에 나타나 있는 '存在 方式'이 곧 實存이다. 따라서 實存이란, 거듭 말하자면, 人間의 本質(essentia)이 아니고, 어디까지나 人間의 存在 方式(existentia)이 問題이며, 實存 哲學이란 결국 이러한 人間의 存在 方式을 묻고, 그것을 開明하려는 哲學이라고 할 수 있다. 實存이란, 眞實의 存在, 現實의 存在, 事實의 存在를 의미하고, 이러한 存在 方式을 표현하기 위하여, 특히 實存이라는 새 말이 사용되게 된 것에 지나지 않는다. 그러면 이러한 實存의 存在 方式이란 어떠한 것일까? 苦惱, 苦痛, 救濟, 등등이야말로 人間 存在의 眞實한 存在 方式이라고 할 수 있을 것이다. 그러면 이러한 人間 存在의 存在 方式−苦惱・苦痛 등은 무엇 때문의 苦惱며 苦痛이며, 不安일까? 그것은 自己가 虛無(Nichts)의 深淵(Abgrund) 위에 떠 있는 有限的 存在라는 意識에서인 것이다.

§ 43, 人間의 生(Leben)에 있어서 不安의

實存 哲學

虛無

anxiety

가장 根源的인 것은 죽음이다. 죽음은 人間에게 있어서 虛無다(*Epikuros*). 人間은 항상 죽음에 의하여 威脅받고, 人間은 살고 있으면서 끊임없이 죽으면서 있는 것이다. 내가 살아가고 있는가? 죽어 가고 있는가가 疑問이다. 하루를 잘 살았다 함은 그 하루가 죽었다 함이 아닐까? 젊은이는 그 하루하루가 살아가는 하루이지만 죽음의 終着點에서 볼 때, 그 하루하루는 죽음에 다가오는 하루하루, 곧 죽어오는 하루하루인 것이다. 산다는 것과 죽는다는 것은 단지 視點의 差異인 성싶다. 아무튼 죽음은 삶 以上으로 확실한 可能性이며 또 現實性이다.

§ 44, 이리하여 죽음은, *Heidegger*에게 있어서 人間이 實存으로서의 自己를 自覺하는 積極的인 契機가 되는 것이다. 죽음은 보통 생각하듯이 우리가 거기에 아무 영문도 모르고 더듬어 가는 終着驛 같은 것이 아니고, 우리의 生으로 하여금 죽음을 통하고 또 이를 겪어낸 참된 生이 되게 하고, 따라서 生을 生답게 하는 契機 또는 始發點이 되는 것이다. 人間의 獨自的인 存在는 죽음 속에 오히려 生의 出發點을 발견하는 것이다. 죽음은 決코 生의 마지막 地點이 아니고, 生의 始發點인 것이다 사람은 그가 그 속에서 스스로의 本來的이며, 不可避的인 죽음을 찾아냈을 때, 새 삶을

Angst
angoisse
death
Tod
mort

시작하고 또 새사람이 되는 것이다. 죽음은 人生에게 暗黑은커녕 光明을 주고, 절망은 커녕 희망을 부어 준다. 아무튼 自己의 죽음을 先驅的으로 自覺한 사람치고, 그것 때문에 自殺을 기도하는 이는 없고, 오히려 自活과 回生의 길을 찾게 되는 것이다. 죽음을 앞당기고, 覺悟하고, 決意한 사람은, 참된 生에의 誠實한 飛躍(Sprung)을 敢行하게 된다. 우리에게 있어서, 죽음에의 不斷의 先驅的인 覺悟는 再生과 新生에의 原動力이 된다. 그러니 그와 반대의 경우를 생각하면, 죽음에의 自覺과 覺悟가 없는 生은 흐리멍덩한 生일 수밖에 없으며, 따라서 Heidegger에게 있어서의 이른바 '世上사람' (das Man)으로서의 生과 그 人間 存在는 결국 죽음에 대한 自覺의 缺如를 의미하는 것밖에 되지 않는 것이라고, 할 수 있다.

das Man

§ 45, "사람은 죽음을 征服하기에는 너무도 늙었다"고 Nietzsche는 말한다. 또 '사랑의 生과 支配'에 있어서의 Kierkegaard의 심각한 죽음의 묘사를 빌린다면

Kierkegaard

"죽음의 자리가 그대를 위하여, 準備될 때······ 사람들이 그대가 죽기 위하여, 옆으로 돌아눕기를 기다리고 있을 때, 그리고 靜寂이 그대의 周圍를 점점 에워쌀 때, 그리고 나서, 아는 사람들마저 차차 떠나가고, 아주 가까운 몇몇 사람만이 남아, 더욱 靜寂은 다가올 때, 그리고 最後

의 한 사람이 最後로 그대 위에 허리를 굽히고, 그대가 죽음 곁에 向하기를 지킬 때……그때 그대의 곁에는 오직 한 사람밖에 머물러 있지 않는 것이다……그이 죽음의 자리에 맞선 最後의 것……그것은 그대가 생겨날 때에도 그대 곁에 서 있던 最初의 것이었다……그이……神…… "

이라고 하였고, 다시 그는 "만약 내가 나의 墓地에 墓碑銘을 쓸 것이 허락된다면, 그것은 단지 저 孤獨하던 者라고, 記錄되어야 할 것이다."라고 말하고 있다. 이리하여 人間 存在의 근저를 震盪하는 죽음의 컴컴한 絶望의 그림자와 虛無의 不安이 주는 無氣味한(unheimlich) 幻像은 도망칠 수 없는 人間의 運命으로서 人間은 各自가 모두 이를 받아들이지 않으면 아니 된다. 이러한 人間 實存을 追求하고 解明하려고 하는 實存 哲學이 깊은 絶望의 意識에 連結되어 있음은, 당연한 일이라고 이르지 않으면 아니 될 것이다. 自己의 有限性(Endlichkeit), 不安, 罪(Suende), 虛無* 그리고 救濟(Erlösung) 등의 이른바 極限 狀況(Grenzsituation-*Jaspers*)을 哲學的으로 開明하려고 한 最初의 思想을 우리는 憂愁의 哲學者 Soeren Kierkegaard 에게서 찾아볼 수 있는 것이다.

墓碑銘 (epitaph)

non-being Nichts néant

둘째 조각 有神論的 實存 哲學

첫째 목 키르케고르의 哲學

～神 앞에 나서는 實存～

§ 46, 北쪽 유럽 덴마크에 있는 Jutland 의 荒蕪地에서 1768年에 열두살 난 가엾은 牧童이 羊을 치고 있었다. 全身의 피가 얼어붙을 것 같은 추위, 그리고 배고픔, 人迹도 人家도 없는, 荒漠한 曠野에서 오직 自己와 羊 떼만이 버림을 당한 채 있었다. 하늘은 鉛色으로 흐리고 森羅萬象은 퇴색한 채로였다. 孤獨과 荒凉과 허룽함과 괴로움이 그의 어린 가슴을 억눌렀다. 그는 산다는 일의 괴로움과 슬픔과 부질없음을 뼈저리게 느꼈다. 絶望 끝에 그는 눈물을 머금으며, 조금 높은 언덕 위에 올라, 이렇게도 가난하고 悲慘한 生을 自己에게 준 神을 원망하고 저주하였다. ―이 어린애야말로 憂愁의 哲學者―Sören Kierkegaard의 아버지―Mikael Kierkegaard였다. 그 아들 Soeren은 그의 「遺稿」에, 그때 "언덕 위에 올라, 神을 저주한 어떤 한 사람의 무서운 運命, 이 사람은 그가 여든 두살이 되어서도 이를 잊을 수가 없었다"고 적은 바 있다.

§ 47, 實存 哲學者라는 이름에 누구보

다도 합당한 *Sören Kierkegaard*는, 대체, 무
엇을 對象으로 하고, 무엇을 主題로 하고,
또 무엇을 內容으로 하여, 哲學한 젓일까?
그가 身命을 걸고 追求한 것은 "내가 그것
때문에 살고, 또 죽을 수가 있는 所以의 것
을 붙드는 일이었다" 스물 두살 되던 그가
쓴 日記의 한 구절을 들어, 이를 좀더 자세
히 본다면

"실제 나에게 缺如되어 있는 것은, 무엇을 인식
할 것인가라는 것이 아니고, 무엇을 나는 行할
것인가라는 것이, 나에게는 確實하지 않다는 것이
다. 重要한 것은 내가 자기의 使命을 理解하고,
내가 무엇을 行할 것인가의 神의 意志를 통찰하는
일이다. 나에게 있어서 眞理일 수 있는 眞理를
찾아내는 일이 重要하다. 그 理念을 爲하여 내
가 살고, 또 죽을 것을 뜻하는, 그런 理念을 찾
아내는 것이 重要하다. 그리고 설령, 이른바 客
觀的 眞理를 찾아냈다손 치더라도……또 哲學의
體系를 把握해 버렸다고 하더라도……또 國家
理論을 展開하고……, 世界를 構成할 수 있었다
고 이르더라도, 그것이 무엇이 되랴. 그 속에 내
가 살고 있지 않는 것이 아닌가? 나는 단순히
사람들에게 구경거리를 提供하고 있는 것뿐 아
닌가?……단순히 認識의 生活을 보내는 것이 아
니고, 完全히 人間的인 生活을 보내기 위하여, 그
때문에 나의 思想의 展開를 그것에 基礎 세울
어떤 것이, 나에게는 缺如되어 있었다. 그것은
사람들이 客觀的이라고 부르는바 것이 아니다.
客觀的인 것은 決코 各各의 경우에 있어서 本

Kierkegaard(1813~1855)

來의 것이 아니다. 그러한 것이 아니고, 實存 (Existenz)의 가장 깊은 뿌리와 서로 얽혀 있는 바의 것, 말하자면 그것을 통하여 내가 神的인 것에 膠着되어 있는 바의 것, 그리고 설령 全世界가 崩壞해 버리더라도 내가 그것에 매달릴 수 있는 것-사실 그러한 것이 나에게는 缺如되어 있다. 나는 그것을 追求하련다"고 하였다.

實存的 思惟者

§ 48, 이 젊은 情熱의 發言 속에는, 그의 이른바 實存的 思惟者(der existierende Denker)의 眞面目과 秘密이 남김없이 피력되어 있는 것이다. 위와 같이 *Kierkegaard*에게 있어서는, 體系나 客觀的 眞理는 無用의 長物이었던 것이다. 그의 實存的 思惟의 對象은 論理的인 思惟에 依하여서는 파촉할 수 없는 것, 가장 具體的인 것, 어떤 特定한 것, 現實的인 것, 主觀的인 것, 어떤 偶然한 것, 곧 이 現實에 存在하고 있는·肉體를 갖

實存 問題

는 人間의 苦惱, 곧 實存의 問題(Existenzproblem)를 解決하는 일이었다. 그는 스스로 '어떻게 살 것인가'에 대하여 苦惱하고 또 그것의 解決을 위하여 哲學하였다. 그는 實로 實存하면서 實存의 問題를 푸는 人間 實存이었다. 그에게 있어서 다른 모든 體系家와는 달리, 實存은 곧 哲學이었고 哲學은 곧 實存이었다. 그것은 그가 살아온 괴로움에 가득 찬 人生이, 그대로 그의 哲學이 되어 나타났기 때문이다. 人生에 대하여

아무런 苦惱도 가짐이 없이, 단순히 體系를
세우기 위하여 哲學하는, 이른바 體系家(學
의 哲學者)들과는 달리, 實存과 哲學은 그
에게 있어서 완전히 하나였던 것이다.

§ 49, 그러므로 여기에 있어서, *Kierkegaard*
이 포착하려고 한 것은, 이른바 Logos的 人
間이 아니고, Logos化되지 않는 Pathos的인
人間 實存이다. 따라서 *Spinoza*의 이른바
'永遠의 相 아래에'(sub specie aeter nitatis)
있어서의 人間이 아니고, 時間的 存在로서,
항상 運命的으로 不安과 罪責에 苦惱하는
人間만이 그의 思惟의 산 對象이다. 그러
면 實存的 思惟는 어떻게 하는 思惟인가?
그것은 客觀的이 아니고, 主觀的인 思惟이
다. 그가 "主體性 眞理다"라고 말하는 것도
필경 이것을 의미하는 것이다. 實存的 思惟
란 무엇인가? **實存的 思惟**란, 스스로가 個
別的 實存으로서, -自己 自身이 自己 自
身의 問題로서, 결코 自己 以外의 他人을,
이 아니고, -個別的 實存을 思惟하는 일
이다. 이 個別的 實存은, 그러므로 他에서
絶斷되어, 항상 孤獨하다. 自己도 他者도
다 같이 悲愁에 가득 찬 孤獨者이다. 그가
個別者 또는 單獨者(der Einzelne), (單一
人), 그리고 例外者(die Ausnahme)라고 말
하는 것은, 이러한 實存의 孤獨(Einsamkeit)

로고스
파토스
Spinoza
(1632~1677)

subjectivity
Subjektivitaet
subjectivité

實存的 思惟

에 견디는 者를 말하는 것이다. *Kierkegaard*
은 이러한 實存을 感性的 實存(美的 實存),
倫理的 實存 및 宗敎的 實存 등 세 가지
로 나눈다.

§ 50, 그에게 있어서, 感性的 實存이라고
하는 것은 人生을 最大限으로 享樂하려고
하는 第一段階의 實存이다. 人生의 千味萬
香을 新鮮하게 味了해 버리려고 하는 實存
이다. 이것은 무엇을 의미하는 것인가? 端
的으로 말하면, 現實의 固定性 속에 끼어
들어 가지 않고, 항상 可能性과 浮動性에
몸을 놓아두는 일이다. 이를테면 結婚이라
고 하는 現實은 하나의 무서운 固定이며,
戀愛는 이 結婚이라고 하는 固定化에 依하
여 幕을 내린다. 만약 사람이 항상 可能性
속에서만 살려고 하면, 막상 結婚이라고 하
는 階梯에 이르게 될 때, 그 戀人으로부터
逃亡쳐 버리지 않으면 아니 될 것이다. 그
러나 같은 論法으로, 한 사람의 戀人만을
死守하고 있다는 것도 또한 固定이며, 따라
서 그건 확실히 浮動은 아니다. 無限의 可
能性은, 한 戀人에서 다른 새로운 戀人에
로의 輾轉逸脫이 아니면 아니 된다. 돈·판
(*Don Juan*)은 이리하여, 無慮 1,003人의 女
性을 誘惑하였던 것이다. 이와 같이, 人生을
하나의 美的·感性的인 浮動(schweben) 속에
서 찾고, 항상 새로운 新鮮한 可能의 thrill

aesthetic ex,
Asthetische
existence
esthétique

戀愛와 結婚

Don Juan

을 맛보는 일, 이것이 美的·感性的 實存
의 實態다.

§ 51, 美的 實存은 自由다. 그는 아무
것에도 拘碍되지 않고, 全혀 마음대로 自己
自身을 살고 있다고 自信할는지 모른다. 無
數의 可能性과 戲弄하고, 一切의 拘束을
벗어나 完全한 浮動 狀態를 계속하는 것이
니, 그 위에 더 自由로울 수가 없다. 그러
나 반드시 그렇지 않은 것이다. 無限의 浮
動性, 能動性, 可能性에 있어서의 實存은
항상 새로운 享受를 追及하지 않으면, 아니
되기 때문에, 벌써 自由라고 할 수 없고, 오
히려 快樂과 享樂의 奴隷밖에 되지 않는 것
이다. 及其也엔 이러한 實存 自身에 싫증
을 내고, 挫折해 버리고 만다. 人間은 누구나
이 段階에 살고 있는 限, 究竟엔 絶望뿐인
것이다. 그는 享受(geniessen) 속에 이디 自己
를 喪失했기 때문이다. 거기에 *Kierkegaard*
의 이른바, Ironie(反語)의 現象이 깃들이고
있는 것이다. 여기서 實存은 참의 實存이
되기 위하여, 現象 가운데에 飛躍하지 않으
면 아니 된다. 그리고 거기에 自己 自身을 求
하지 않으면 아니 된다. 여기서 善이나 道德
이라고 하는 倫理的인 것 속에 自己를 實
現하려고 하는 倫理的 새 實存이 열린다.

§ 52, 倫理的 實存이란 무엇인가? 美的 實
存이 可能性과 浮動性 속에 自身을 버리

批判

Ironie

ethic ex,
ethische Ex,
ex, éthique

고, 固定化를 避하여 勞心焦思하는 放縱家
며, 그래서 항상 무수의 戀人을 변경하여
快樂만을 좇는 奴隷인 데 反하여, 倫理的
實存은, 항상 嚴肅(Ernst)하다. 그것은 自己
의 義務를 느끼고, 法則에 의하여 自己를
限定한다. 美的 實存(人間)과 같이 無限定
하고 戀愛 行脚만 일삼는 것이 아니고, 다
만 한 사람의 戀人만을 사랑하고, 그와 結
婚하고, 自己의 職責을 다하는 것이다. 그
것은 스스로의 職責, 스스로의 責任을 항상
새로운 決意로써, 기쁨으로 걸머지는 일이
다. Kierkegaard은 이러한 緊張과, 嚴肅을
反復(wiederholung)이라고 하는 特有한 述
語로써 부르고 있다. 그것은 단순한 戀愛를
말하는 것이 아니고, 언제나 結婚의 첫날밤
에 愛人을 포옹하고, 애무한 무한의 感激과
決意로서, 그러나 習慣과 惰性에 떨어지는
일이 없이, 곧 권태를 느끼지 않고, 같은 하
나의 結婚에만 忠實하려는 일이다. 곧 反
復이란 "싫증을 낼 줄 모르는 愛妻인 것이
다" 이러한 나날의 生活에의 反省과 實踐
이 곧 反復인 것이다. 倫理的 實存은 이
反復에 의하여 自己를 自己에게 응집시킴
으로써, 眞實한 自己가 될 수 있다.

§ 53, 그러나 이 段階도 아직 最後의 段
階가 될 수는 없는 것이다. 바꾸어 말하면,
참의 實存은 倫理的 實存에 의해서는 도달

반복

批判

되지 않는다. 왜냐하면 自己의 職責의 완수
를 위하여 道德律 앞에 忠實하면 忠實할수
록 自己의 無力만을 깨닫게 되기 때문이다.
이때에, 服從的 態度로 스스로 悔恨에 젖
는 사람과 이에 反하여, 進攻的으로 傲慢
한 態度를 取하는 사람과의 두 型이 있다.
앞의 것은 嚴肅한 道德律에의 완전한 遵奉
者가 될 수 없는 데서 오는 것이며, 뒤의
것은 自己의 無力을 깨닫지 못하고, 오히려
道德律을 무시하고 부정하려 드는 더서 오
는 필경 無自覺한 態度로서, 둘이 다 眞實
하지 않고, 絶望 속에 빠져 있기는 마찬가
지다. 여기에 그가 말하는 Humor(해학)의
契機가 있다. 곧 悔恨이란 眞實의 自己가
될 수 없는, 곧 道德律에 대한 安全한 遵
奉者가 될 수 없다는 自己 自身의 無力에
의 痛感이며, 傲慢은 거짓된 自己의 誇示
인 點에서 또한 깊은 絶望과 連結되어 있
는 것이다. 다만 自己의 絶望을 認識하지
못할 따름이다. 이리하여 倫理的, 實存은
필경엔 진실한 實存일 수 없으므로 결국은
挫折을 초래하고 만다는 것이다.

§ **54,** 이리하여, 사람은 最後에 神 앞에
나설 수밖에 없게 된다. "神 앞에 나서는 實
存"(Existenz vor dem Gott)이 되는 것이다.
이러한 信仰的·宗敎的 實存에 의하여 倫理
的 實存의 絶望이 극복된다. 美的 實存이

悔恨과 傲慢

(memo 10.)

religious ex,
religioese Ex,
ex, religieuse

'機智'를 가지고, (mit Geist)生을 享受하고, 또 倫理的 實存이 '良心'을 가지고, (mit Gewissen)生을 嚴肅하게 산 데 對하여 宗教的 實存은 '信仰'을 가지고, (mit Glauben)逆說的으로 살려고 한다. 그러면 信仰이란 무엇인가? 信仰한다고 하는 것은 逆說(Paradox)을 認定하는 일이라고 할 수 있다. 이를테면, *Christ*를 믿는다고 하는 것은, ①永遠한 神이, 時間 속에 나타나는 일과 ②그가 또 神이면서 사람인 것과 ③2千年 前의 그가, 오늘 이 現在와 同時的(gleichzeitig)이라는 一見 不條理한(absurd) 事實을 오히려 믿는 일이기 때문이다. 믿을 수 없는, 너무도 甚한 Paradox이기 때문에, 오히려 믿을 수 있는 것이다. Paradox가 아니면, 또 그것을 넘어서지 않으면, 信仰은 성립하지 않는 것이다. 더 重要한 일은, 이러한 Paradox를 단순히, 말하자면, 밖에서 받아들이는 일은 아니다. 그것이 아니고, 實存的으로 그것에 惱懊하고 그것을 살아내는 일이다. 거기서만 救援의 손이 내미는 것이다. 이를테면

absurde

Paradox

(memo 11.)

Abraham과 Isaac

　Abraham이 神의 命에 좇아서 愛獨子 Isaac을 재단 위에 올리게 될 때, 그는 苦憫하고 絶望한다. 이 무서운 苦痛을 참고 견디어, 마침내 神의 嚴命에 즐거이 服從하려고 하는 그 最後의 찰나에 이르자. 난데없이 양 한 마리가 代身, 거기에 놓여져 救援을 받게 된다는

舊約聖書(Genesis 22, 1~79)의 이야기처럼, 神의 冷酷과 慈愛를 통하여, 오히려 信仰을 獲得하게 된다는 質的 飛躍(Sprung)의, 極限 體驗이다. 여기에 있어서는 神의 그 苛酷함이 곧 絶對의 사랑이 되는 것이다. 이 얼마나 逆說的인 것이냐? 그러나 高度의 苦惱와 絶望을 거쳐서만 人間은 救濟되고 또 참의 實存에까지 深化되는 것이다. 이것이 곧 戰慄(Zittern)하면서, 그러나 絶對愛에 싸여, 되살아나 '神 앞에 나서는 實存'(Existenz vor dem Gott)이며, 이른바 宗敎的 實存의 姿勢다. 이와 같이 *Kierkegaard*에게 있어서, 人間 實存은 窮極的으로 神에 到達함으로써만, 그 不安과 絶望을 극복할 수 있는 것이다.

Zittern

§ 55, 위 三段階는 서로 獨自的인 段階이므로, 相互間에는 항상 量的 推移가 아닌, 質的 飛躍만이 있다. [實存 辨證法(Existenzdialektik), 또는 質的 辨證法(qualitative Dialektik)] 하나의 領域과 다른 하나의 領域과의 相異는 量的이 아니고, 質的이기 때문이다. 그것은 質的으로 本質을 딜리하고 있기 때문에, 各自 사이에는 非連續이 있고, 飛躍만이 있어야 하는 것이다. 거기에는 '이것도 저것도'(Sowohl-als-auch)가 아니고, 다만 '이것이냐 저것이냐'(Entweder-Oder)의 意志의 乾坤一擲의 決斷에 의한·二者

(memo 12).

"이것도 저것도"

"이것이냐 저것이냐"

(memo 26.)

量的 辨證法

主著

(memo 13.)

擇一(選擇「wahl」)의 自由가 있을 뿐이다. 그 것은 絶望이 아니면, 神이고, 또 神이 아니면 地獄인 것이다. 이와 같이 止揚(Aufheben)에 의한 綜合(Synthese)이 아니고, (Hegel流의 量 的 辨證法 quantitative Dialektik) 挫折(Scheitern)에 의한 飛躍(Sprung)이 있을 뿐인 것이 다. 그것이 이른바 Kierkegaard의 實存 辨證法 또는 逆說 辨證法(paradoxe Dialektik)이다.

§ 56, Sören Aabye Kierkeggard의 主著

1, 「이것이냐 저것이냐」(Entweder-Oder) 1848,

2, 「恐怖와 戰慄」(Furcht und Zittern) 1843,

3, 「反復」(Die Wiederholung) 1843,

4, 「哲學的 斷片」(philosophische Brocken) 1844,

5, 「不安의 概念」(Begriff der Angst) 1844,

6, 「人生 行路의 諸 段階」(Stadien auf dem Lebenswege) 1845,

7, 「哲學的 斷片에의 完結的 非學問的인 後書」(Abschliessende unwissenschaftliche Nachschrift zu den philosophischen Brocken) 1846,

8, 「삶과 사랑의 攝理」(Leben und Walten der Liebe) 1847,

9, 「基督教的 講演」(Christliche Reden) 1848,

10, 「죽음에 이르는 病」(Die Krankheit zum
　　Tode) 1849,

11, 「基督敎의 訓練」(Einübung im Christe-
　　ntum) 1850,

12, 「瞬間」(Der Augenblick) 1855,

둘째 목 야스퍼스의 哲學

～神에 向하는 實存～

§ 57, *Jaspers*는 實存 概念을 어떻게
규정하는가? "絶對로 혼자 있는 者만이 實
存이 될 수 있다"고 할 수 있으나, 實存은
自己 自身으로만 있을 수 있는 것이 아니
고, 自己 以外의 他者와 共存하는 것이며,
곧 交通(Kommunikation)하는 데에 있어서
참으로 實存이 될 수 있는 것이다.(實存的
交通－existentielle Kommunikation) 實存은
참으로 남과 완전히 斷絶된 孤獨 속에 있
을 수 있는 것이 아니다. 交通은 實存을
露呈시킨다. 그러는 限, 實存은 交通에 있
어서, 自己를 초월한 것이다. 그러나 實存
이 自己를 초월함은 두말할 것도 없이 참
의 自己에게 深化되기 위해서다. 곧 交通
에 있어서 實存은 自己를 찾아낸다. 그리고
이러한 交通에 있어서야말로, 가장 깊은 孤
獨으로 되돌아오는 것이다. 완전한 單獨者
는 孤獨하지가 않다. 남과의 共存에 있어서

Jaspers(1833～1969)

交通

만 참된 孤獨이 있을 수 있는 것이다. 더욱 *Jaspers* 實存 槪念을 歷史性에서 본다. "나는 時間 속에 實存하면서, 나 自身은 단순히 時間的이 아니다"라는 그의 말처럼, 歷史는, 時間的이며 또 永遠하다. 곧 時間과 永遠의 統一 위에 歷史는 成立하는 것이다. 여기에 實存의 原始歷史性이 있다. *Jaspers*에게 있어서의 實存은 "交通과 歷史性에 있어서의 自己 自身이다"(Ich selbst in Kommunikation und Geschichtlichkeit) 이러한 참의 實存은 어떻게 實存되는 것인가?

不可代置性

§ 58, 우리는 單獨者로서, 다른 누구와도 代置할 수 없는 全혀 獨自的인 實存이다. 그 特殊의 規定性은 이를테면, 自己가 恣意的으로 選擇한 것이 아닌, 特定의 時代에 自己가 生을 享有하였다는 것, 特定의 兩親으로부터 誕生하였다는 것, 등등의 事實은, 法則的인 것이나, 一般的인 것에서는 解明할 수 없는 偶然(Zufall)이며 이른바

偶然
運命

運命(Schicksal)이라고 할 만한 것이다. 그러나 또 동시에, 일종의 必然性을 가지고 우리를 이 特定의 狹隘한 領域 속에 閉鎖시키고 있는 것이다. 우리는 이러한 絶對的인 規定에서 도저히 逃避할 수 없다. 우리는 어떠한 方法, 어떠한 힘을 가지고도 이러한 自己의 存在의 極限(Grenze)에서 自由로울 수가 없는 것이다. 우리는 絶對的·運

命的인 이 極限 狀況(Grenzsituation)에 挫折하고 마는 것이다. 그러나 이러한 挫折은, 또 동시에 超越(Transzendieren)에의 단서이며, 挫折(Scheitern)을 넘어섬으로써, 내다볼 수 없던 制限이 透明하게 된다. 極限 狀況에 의하여 우리는 自己가 남과 絕對로 交涉할 수 없는, 어떻게 할 수도 없는 特定의 存在라고 하는 것의, 自覺에 있어서 참의 實存에 부딪히게 될 것이다. 極限 狀況은 그러나 以上과 같은 一般的인 것에만 그치는 것이 아니고, 더욱 죽음(Tod) 苦惱(Leiden) 싸움(Kampf) 罪責(Schuld) 및 偶然(Zufall) 等으로서 우리에게 迫頭하여 온다. 죽음은 時間的 實存을 부정한다. 그러나 죽음을 우리는 경험할 수 없다. 죽음은 바로 極限 狀況이다. 이 極限 狀況의 否定的 超越이 곧 죽음은 단순한 現象의 潰滅이고 存在 自體의 滅亡이 아니라는, 自覺에 서게 하는 것이다. 그러나 이것은 不死의 信念 따위가 아니고, 죽음을 스스로 숨김없이 받아들여서, 無와 對決하는 일이다. 實存은 無(Nichts)와 對決함으로써 實存은 時間的 存在로서, 그러면서도, 단순히 時間的이 아니라는 것의 確實性을 가지게 되는 것이다. 죽음에의 완전한 覺悟에 있어서, 그러나 生은 輕蔑되거나, 無視되거나, 하는 일이 없이, 극복되고, 生의 意味는 오히려

極限 狀況

(memo 14.)

特殊的 極限狀況

죽음

深化되는 것이다.

§ 59, 實存은 죽음을 實存으로서 自覺함과 동시에, 죽음에의 覺悟에 있어서, 實存을 充實시키는 것이다. 그것은 超越에 있어서만 가능한 것이 아니면 아니 된다. 그리고 산다고 하는 일은 人間에게 있어서, 苦惱임에 틀림없다. 苦惱는 우리의 밖에서, 우리의 實存의 根柢를 震撼시킨다. 그러나 이러한 苦惱는 단순히 外的인 것이 아니고, 自己 自身에 屬하는 것이라고 인정될 때, 도리어 實存을 覺醒시키고 諦念(Resignation)에 있어서, 비로소 能動的으로 超越을 求하게 하는 것이다. 죽음과 苦惱는 우리에게 疎遠한 것으로서 우리를 掩襲하는 데 反하여 싸움과 罪責은 우리의 外部에 우리의 協同 없이가 아니고, 우리의 協同에 의하여 生이 계속되는 限, 避하지 못할 것으로서 우리를 掩襲하는 것이다. 싸움은 나와 너와의 實存을 威脅한다. 산다고 하는 것은 적으나마, 남을 밀어뜨리고 사는 일이다. 畵家와 畵家는 그들의 作品 發表를 통하여 競鬪(Agon)한다. 展覽會는 그 한 場面이다. 두 사람이 서로 사랑하는 경우에도, 서로의 사랑의 疑惑에의 싸움에 견디어 가면서, 서로 사랑하는 것이다. 이른바 "싸우는 사랑"(Kämpfende Liebe)이다. 이리하여 사람은 사는 한, 싸움을 벗어날 수 없다. 우리는 不可避的으

싸움

Agon

"싸우는 사랑"
"사랑의 싸움"
(liebender Kämpf)

로 싸움의 二律背反의 苦惱 속에 있다.(이 것은 싸움이 極限 狀況의 하나임을 말하는 것이다.) 그러기 때문에 싸움은 實存에의 超越을 촉구하는 것이다.

§ 60, 그리고 우리는 淨化된 魂을 求한다. 그러나 우리의 그 根據는 깊은 罪의 意識에 連坐하고 있다. *Kierkegaard*은 "罪는 實存의 가장 具體的인 表現이다"라고 말하였다. 極限 狀況의 하나로서의 **罪責**은 우리를 不可測의 암담한 深淵으로 밀어 넣는다. 그러나 우리는 現世를 벗어날 수 없다. 이 良心과 罪責과의 緊張이야말로 우리의 實存으로 하여금, 神에의 超越(Transzendieren)을 불가피하게 하는 것이다. 또 하나의 特殊的 極限 狀況에 偶然이 있다. 모든 存在는 어떠한 意味에서나, 偶然과 얽혀 있다. 個個의 事實이라는 것은, 法則에 對하여, 個體는 全體에 對하여, 偶然이며, 이를테면 한 젊은이가 어떠한 戀人과 만나게 되는가? 하는 것도 偶然에 속한다. 偶然은 한편, 生의 意味를 破壞하고, 또 한편, 偶然에서 生의 새로운 의미가 나타난다. 偶然은 二律背反(Antinomie)이다. 그러나 우리는 단순한 偶然의 奴隷만은 아니다. 우리는 一切가 合理化 · 必然化되기를 바라고, 그 窮極에 攝理(göttliche Vorsehung)를 생각하고 創造主를 想定하게 되는 것이다.

罪責

偶然

§ 61, 위에서 우리는 極限 狀況의 여러 가지 重要 契機를 보았거니와 이들은 모두 人間 存在에 있어서, 不可避的인 동시에 二律背反的이며, 또 수수께끼다. 人間 存在는 그 수수께끼와 같은 矛盾과 깊은 苦惱에 刺戟되어, "本來의 自己는 무엇인가?"를 묻고, 本來의 自己 곧 實存을 찾지 않을 수 없다. Jaspers는 이러한 참의 實存에의 運動을 일으키는 절차를 특히 實存 照明 (解明)(Existenzerhellung)이라고 부른다.

§ 62, 그러나 極限 狀況은 實存에의 自覺을 促求하는 단서에 지나지 않는다. 實存의 實存으로서 具體化하기 위해서는, 實存은 사랑(Liebe)과 信仰(Glaube)과 幻想(Phantasie)의 셋을 중핵으로 하는, 絶對 意識(absolutes Bewusstsein)에 있어서, 自己의 根源(Ursprung)에 接觸함과 동시에, 더욱 無制約的·絶對的 行爲(Unbedingte Handlungen)에 있어서, 한편으로는 內的 行爲(inneres Handeln)로서-(哲學하는 일(philosophieren)도 이러한 內的 行爲의 하나다)-다른 한편으로는 外的 行爲(äuβeres Handeln)로서, 歷史的 實踐을 行하지 않으면 아니 된다. 이리하여 實存은 現實的 實存이 되는 것이다.

§ 63, 그에 의하면, 사랑에 있어서 우리가 求하려고 하는 것은 이미 充足되어 있다. 사랑에 의하여 實存은 自己의 存在의

實存 照明

사랑

超越性에 接觸한다. 極限 狀況에 있어서의 絶望은 사랑에 의하여 超越된다. 사랑이 表示하는 存在의 確實性이 明瞭하게 意識된 것이 信仰임에 틀림없다. 우리는 信仰에 의해서만 能動的으로, 完全한 超越에 到達한다. 그리고 幻想은 우리를 經驗的 現實로부터 自由롭게 하여 주고, 現存在(Dasein)는 透明하게 되고, 極限 狀況에 있어서의 分裂은 止揚되어, 아름다운 完成을 보이게 된다.

§ 64, 그러나 *Jaspers*의 實存 哲學의 體系는 이상의 實存 照明에서 끝나는 것은 아니다. 그는 더 나아가 一者(das Eine), 存在(das Sein), 그리고 包括者(das Umgreifende) 곧 神에의 超越을 求한다. 첫째, 이러한 絶對者에의 超越이, 왜 要求되는가는, 상술한 極限 狀況과의 關係에서도 理解될 것이다. 極限 狀況은 二律背反的이었다. 그리고 窮極에 있어서는 싸움은 사랑과, 죽음은 永生과, 偶然은 攝理와, 罪責은 無垢와 對立한다. 다만 極限 狀況에 있어서, 우리는 그 矛盾된 對立의 緊張(Spannung) 속에 놓여 있는 것이다. 아니, 極限 狀況에 있어서는, 앞의 것, 곧 싸움, 죽음, 偶然, 罪責의 面이 優位를 차지하고 있었다고 할 것이다. 그러나 사람은 거기에만 머물러 있을 수는 없다. 참의 實存은 오히려 뒤의 것, 곧 사랑,

신앙

환상

① 超越

②

世界
自我 存在(Ichsein)

自體 存在

永生, 攝理, 無垢에 끌리는 것이다. 그리고 實存은 스스로에 挫折(難破)하면서 도리어 뒤의 것에 포용되고 '包括者'에 包攝되어 '一者'에 돌아갈 것을 求한다. 이것이 實存의 側面에서 '一者'에의 超越이 要求되는 하나의 理由이다. 그러나 그것만은 아니다. 둘째, 世界의 側面에서도 '一者'에의 超越은 要求되는 것이다. Jaspers에게 있어서 物質(Materie) 生命(Leben), 心理(Seele), 精神(Geist) 등의 이른바 客觀 存在(Objektsein)의 總括로서의 世界(Welt)는 아직 참의 實存인 自我 存在(Ichsein)도 아니고, 絶對者, '一者'로서의 自體 存在(Ansichsein)도 아니며, 따라서 그것들은 무한히 完結을 求하면서, 아직 참의 全體에 도달하지 않고, 또 이를테면 物質과 生命과의 關係에 대하여 보더라도, 飛躍과 斷層이 있고 완전한 體系에 모아지지 않고, 自己 속에 깊은 分裂과 間隙을 가지고 있다는 것 - 要컨대 客觀 存在는 假象(Schein)은 아니라고 하더라도 現象(Erscheinung)이며, 따라서 한편 實存에의 다른 한편 '一者'에의 超越이 요구되지 않으면 아니 된다. 곧 그 分裂과 틈바구니는 하나의 全體로 結合되고 '一者'에 止揚되지 않으면 아니 된다. 自體 存在(Ansichsein)에로 超越되지 않으면 아니 된다. 이것이 곧 世界의 側面에서도 '一者'에의 超越이 요

구되는 所以이다. 그러면 그것은 어떻게 가
능한가? 그 중요한 절차가 이른바 '暗號 解
讀'(Chiffrelesen)이다.

§ 65, 暗號 解讀이란 무엇인가? 暗號는
하나의 象徵(Symbol)이다. 그러나 단순히 合
理的으로 解釋되고, 飜譯되는 象徵(deutbare
Symbolik)—(그것은 오히려 記號다)—이 아니
고, 직접 볼 수 있는 象徵(schaubare Symbolik),
盡了하기 어려운 象徵 곧 純粹한 象徵이
다. 이러한 象徵은, 現實의 存在가 絶對를
指示하고, 自己의 根柢에, 또는 그 우에 어
떠한 超越을 透視하게 되는 경우에 成立하
고, 따라서 現實的인 것이 수수께끼 같은
暗號(Chiffre)로서 나타날 때에 보이는 象徵
인데, 사람들은 藝術 作品이나, 哲學 體系
나, 또는 風景으로서의 自然, 여러 가지 歷
史 現象에서도 이것에 부딪힌다. 이들은 모
두 暗號가 되는 것이다. 그런데 이러한 秘
密의 暗號 文字는 깊은 形而上學的인 經
驗에 있어서 이를 풀 수 있는 열쇠를 쥔
사람만이 '읽을' 수가 있는 것이다. 보통 사
람들에게는 暗號는 전연 없는 것같이 생각
되며, 따라서 通俗의 歷史의 字面과 前景
이 보이는 데에 지나지 않는다. 보통의 狀
況에 있어서는 人間의 悟性과 意志로도 능
히 그것을 克服할 수 있지만, 極限 狀況,
이를테면 죽음이나, 避할 수 없는 罪나, 또

暗號 解讀

病

挫折

는 病 등에 직면하게 되면 우리의 힘은 挫折(難破-Scheitern)하고 만다. 우리들이 現存在(Dasein)의 이러한 限界가 보이기 시작함과 동시에 絶對的으로 우리보다도 높은 또 하나의 다른 것이 보이기 시작하는 것이다. 그것은 모습을 보이기도 하고 숨기기도 한다. 挫折의 最中에 超越者의 秘密 文字(暗號)가 그 모습을 드러내는 것이다. 이러한 '暗號의 解讀'은 스스로 實存的으로 挫折(難破)을 經驗하고, 暗號의 열쇠를 손에 쥔 사람만이 可能하다고 하는 所以이다. 絶對로 움직이지 않으리라고 생각했던 것이 모조리 부서지고 흩어질 때, 우리는 絶望의 斷崖 위에 서게 된다. 그러나 絶望(Verzweifelung)은 '世界를 超越한 前方을 표시하는 指標'가 되고, 斷崖는 '自由의 空間'으로 轉化하고, 無(Nichts)는 變하여 '거기서 本然의 存在가 우리에게 말을 건네주는 것'이 된다. 여기서 哲學은 Nihilism을 넘어선다. Nihilism은 오히려 本然의 存在에로 우리를 解放시켜 주는 것이 되는 것이다.

§ 66, 위에서와 같이 重要한 것은 象徵으로서의 暗號가, 直接 우리에게 '一者' 그 自體를 指示하는 것이 아니고, 스스로가 挫折함으로써 그것을 통하여 비로소, 超越에의 象徵이 된다고 하는 것이다. 이리하여 모든 暗號를 '挫折의 暗號'(Chiffre des

一者

Scheiterns)라고까지 말하는 것이다. Jaspers
가 哲學의 窮極에 無知(Nichtwissen)와 沈
默(Schweigen)을 가져오는 것도 이러한 意
味에서이리라. 挫折의 暗號 앞에는 沈默만
이 金일 수 있기 때문이다.(佛敎의 禪宗에
서 말하는, 以心傳心과 拈華微笑 言語道
斷, 不立文字 등의 境涯를 想起시킨다) 모
든 것이 餘地없이 挫折되는 때야말로, 永
遠의 超越者가 드러나는 때이며, 實存은
挫折함으로써 도리어 神으로부터 '贈與되
는'(geschenkt werden) 것이라고, Jaspers는
말한다. 다시 말하면 挫折 속에 超越이 있
고, 挫折이 곧 超越이 되는 것이다. 여기에
있어서, 客觀 存在(Objektsein)와 自我 存在
(Ichsein) 또는 世界(Welt)와 實存(Existenz)
과의 대립도 止揚되고, 一者(das Eine)로서의
自體 存在(Ansichsein) 곧 包括者(das Umgre-
ifende)라고 하는 超在(Transzendenz) 가운
데에 包括되는 것이다. 이와 같이 *Jaspers*
의 實存 哲學의 特徵은, 그 實存이 '神에
向하는 實存'인 데에 있는 것이다.

§ 67, Karl Jaspers의 主著

主著

1, 「一般 精神 病理學」(Allgemeine Psycho-
   pathologie) 1913,

2, 「世界觀의 心理學」(Psychologie der
   Weltanschauungen) 1919,

3, 「막스·베버, 記念 講演」(Max Weber,

Gedächtnisrede) 1921,

4, 「Strindberg und Van Gogh」 1922,

5, 「大學의 理念」(Die Idee der Universität)
1923,

6, 「現代의 精神的 狀況」(Die geistige Situa-
tion der Zeit) 1931,

7, 「哲學」 三卷(Philosophie 3Bde) 1932,

8, 「막스·웨버」(Max Weber. Deutsches
Wesen im Politishen Denken, im Porschen
und Philosopheren) 1932,

9, 「理性과 實存」(Vernunft und Existenz)
1935,

10, 「Nietzsche」 1936,

11, 「Descartes와 그 哲學」(Descartes und
die Philosophie) 1937,

12, 「實存 哲學」(Existenzphilosophie) 1938,

13, 「罪責의 問題」(Schuldfrage) 1946,

14, 「哲學的 信仰」(Der philosophische
Glaube) 1947,

15, 「眞理에 關하여」(Von der Wahrheit)
1947,

16, 「哲學 入門」(Einführung in die Philo-
sophie) 1948,

17, 「歷史의 起源과 目標에 對하여」(Vom
Ursprung und Ziel der Geschichte) 1949,

18, 「現代에 있어서의 理性과 反理性」(Vernunft
und Widervernunft in unserer) 1950,

19, 「Kierkegaard」 1951,

20, 「哲學에의 길」(自傳) (Mein Weg zur
   Philosophie) 1951,

셋째 조각 無神論的 實存 哲學

첫째 목 니체의 哲學

～神을 죽인 實存～

§ 68, "神은 죽었다"(Gott ist tot)라는 戰慄할 만한 宣言으로부터 *Nietzsche*의 哲學은 출발한다. *Kierkegaard*에게 있어서는 人間 實存의 Nihilism은 神에 의하여 超克되었지마는, Nietzsche에게 있어서는, 이러한 神의 否定에 의하여 —(人間 實存의 Nihilism은 神에 의하여 야기되었던 것이다) —實存의 Nihilism을 克服하려고 하는 것이다. 그러나 *Nietzsche*가 "神은 죽었다"고 할 때, 그것은 神의 完全한 否定이라고 볼 것이 아니라 '自己가 神이다'라는 것임이 틀림없다. 곧 神을 自己에 內在시키는 일이다. 그리고 그가 철저한 內在的 立場을 取함으로써, 窮極的으로는 도리어 自己를 挫折시키고, 새로운 超越에의 地盤을 준비하지 아니하지 못하게 되는 것이다. 그에 의하면, 現

Nietzsche(1844～1900)

immanence
Immanenz
immanence

Nihilism

代의 危機는 바로 참된 의미에서의 超越을 喪失한 데에 그 原因이 있다. 곧 그것이 그가 말하는 유럽의 Nihilism이다. 사람은 일찍이 人間을 神에게 바쳤지만, 이제는 도리어 '無에 대하여 神을 바치고' 있는 것이다. 超越을 喪失한 現代人은, 스스로 自覺하지 않고 內在의 立場에 빠져들어 갔다. 人間은 超越을 喪失했기 때문에 一切의 目標조차 잃었다고, *Nietzsche*는 말한다. "Nihilism이란 무엇인가? 最高의 價値가 價値를 잃는 일이다. 目標가 喪失되는 일이다"라고. 이리하여 世界는 완전한 流轉, 生成, 그리고 無軌道만이다. 이것은 人間의 悲慘임에 틀림없다. 그러나 동시에, 人間이 모든 支柱에서 해방되어, 참으로 自由로 自己 自身의 입장에 서게 된 일이기도 하다. 그리고 그 眞相이야말로 그의 '權力 意志'(Wille zur Macht)인 것이다. *Nietzsche*에게 있어서, 人類는 바로 有史 以來의 重大 危機에 부딪혔다. 人間은 超越을 喪失하고, 人間 自身이 되었기 때문이다. 그리고 人間이 喪失한 目標는, 아직 새로 提示되어 있지 않다. 內在의 立場, 肉體的 人間의 立場에 있어서, 새로운 '大地의 意味'(Sinn der Erde)를 찾아내고, 內在에 있어서의 超越을 어떻게 찾아내는가? 그의 '超人'(Übermensch) 思想은 바로 여기에 대답하려고 하는 것이다.

大地의 意味

超人(Übermensch)

§ **69,** 超人이란 무엇인가? 우리는 여기에 대하여 말하기 前에 먼저, 그의 '永劫 回歸'의 思想(der Ewigewiederkunfts－Gedanke)을 注目할 必要가 있다. "一切는 가고, 또 一切는 되돌아온다. 영겁으로 存在의 바퀴는 돌고 돈다. 一切의 것은 죽고, 一切의 것은 다시 開花한다. 영겁으로 存在의 年輪은 흐른다. 一切는 파쇄되고, 一切는 새로 造成된다. 영겁으로 存在의 同一의 家屋은 建築된다.(ewig baut sich das gleiche Haus des Seins) 一切는 離別하고, 또 一切는 다시 際會한다. 영겁으로 存在의 指輪은 貞節을 지킨다. 각 瞬間마다 存在는 始作한다."……"Zarathustra" 모든 것은 永劫으로 反復하고, 그리고 回歸한다. 그러나 *Nietzsche*의 이 象徵的인 말은 대체 무엇을 의미하는 것일까? 모든 것은 永劫히 反復한다고, 한다. 모든 것이란 무엇을 말하는 것일까? 그에 의하면, 그것은 "生存의 있는 대로의 모습"이다. 그리고 그 "生存의 있는 대로의 모습"이란 "意味도 없고, 그리고 目標도 없고, 그러고도 無에의 終曲音도 없다." 말하자면 Nihilism인 것이다. 곧 無의 永劫함이다. "모든 意味 없는 것, 가장 귀찮은 것도 또 不可避的으로 돌아온다"는 것이다. *Nietzsche*에게 있어서, 永劫 回歸란, 이러한 Nihilism의 극단의 形式이다. 그러나 뜨는 "永劫 回歸의 思想은 무릇 일찍이 到達된 肯定의 最高의 形

永劫 回歸

式이다"라고도 말하고 있다. 이러한 轉義를 우리는 어떻게 해석할 것인가? *Nietzsche*에게 있어서 永劫 回歸는 永遠의 回歸를 의미하는 것이며, 단순히 無限의 反復을 의미하는 것이 아니다. 永遠은 瞬間에 있어서 時間 가운데에 나타나기 때문이다. 곧 歷史的 實存은 瞬間에 있어서, 永遠에의 超越을 감행하기 때문이다. 그러므로 永劫 回歸는 벌써 Nihilism의 극단의 形式이 아니고, 도리어 커다란 肯定의 形式이 되는 것이다. 實存的·決意的으로 어디까지나, 生을 그대로 反復하려고 하는 絶對 肯定의 意志이다. 그리하여, 참으로 이 思想에 견디는 者가 超人인 것이다.

超人

§ 70, 모든 神을 否定해버린 Nietzsche는 內在의 立場에 서지 않을 수 없다. 神을 喪失한 實存은 당연히 超越마저 喪失하게 되는 것이다. 人間에게는 벌써 그를 지탱할 아무런 확고한 存在도 없다. 그는 그저 生成의 流轉 속에 던져진 것이다. 이것이 人間 實存의 참된 모습이다. 여기에 있어서 그는 主體的인 超越을 求한 것이다. 그러나 그 超越은 과연 成就된 것이었을까? 그의 超越은 內在에 禍를 입어 결국 超越이 좌절되고만 것이 아니었을까?

主著

(여섯째 가름 「現代의 虛無 思想」을 보라)

§ 71, Friedrich Wilhelm Nietzsche의 主著

1, 「悲劇의 誕生」(Die Geburt der Tragö-
die aus dem Geiste der Musik) 1872,

2, 「時代 錯誤的인 考察」(Unzeitgemaesse
Betrachtungen) 1873∼1876,

3, 「人間的인 것, 너무나 人間的인 것」
(Menschliches, Allzumenschlichen)
1878∼1880,

4, 「黎明」(Morgenröthe) 1881,

5, 「즐거운 知識」(Die fröhliche Wisse-
nschaft) 1882,

6, 「Zarathustra는 이렇게 외침」
(Also sprach Zarathustra) 1883∼1891,

7, 「善惡의 彼岸」(Jenseits von Gut und
Böse) 1886,

8, 「道德 系譜學」(Zur Genealogie der Moral)
1887,

9, 「偶像의 薄明」(Götzendämmerung) 1889,

10, 「이 사람을 보라」(Ecce Homo) 1908,

11, 「反基督敎」(Der Antichrist) 유고

12, 「權力에의 意志」(Der Wille zur Macht)
유고

둘째 목 하이데거의 哲學

〜神이 없는 實存〜

Heidegger(1889∼1976)

§ 72, *Heidegger*는 存在하는 것(存在者−
Seiende)과 存在(Sein) 그것과를 구별한다.

存在 理解

existence
Existenz
existence
existentia

世界 內 存在

안전적 존재자

우리가 存在者와 交涉하고 이를 理解하기 前에, 우리에게 存在란 무엇인가가 이미 알려지고 있다. *Heidegger*는 말한다. "우리가 '存在란 무엇인가?'라고 물을 때, 이미 우리는, '있음'(ist)의 理解 속에 있다. ……이러한 平均的인 막연한 存在 理解는 事實이다"(Aber schon wenn wis fragen: "Was ist, 'Sein'?" halten wir uns in einem Verständnis des "ist", ……Dieses durchschnittliche und vage Seinsverständnis ist ein Faktum. <Sein und Zeit>)라고. 人間 存在를 *Heidegger*는 現存在(Dasein)라고 부른다. 그리고 그 特殊한 存在의 方式을 特히 實存이라고 한다. 現存在란 곧 '世界 안에 있는 일'(世界 內 存在-In-der-Welt-sein)을 말한다. 우리 人間은 世界 안에 있는 者이지만 그러나 世界 안에 있는 者로서, 世界의 內部에 우리는 여러 가지 存在者를 發見하는 것이다. 곧 여러 가지 物質, 혹은 또 우리와 같은 人間 등을 發見한다. 이리하여 世界의 內部에 發見되는 存在者는, 人間이 아닌 存在者다. 人間이 아닌 存在者는 '眼前的 存在者'(Vorhandenes)이며, 人間인 存在者는 '누구'라고 일러지는 것이며, 또 앞의 것은 '무엇'이라고밖에 일러지지 않는 것이다. 그런데 Heidegger에게 있어서는 人間 存在란 現存在이며, 따라서 世界 안에 있는 것이었다.

그러면 世界 안에 있다는 것은 무엇이며 그 構造는 어떠한 것인가? 그것은 뒤이어 明瞭하게 되는 바와 같이, 時間的인 存在의 方式이다. 먼저 世界 內 存在라고 規定된 人間의 本來의 存在 方式은, '關心'(Sorge)이다. 그러면 Sorge란 어떠한 것인가? 그가 말하는 日常性(Alltäglichkeit)의 입장은, 이러한 Sorge를 남김없이 巧妙한 例로써 表現하고 있거니와, 端的으로 말하면 實際的인 日常 生活에 얽매어 있는 일이며, 곧 世界 內的 存在者(innerweltliches Seiences)에 대한 配慮(Besorgen)이며, 말하자면, 마음이 쓰이는 일이다. 이러한 日常的 現實 生活에 있어서의 Sorge는 단지 事物에의 '配慮'에만 그치는 것이 아니고, 더욱 사람(他人)에의 顧慮(Fürsorge)이기도 한 것이다. 곧 '사람의 世界 안에 있는 것'이다. 그러면 사람(Man)이란 무엇인가? 우리가 '사람의 世界 안에 있는 것'이라고 하는 것은 우리가 共同 世界 안에 있는 者라는 것이며, 이 共同世界에 있어서의 사람은 本來의 (eigentlich) 나도, 너도 아니고, 中性的인 **사람(das Man)**이다. 그러므로 그것은 平均化된 사람이며 本來의 自己(das eigentliche Selbst) 곧 責任(Verantwortlichkeit)과 決斷(Entschlossenheit)을 갖는 自己가 아니고, 雜談(das Gerede)이나, 好奇心(die Neugier)

Sorge

配慮

顧慮(Fürsorge)

세상사람

曖昧性(Zweideutigkeit) 등에 끌려 다니는 眞實 아닌, 頹落(das Verfallen)"의 世界에 있는 사람이다. 거기서는, '사람이 말한다'(Man sage)라고, 할 때 실은 아무도 責任을 가지고 말하고 있는 것이 아니며, 따라서 本來의 意味에서는, '아무도 말하지 않는 것'(Niemand sagt)이며 또 '사람은 죽는다'(Man stirbt)고, 서로가 아무렇지 않은 양으로 죽음을 이야기할 때, 나의 죽음도 그대의 죽음도 아닌 것이다. 곧 거기서는 '아무도 죽지 않는 것'(Niemand stirbt)이다. 적어도 죽어야 할 自己가 痛感되어 있지 않기 때문이다. 곧 거기서는 죽음은 나에게도, 너에게도 實感을 가져오지 않는 것이다. '世上사람'(das Man)의 世界는, 누구의 世界도 아니며, 거기서는 사람은 本來의 自己의 모습에 눈을 가리고, 凝視하고 있지 않는 것이다. 그것은 *Kierkegaard*의 放心(Geistesabwesenheit) *Pascal*의 慰戲(divertissement)이며, 本來의 自己에서 떨어져 나가 있기 때문에, Heidegger는 그것을 頹落(Verfallenheit)이라고 부른다. 頹落은 非本來的인 自己(uneigentliche Selbst)의 存在 方式이다. 日常性에 있어서의 사람(Man)의 世界다. 그러면 本來의 自己의 存在 方式은 무엇이며, 또 보통 사람은 왜 이와 같이 本來의 自己에 눈을 가리고, 非本來的인 自己의 存在 方式에 脫落되어 있는 것

Kierkegaard
Pascal

頹落

일까? 그것은 다음과 같은 理由에 말미암고 있다. 곧 現存在(人間)는 본시 有限的 存在이며, 時間的 存在이며, 具體的으로는 '죽음에의 存在'(Sein zum Tode)인 데서 도리어 人間은 이러한 自己의 有限性, 自己의 存在의 밑바닥에 잠겨 있는 絶望의 無(Nichts)의 凝視에 견디어 내지 못하고, 自己의 本來의 모습에 눈을 가리고, 日常的인 사람(das Man)—그것은 낳지도 죽지도 않는, 나도 너도 아닌, —의 世界에 빠져 있기 때문이다. 다시 말하면, 그는 이 眞實을 凝視하지 못하기 때문에, 自己의 宿命에서 눈을 비끼고, 日常的 世界에 頹落하여 살고 있는 것이다. 그리고 그것을 깨닫게 하는 것이 다름 아닌 不安(Angst)의 現象이다. 不安도 Sorge의 한 모습, 특히 그 가장 절박한 모습인 것이다. 그러면 不安이란 무엇이며 또 무엇 때문의 不安인가?

§ 73, 不安은 恐怖(Furcht)가 아니다. 거기에 不安의 本質에 부딪히는 열쇠가 있다. 무릇 恐怖는 항상 具體的인 特定한 것의 恐怖다. 恐怖의 對象은 特定의 어떤 무서운 것이며, 그는 그것을 무서워하고, 따라서 避하려고 하는 것이다. 그런데 不安은 어떠한가? 이를테면 어느 瞬間에, 뭐라고 말할 수 없는 不安에 사로잡힌다. 不安에는 一定한 이렇다 할 만한 對象이 없다. 그러면

죽음에의 存在

Angst

(memo 17.)

不安과 恐怖

그 瞬間의 不安은 아무것도 아니었던가? 그러나 생각도 하지 않은 때에 不安이 찾아드는 것은 무엇 때문인가? 그것은 다름이 아니다. 現存在의 밑바닥은 無며, 우리의 存在는 無의 深淵(Abgrund)에 浮動하고 있는 存在이기 때문이다. 우리는 어디로부터인지 모르나, 이 世上에 내던져져 있는(Gewo-rfenheit—被投的) 것이며, 또 죽음으로써 끝날 '終末에의 存在'(Sein zum Ende)인 것이다. 우리의 存在(現存在)는 시작도 마지막도 無이며, 無 위에 떠 있는 것이다. 그렇게 본다면 우리가 '世界 안에 있다'(In-der-Welt-sein)고 하는 것은, 그 自體가 無限의 不安이며, 따라서 '不安은 無를 顯示한다'(Die Angst offenbart das Nichts). 그러기에 瞬間에 掩襲해 오는 不安에 대하여 우리는 往往 '그것은 아무것도 아니었다'고, 自己에게 들려주기도 하는 것이다. 不安에는 一定한 對象이 없다. 그러나 不安은 '世界에 있는 것'이 無이기 때문의 不安이며, '죽음에의 存在'이기 때문의 不安이다. 現存在가 有限 存在라는 것에서의 不安, 實存의 時間이 본래 有限하기 때문의 不安일 따름이다. 그러기 때문에 사람은 또 自己의 이러한 本來의 存在 方式에 눈을 가리고, 나도 너도 아닌, 낳지도 죽지도 않는 日常的인 사람(Man)의 世界에 逃避하고 있었던 것이

無

終末에의 存在

다. 또 그는 本來의 自己에 關與하는 代身
에, 物에 얽매어, 거기에 精神을 잃고 살고
있는 것이다. 自己를 自己 自身으로부터가
아니고, 物에서 理解한다. 그것은 곧 우리가
본 바, 自己에서 굴러 떨어진(Verfallen) 存
在 方式으로서의 頹落인 것이다. 그러면 現
存在가 그 위에 臨迫한 無란 무엇인가? 그
것을 유달리 明白하게 보여주는 것은 죽음의
現象일 것이다. 그러면 죽음이란 무엇인가?

§ 74, 사람은 죽음을 아무튼, 어떤 무엇이
나에게 掩襲해 오는 氣分 나쁜 어떤 것인
것처럼 상상하기 쉽다. 혹은 그것이 가까워
오는 것을 아무 方策도 없이 기다리고 있어
야 할 어떤 무서운 것이라고 생각하리라. 그
러나 죽음의 본래의 모습을 알기 위하여,
무엇보다도 警戒하여야 할 것은, 이와 같이
죽음을, 우리에게로 迫頭하는 혹은 우리가
待機할 어떤 것, 하나의 '있는 것'(Vorhandenes)
이라고 생각하는 일이다. 그러나 죽음은 決
코 어떤 있는 바의 것은 아닐 것이다. 그것
이 아니고 죽음은 現存在의 終末이며 있는
일의 否定이며 마지막이다. 그리고 죽음은
生 속에서 일어나고, 生의 現象으로서, 단
순히 存在의 終局(Zu-Ende-sein)이 아니
고, 오히려 '終末에의 存在'(Sein zum Ende)
로서의 現存在의 可能한 存在 方式인 것
이다. 곧 現存在에 있어서, 窮極의 存在 可

죽음

存在의 終局

能(Seinskönnen)인 것이다. 그리고 죽음에 있어서, 現存在는 自己의 마지막에 到達하고, 自己가 全體로서 모아진다고도 할 수 있으며, 그것은 또 自己가 消滅하는 일이라고도 할 수 있다.

§ 75, 죽음이란 이와 같이 奇怪한 現存在의 可能性이며, 특히 實存하는 일이 거기서는 不可能하게 된다고 하는 可能性, 곧 '不可能性의 可能性'(Möglichkeit der Unmöglichkeit)인 것이다. 그러니 죽음은 '어떤 있는 것'이라고 하는 따위의 것이 아닌 것이 확실하다. 이것이 죽음의 根本 性格이다. 죽음에는 다섯 가지의 規定이 있음을 알 수 있다. 죽음은 ① 가장 自己的인, ② 남과의 交涉에서 絶斷된 ③ 넘어설 수 없는, ④ 確實한, ⑤ 그러나 언제 올까? 모르는, 곧 不定한(Die eigenste, unbezügliche unüberholbare und gewisse Möglichkeit ist hinsichtlich der Gewissheit unbestimmt) 不可能性의 可能性인 것이다.

이를 詳述하면, ① 사람은 혼자 난 것처럼 혼자 살다 혼자 죽는다. 죽음은 누구에 의해서도 代身 죽어 주기를 바랄 수 없는, 本來의 自己가 죽는 것이며, 죽음에 있어서 사람은 처음 本來의 自己와 對面하지 아니하지 못한다. 그런 의미에서 죽음은 自己의 窮極의 可能性이며, 가장 本來的인 可能性

죽음의 分析

① 自己的

② 絶交的

이다. ② 사람은 죽을 때, 제아무리 사랑하는
사람, 또는 사랑하는 物과도 相關없이(無交
涉하게) 다만 혼자서 죽는다. 죽음은 自己 自
身에 관한 것이고, 다른 무엇에도 關系하지
않는다.(無交涉이다) ③ 또 사람은 죽음을
넘어설 수가 없다. 죽음의 앞에 나설 수가
없는 것이다. 그러므로 그는 죽음을 覺悟하
는 일에 있어서, 그의 그것에 앞서는 모든
存在의 可能性의 全體를 스스로 걸머지고,
스스로 밝힐 수가 있다. ④ 그런데 그와 같
이 自己 自身의 全體가 밝혀지는 일이,
진리라고 하는 것의 本來의 모습일진대, 그
리고 眞理란 곧 確實性인 故로, 죽음은 가
장 確實하다. ⑤ 그러나 죽음은 언제 일어
날까 否定이다. 누구나 來日의 生命을 保
證 못 한다. 實存은 이러한 의미에서 죽음
에의 存在'(Sein zum Tode), '終末에의 存
在'(Sein zum Ende), 그러므로 有限한 存在
이며, 그 밑바닥에는 無가 잠겨 있다. 그것
이 죽음 때문의 不安이며, 現存在의 全體
의 構造가-世界 안에 있는 일이-온통 不
安인 所以이다.

§ 76, 實存은 이러한 冷嚴한 事實을 앞
에 두고, 非本來的인 自己를 버리고 ㅋ常
性의 頹落態를 突破한다며는, 죽음의 不安
에 헛되이 戰慄하는 일 없이 죽음에의 어

③ 절대적

④ 一回的

⑤ 不可知的

찌할 수 없는 必然的 運命의 自覺에까지 到達하게 될 것이다. 여기에 있어서 眞實한 實存은, 自己를 欺瞞함이 없이, 自己에게 있어서 決意(Entschluss)하고, 이러한 有限的 存在인 存在 方式을 敢然히 받아들이지 않으면 아니 된다. 곧 避할래야 避할 길이 없는 죽음의 運命을 주저하는 일이 없이 勇氣로써 引受하는 것이다. 本來의 自己를 回復(Wiederholen)하는 것이다. 現存在는 이 世上 속에 내던져지고(Geworfenheit＝被投性) 있으면서, 항상 自己를 可能性에 向하여 내던지고(Entwurf＝投企) 計劃하고(被投的 投企＝Geworfener Entwurf) 先驅하는(Vorlaufen) 것. 特히 窮極的인 存在 可能으로서의 죽음마저 先驅하는 것이거니와, 그는 이러한 '죽음에의 存在'(Sein zum Tode)를 自己에게 있어서 決意하고, 받아들이지 않으면 아니 되는 것이다.('先驅的 決意性'＝Vorlaufende Entschlossenheit) 사람이 良心(Gewissen)이라고 부르고, 良心의 외침(Ruf)이라고 부르는 것은 '世上사람'(das Man)의 日常性 속에 隱蔽된 本來의 自己가, 本來의 自己일 것을 求하고, 그것을 主體的으로 決意하기를 强要하는 외침의 소리인 것이다. 그러므로 이른바 良心의 소리는 自己 속에서 나와, 自己의 위에서 自己에 向하여 외친다. 그러면 그와 같이 良心의 외침에 따

被投的 投企

先驅的 決意性

良心

라서 '죽음에의 存在'인 本來의 自己의 存在 可能을 決意하였을 때 과연 어떻게 될 것 인가?

§ 77, 거기에는 一大 轉換이 찾아온다. 무 릇 決意에 있어서, 그는 그의 窮極의 存在 可能으로서의 죽음을 받아들인 것이므로, 죽음은 어디까지나, 그의 存在 可能으로서 '넘 어설 수 없는'(unüberholbar) 것이면서, 그러 면서도 그의 存在 可能 속에 끌려들어(einholen) 오고, 그 本來性의 可能的인 樣態가 되고 마는 것이다. 그것은 끝까지 不安이면서, 그러면서도 '죽음에의 不安'(Angst zum Tode) 은 그대로 '죽음에의 自由'(Freiheit zum Tode) 이다. 그는 죽음을 이겨 넘긴 것은 아니지 만, 죽음을 끌어들인 것이다. 죽음의 不安 의 앞을 逃避하지 않는 일이야말로 참勇氣 다. 그뿐이랴. 그는 죽음이라고 하는 最後의 存在 可能마저 이미 決意하여 引受한 바에 는 그는 벌써, 죽음에 이르기 前에, 연달아, 숨 가쁘게 닥쳐오는 갖가지 存在 可能－投 企－에 飜弄되고, 노상 滿足이 없는 前進에 쫓길 必要가 없다. 그는 恒常(ständig) 自己 위에 서는, 自立하는 自己(Selbständigkeit)가 될 수 있는 것이다. 그는 本來의 自己에게 對面하는 것이다.(만난다) 또는 그것만도 아 니다. 決意(Entschluss)란 글자의 本來의 意

죽음에의 不安
죽음에의 自由

勇氣

決意

味와 같이 自己가 열리는(sich entschlossen) 일이기 때문에 그는 도리어 自己의 環境과 對面하고一그것은 日常的인 사람(Man)에게는 隱蔽되어 있지만一바른 行爲로 나올 것을 許諾할 것이다. 특히 그는 그의 참의 存在 方式을 確實하게(gewiss) 行하기를 體得(sich verstehen)할 것이다. 무릇 '죽음에의 存在'에 있어서, 가장 確實한 것에 맞부딪히고, 良心(Gewissen)의 외침은 곧 確實한 알음(Wissen)이기 때문에. 따라서 이렇게 말해서 좋을 것이다. 實存은, 죽음에의 決意에 있어서, 도리어 自己의 本來의 存在 方式을 理解하고 本來의 意味에 있어서 存在하는 일이 무엇인가의 眞理를 알게 되는 것이라고. 거기서 存在와 眞理는 하나다. 여기서 *Heidegger*는 人間 實存이 죽을 運命을 어떻게 할 수도 없다면, 적어도 逡巡 없는 果敢한 沒落이 되어버리라고, 가르친다. 그는 *Nietzsche*의 위대한 '權力에의 意志'(Wille zur Macht) 곧 超人의 思想마저도 無의 深淵 속에 때려 넣어, 어디까지나 人間의 現存在의 有限性의 입장에 버티고 서서, 神 없는 Nihilism의 超克을 더욱 빛나게 하려는 것이다. Heidegger의 基礎的 存在論(Fundamentalontologie)은 여기에 立脚하여, 있는 것, 存在하는 것, 곧 存在者(Seiende)에 앞서서

權力에의 意志

기초적 존재론

알려지고 있는 存在(Sein)를, 이러한 現存在
의 實存的 構造에서 究明하려는 것이다. 곧
그에게 있어서, 基礎的 存在論－現存在의 形
而上學은, 存在者의 存在(Sein des Seiendes)
의 意味를 解明하려는 試圖다.

§ 78, Martin Heidegger의 主著

主著

1, 「心理主義에 있어서의 判斷論」(Die Lehre
   von Urteil im Psychologismus) 1914,

2, 「Duns Scotus의 範疇 및 意味論」(Die
   Kategoien und Bedeutungslehre des Duns
   scotus) 1916,

3, 「歷史 科學에 있어서의 時間槪念」(Der
   Zeitbegriff in der Geschichtswissenschaft)
   1916,

4 「形而上學이란 무엇인가?」(Was ist Meta-
   physik) 1929,

5 「根據의 本質에 對하여」(Vom Wesen des
   Grundes) 1929,

6, 「도이취 大學의 自己 主張」(Die Sellstbe-
   hauptung der deutschen Universität) 1933,

7, 「Hölderlin과 詩의 本質」(Hölderlin und
   das Wesen der Dichtung) 1937,

8, 「眞理의 本質」(Vom Wesen der Wahrheit)
   1943,

9, 「Platon의 眞理論」(Platons Lehre Von der
   Wahrheit) 1947,

10, 「Humanismus에 대하여」(Über den Huma-
nismus) 1949,

11, 「숲길」(Holzwege) 1950,

12, 「Hölderlin 詩의 解釋」(Erläuterungen zu
Hölderlins Dichtungen) 1950,

13, 「思考란 무엇인가?」(Was ist Denken?) 1954,

以上은 主로 論文 또는 講演, 講義 論文,

1, 「存在와 時間 第一部」(Sein und Zeit—
Erste Hälfte) 1927,

2, 「Kant와 形而上學의 問題」(Kant und
das Problem der Metaphysik) 1929,

일곱째 가름

現代의 虛無 思想(Nihilism)

(1)

§ 79, 虛無 思想은 現代의 또 하나의 支配的인 思想이다. 現代는 虛無 主義(Nihilism)를 排擊하지만 現代처럼 또 虛無 主義的인 時代도 드물다. 現代로부터 배격을 받는 虛無 主義 思想은 轉換期로서의 現

代를 特色 짓는 主要 思想인 동시에 새 時
代의 誕生을 위하여, 自虐的인 陣痛을 스
스로 겪고 있는 代表的 思想이다. 現代는
이처럼 심각한 狀況 속에서, 스스로를 위하
여, 苦憫하고 있는 것이다. 虛無 主義는 직   苦憫 思想
접 現代의 苦憫을 대신 苦憫하는 現代의
代表的인 苦憫 思想이다. 現代는 여기서
새로운 時代의 創造를 위하여 飛躍할 수도
있고, 또 自身의 破滅의 길에로 轉落할 수
도 있는 分岐點에 서 있다. 그러므로 虛無
思想은 現代를 위하여 또 하나 무서운 危
險 思想인 것이다. 어떠한 思想이 危險 思
想이라고 해도 虛無 主義처럼, 現代를 그
基底로부터 震撼시키는 思想은 없다. 그러
니, 虛無 主義는 排擊만 해야 할 것인가?
虛無 主義에의 맹목적인 否定 思想은 現
代 理解에의 바른 길을 스스로 차단하게   現代와 虛無
하는 또 하나의 危險 思想임을 어찌 하랴.
現代는 正히 虛無 思想을 通하지 않고는
그 理解를 不可能하게 하는, 그러한 虛無
主義的인 特色을 스스로 지닌 時代이기 때
문이다. 아니 現代는 바로 부인할래야 부인할
수 없는, 虛無 思想 釀酵의 溫床인 것이다.

§ 80, 虛無 主義의 原語 Nihilism은, nihil
이라는 라틴語의 '無'의 意味에서 나왔다.
Nihilism이라는 精神的 狀況에, Nihilism이   Turgenev(1818~1883)
라는 思想的 形象을 최초로 제공한 것은

Bazarov

Arkady

科學의 下女

Turgenev가 그 著 「아버지들과 아들들」(Ottsy i Deti-1862)에 있어서다. 우리는 거기서 말하는 Nihilism이 무엇인가를, 그 小說의 주인공인 젊은 科學者 바자로프(Bazarov)의 말을 통하여 알 수 있다. "오늘날은 '否定하는' 일이 무엇보다도 人間에게 幸福을 가져오는 것입니다. 그러므로 우리는 모든 것을 否定합니다." 그리고 그의 친구 아르카디(Arkady)는 "虛無 主義者(Nihilist)란 어떠한 權力 앞에서도 절대로 屈하지 않는 人間, 어떠한 眞理에 대하여서도, 어떠한 傳統에 대하여서도, 이를 절대로 信仰하지 않는 人間을 말하는 것입니다"라고 말하였다. 그리고 또한 Nihilism은 철저한 Realism이다. 바자로프는 詩, 藝術, 戀愛 혹은 宗敎와 그것에 由來하는 道德, 傳統的인 社會 組織 등 모든 非科學的인 것을 부정한다.

§ 81, *Turgenev*가 살던 時代의 科學은, 재래의 傳統을 단절하고, 크게 變貌하면서 있었다. 곧 科學은 벌써 哲學에 종속한 것이 아니고, 순수하게 自己의 自律性과 獨立性을 확립하면서 있었던 것이다. 따라서 재래의 哲學 및 宗敎를 그 基底로 갖는바 文化 一般에 대하여 철저한, 破壞的인 批判이 行하여졌다. 재래와는 아주 반대로, 哲學은 Hegel이 간 뒤의(1831) 自然 科學의 勃興에 의하여 완전히 그 女王의 地位를 빼앗기고,

도리어 科學에 隷屬하는, 이른바 '科學의 下女'(ancilla scientiarum)로 轉落되었다.

§ 82, 바자로프는, 재래의 哲學은, 모두 Romantism이라고 한다. 순수한 科學的 精神을 확립하려고 하는 이 時代의 一般的 思潮는, 필연적으로 機械論的 唯物論(Mechanical materialism)과 熱狂的인 無神論(Atheism)에의 길을 더듬었다. 곧 Nihilism의 否定的 精神과 Realism과의 結合이다. 그러나 이 당시의 루시아의 intelligentsia는 intelligentsia이기 때문에, 참으로 强靭한 Realism에 徹底할 수가 없었다. *Dostoevskii*가 "그들이 사랑하고 있는 民衆은, 現實의 real한 民衆이 아니고, 어떤 觀念的인 民衆 이외의 아무것도 아니었다."고 評한 것은 옳다. 젊은 intelligentsia인 바자로프도 貴族 階級을 극도로 憎惡하면서, 그러면서도 선뜻 大衆 속에 뛰어 들어가, 함께 살지를 못한다(hineinleben). 어딘지 모르게 民衆으로부터 멀리 遊離되어 있다.

real한 科學的 精神과 觀念的인 社會 主義的 精神이 서로 溶解되지 않은 채 漂白하고 있는 것이다. 따라서 그의 Socialism은 行動的이 아니고 radical한 것을 缺하고 있다. "우리는 아무것도 企圖하려고 하지 않는다"라고 바자로프는 말한다. "그러면 단지 욕지거리만 하는 것뿐이겠군요?"라는 물

機械論的 唯物論

intelligentsia

Dostoevskii(1821~1881)

Socialism

음에 대하여, "그렇다"고 대답한다. 그리고 "그것이 Nihilism이라고 하는 것이란다"고 바자로프는 잘라 말하는 것이다. 이 바자로프의 말 가운데는 차가운 空虛感이 어리고 있다.

"모든 것을 否定한다"는 것이 Nihilism이라고, 바자로프는 말하면서, 그는 科學, 社會 主義, 自我를 否定하기커녕은, 하나의 權威로서 信仰하고 있는 것임에 틀림없다. 그의 Nihilism은, 말하자면, 단순히 漠然한 氣分的인 虛無感일 뿐이다. "우리는 아무 것도 企圖하려고 하지 않는다"라고 하는 앞서 말한 그 말은 確實히 그의 Nihilism이 '卽自態'(an sich)라는 것에 그치고, 旣存의 一切의 權威에 대한 철저적인 反省과 懷疑와 自由와의 '對自態'(für sich)的인 對決에까지, 自覺되고 昇華되어 있지 않는 것이다.

§ 83, 이상과 같은 卽自的인 말하자면, 觀想的인 Nihilism은 19世紀,(1870年代) 로시아 靑年들의 心情 속에 鬱積되어 있었던 것이다. 이 社會 情景을 Turgenev가 「아버지들과 아들들」에서 아름답게 浮彫하였거니와, 그것이 하나의 觀念 形態로부터, 뚜렷한 社會 運動의 形態를 취하여 尖銳化한 것은, 1848年에 *Bakunin Herzen*의 指導 밑에 형성된 Anarchism과 合流되어서부터다. 그들의 宣言에 의하면 (1) 神의 觀念을 부

정하라. 그러지 않으면 自由는 있을 수 없다.(2) 힘만이 잠겨 있는 權利의 思想을 부정하라.(3) 文明, 財産, 結婚, 道德, 裁判 등을 부정하라.(4) 그대들 自身의 幸福은 그대들 自身의 法에 의해서만 얻을 수 있다.—라는 것이다. *Bakunin*에 의하면, "救濟의 唯一의 길은 社會 革命, 곧 不平等한 全 施設의 破壞, 經濟的 平等의 수립이다. 그러나 社會 革命은 모든 事物과 모든 관계를 顚覆시키고 財産과 國家를 파괴하지 않으면 아니 된다. 그러나 革命에 의하여 proletariat가 政治的 權力을 專斷하여 革命 政府 또는 獨裁制를 樹立하려고 하는 것은, 許容할 수 없는 叛逆이다." 여기에, 그의 철저한 無政府 主義의 樣相이 보이고, 이것이 또한 *Marx*流의 急進的 無産者 獲裁制의 Communism과 截然히 구별되고, 드 對立되는 點이다.

§ 84, *Bakunin*에게 많은 영향을 준 바 있는 Stirner는 누구보다도 철저한 Nihilism 思想의 體系家다. 그의 思想을, 虛無 主義的 個人 主義(Individualism) 또는 唯我 主義(Solipsism)라고 부르는 까닭이 여기에 있다. 그의 哲學의 中心 觀念인 '唯一者'(Einzige)는 모든 外的인 事物이나 觀念에 制約을 받지 않고, 그것들을 享受하고 또 消費하는 獨立한 所有人(Eigner), 아무

③

④

無政府 主義와
共産 主義

Stirner(1806~1856)

唯一者

所有人
自由人

全人的 調和

創造的 無

에게도 服從하지 않는 自己를 所有하는 自由人이다. 그는 各人이 이러한 '唯一者'가 됨으로써 支配와 服從에 의한, 이제까지의 社會 關係는 부서지고 여기에 全人的인 調和가 생긴다고 생각하였다. 이 點에 있어서 自己 中心의 利己 主義(Egoism)와 混同하여서는 아니 된다. Egoism은 自己에게 얽매어 있는 것이라고 그는 말한다. 그는 그의 主著「唯一者와 그 所有」(Der Einzige und sein Eigentum－1845)의 첫머리에 "나는 나의 事實을 無 위에다가 놓았다"(Ich habe mein Sache auf Nichts gestellt)고 말하였다. 여기서 事實이란 立場의 뜻이니, '唯一者'를 거기에 세워 놓은 立場은, 그에게 있어서 創造的 無(schöpferisches Nichts)인 것이다. "그 無는 단지 空虛하다는 의미가 아니고 創造的인 無요, 自己 自身이 創造者(Schöpfer)로서 一切를 創造해 나가는 그러한 無다"라고 말한다. 自己의 立場을 自己 以外의 어떠한 것에도 두지 않고, 철두철미 自己 自身에다만 두려는 것이다. "나는 나의 全部다. 나는 唯一者다. 그러므로 나는 나의 事實을 나에게다가 둔다"고 한 것처럼, 그는 傳統的인 從來의 價値觀, 神의 觀念, 道德, 習慣, 法律, 文明, 結婚, 財産 등을 부정한다. 결국 Stirner는 部分的인 機械의 나사못과 같은 人間의 存在 方式에 반대하

고, 全人的으로 自己를 살려 보려고 試問
한 것이다. 그의 이 立場이 人間을 政策의
道具라고 보는 國家 權力의 否定을 歸結한
것은 당연한 일이다. 그를 Anarchism의 先驅者
의 한 사람이라고 하는 것은 이 때문이지만,
唯一者의 思想은 *Nietzsche*의 超人, *Carlyle*
의 英雄, *Emerson*의 賢者 등의 思想 등에
도 影響을 주고 있고, 또 그를 實存 哲學의
系列에 넣어 생각하는 學者도 있다.

Carlyle(1795~1881)
Emerson(1803~1882)

(2)

舊約聖書

§ 85, 舊約聖書에서도 우리는 虛無 思想의
一端을 엿볼 수 있다. 傳道書(Ecclesiastes)
에 의하면 "헛되고 헛되며 헛되고 헛되니 모든
것이 헛되도다"(1~2)(Vanity of vanities, vanity of
vanities; all is vanity - Es ist alles ganz eitel, es
ist alles ganz eitel,)······"일평생에 근심하며 수
고하는 것이 슬픔뿐이라, 그 마음이 밤에도 쉬
지 못하나니 이것도 헛되도다.(2~23)"(For all his
days are sorrows, and his travail grief; yea, his
heart taketh not rest in the night, this is laso
vanity, ~Denn alle seine Lebtage hat er
Schmerzen mit Graemen und Leid, dass auch
sein Herz des Nachts nicht ruht, das ist auch
eitel.) "······그러므로 나는 살아 있는 신자보다
죽은 지 오래된 죽은 자를 복되다 하였으며,(4~
2) 이 둘보다는 출생하지 아니하여, 해 아래에서

행하여지는 악을 보지 못한 자가 더욱 좋다고 하였노라"(4~3) (Wherefore I praised the dead which are already dead, more than the liviing which are yet alive, Yea, better is he than both they which hath not yet been, who hath not seen the evil work that is done under the sun, ‒ Da lobte ich die Toten, die schon gestorben waren, mehr denn die Lebendigen, die noch das Leben hatten; und bosser denn alle beide ist, der noch nicht ist und des Boesen nicht innewird, das unter der Sonne geschieht,)

§ 86, 위는 古代人들의 人生의 虛無에 대한 소박하고, 절실한 感情 表白이거니와, Nihilism은 예나 이제나 모든 人間의 魂의 根源에 뿌리박은 人生의 根本 問題다. 이러한 精神的 屈折은, 自己의 存在의 根據에 '無'가 확실히 意識되는 데서 일어난다. 自己의 生을 지탱하여 온 歷史의 여러 價値가 無力한 것으로서 崩壞하고, 따라서 自己가 그 據所를 완전히 喪失하여 버렸다고 하는, 말하자면, 歷史에 대한 危機의 意識이다. 人間 存在는 有意味한 것, 確實한 것이며, 또 永遠한 것이기도 하며, 또 生에의 빛나는 可能의 길조차도 가진 것이었다. 人間이 어떻게 살 것인가라고 하는 것은, 人間 自身의 決斷과 意志에 대어 있는 것이었다. 그러나 이제, 自己의 存在는 완전히 이러한 有意味性을 빼앗기고, 虛無의 面前에

無

危機 意識

不安 意識

놓이게 된 것이다. 여기에 끝없는 不安의
意識이 찾아든다. *Heidegger*에 의하면, 不安
의 氣分性은 '無氣味한 것'(unheimlich)이거
니와, *Nietzsche*는 그 遺稿 「權力에의 意志」
의 序頭에서 Nihilism이 門前에 서 있다. 모
든 訪問客 가운데서, 가장 無氣味한 이것은
어디로부터 우리 곁에 찾아오는가?"라고 묻
고 있다. 그런데 人間 內部의 虛無感이라는
것도, 그 根源은 깊이 歷史에 聯關하는 問
題인 것이다. 人間 存在는 歷史的 存在인 것
을 永遠히 免할 수 없다. 그렇게 생각할 때,
人間의 Nihilism은 歷史의 커다란 轉換期에
는 必然的으로 생기는 一般的 現象이라고 할
수 있다.

§ 87, 유럽에 있어서의 Nihilism은, 2千
年 來의 傳統을 가진 歷史에 對한 信賴의
喪失이며, 가장 具體的으로는 유럽의 歷史
에 對한 危機의 意識에 배태되고 있다. 歷
史에 對한 危機의 意識은, 人間 存在의 危
機의 意識이기도 하다. 유럽의 文化, 思想,
倫理, 宗敎가 벌써 人間의 歷史的 生을 지
탱하는 것으로서 그 價値를 喪失하여 버렸
다고 하는 意識의 不安 또는 絶望이, 곧
유럽에 있어서의 Nihilism이다. 歷史와 人
間 實存의 問題에 대하여, 깊은 苦惱의 思
索의 도끼를 넣은 Nicolaj Berdjajev는 '歷
史的인 것'이란 무엇인가라고 묻고, 그것을

Nietzsche(1884~1900)
權力에의 意志

危機
Crisis
Krise
Crise

Berdjajev(1870~1948)

理解하기 위해서는, 사람은 무엇보다도 먼저, 어떤 精神的 解體를 經驗하지 않으면 아니 된다. 精神이 均衡을 維持하고, 平安할 수 있는 時代에 있어서는, 歷史에 대한 反省도, 따라서 人間의 問題도 참된 緊迫性을 가지고 나타나지 않는 것이다. 現實의 歷史와 人間의 魂에 分裂이 생길 때, 사람들은 비로소 歷史에 대해서도, 人間과 그 生에 대해서도, 哲學하는 情熱을 품는다. 사람은 無自覺하게 歷史的 生을 살아갈 수는 있지만, 危機는 그것을 해락하지 않는다. 危機는 어떠한 者에게도, 스스로 決意하여 自覺的 自己 肯定的으로 살 것을 促求하는 것이다.

§ 88, 그러나 問題는, 歷史가 露呈시키고 있는, 自己의 根源의 虛無的 性格에 있을 것이다. 眼前의 암담한 歷史的 現實은, 사람으로 하여금 決意에 있어서 스스로를 選擇하게 하는 것보다도, 오히려 決意를 喪失하게 한다. 여기에 Nihilism이 깃드는 것이다. 이러한 精神的 狀況은 nihil이라고 하는 것보다는, 오히려 '니리슴'(Nilism)이다. '虛無'가 아니고 '虛脫'인 것이다. Nihilism은 傳統的인 過去의 權威를 一切 否定하려고 하는 것으로서, 거기에는 多少間에, 意志의 決斷(Entschlossenheit)이 필요하다. 그러나 Nilism은 본시 이러한 意志의 決斷의 喪失이

Nilism

며, 一切의 것에 대하여 無關心인 自己 喪
失, 및 虛脫인 것이다. "神은 存在하지 않
는다"라고 주장하는 Nihilist의 입장은, 실은
Nilism이 아니다. "神이 없다"고 함은, 하나
의 '斷定'이기 때문이다. 그것은 단순한 否
定이 아니고 積極的인 決斷이다. *Nietzsch*
에게 있어서 "神은 죽었다"고 할 때, 神에
代身할 것, 곧 *Heidegger*에 의하면, '價値
의 轉換'(Umwertung aller Werte)을 意圖하
고 있었던 것이다.

§ **89,** Nilism에 있어서는, 神을 믿을 수
도 없으며 믿지 않을 수도 없는 것이다. 곧
有神論(Theism)도 無神論(Atheism)도 될
수 없는 입장이다. 말하자면, Nihilism일 수
도 없는 입장인 것이다. 아니, '立場'이라고
하는 하나의 固定된 것조차도 가져서는 아
니 되는 것이다. nihil은 無이지만, 無는 無
로서의 하나의 '무엇'이 아니면 아니 된다.
그러니, Nilism은 이 無에조차 머물 수 없
는 것이다. 따라서 '어떻게 살 것이냐?'는
등의 問題는 Nilism의 世界가 關與할 바가
못 되는 것이다. 사는 일도 不可能하거니와,
죽는 일도 不可能하다고 하는 이른바 極限
狀況에 있어서 Nilism이 갖는 絶望은 窮極
에 達하게 되는 셈이다.

하나의 斷定

Nietzsehe
Heidegger

價値의 轉換

有神論과 無神論

(3)

Wille zur Macht
권력에의 의지

§ 90, Nietzsche는 그의 「權力에의 意志」 속에서 말하고 있다. "내가 말하고자 하는 것은, 이로부터의 2世紀의 歷史다. 到來하려고 하는 것, 이제 와서는, 어떻든 오지 않을 수 없는, 곧 nihilism의 到來에 대하여서다. ······ 우리 유럽의 諸 文化는, 일찍부터 숨 가쁘고, 괴로운 緊張으로써 마치 破局을 向하여 突進하는 것처럼 움직이고 있다."······고. 그러면 무엇 때문에 유럽의 諸 文化는 이처럼 破局을 向하여 달리고 있는 것일까?

Nietzsche

*Nietzsche*에 의하면 유럽의 재래의 諸 文化의 價値 體系는 基督敎의 moral을 基礎로 하여 形成되어 왔다. 基督敎의 moral은 徹底的인 生의 否定이다. 그에 대하여 人間의 生을 回復시키는 길은 이 基督敎를 否定하는 일 以外에는 없다. 곧 生自身을 '철저적으로 肯定'하는 生의 입장, 그것이 곧 *Nietzsche*의 '權力에의 意志'에 다름이 없는 것이다.

生의 否定

§ 91, *Nietzsche*에 의하면, 基督敎의 世界는 假構에 지나지 않으며, 神, 靈魂, 自我 등도 모두 架空的인 것이며, 따라서 原罪, 救濟, 恩寵 따위도 한결같이 虛構에 지나지 않는다. 이러한 架空의 世界가 假構됨에 이

grace
Gnade
grace
gratia

른 根本의 理由를, *Nietzsche*는 '自然的인 것
에 대한 憎惡'에 있다고 하였다. 곧 架空의
世界는 이 現實의 世界에 對한 깊은 不滿의
表現이다. 基督敎에 있어서는 自然的 生命
力에 뿌리를 박은 一切의 價値가 反價値가
되고, 그것의 否定, 곧 '自然性의 剝奪'이 오
히려 神聖化라고, 일러진다. 곧 '神'은 '自
然'에 대립하는 것으로서 假構된 것이었다.
그러나 이것은 '神聖한 거짓말'(heilige Luege)
에 지나지 않는다.

§ 92, 그러면 大體 누가 이러한 거짓말을
必要로 하는 것인가? 그것은 이 現實의 世
界에 無限히 苦惱하는 者(die Leidenden)이
다. 이 '苦惱하는 者'가 架空의 世界를 꾸
며내는 것이다. 그러나 生의 本質은 이러한
生의 退潮가 아니다. 그것은 그와는 反對
로 生의 成長에의 意志이며, 權力에의 意
志이다. 늠름한 生에의 情熱이며 勇猛이다.
이 情熱과 勇猛의 權化가 곧 超人(Überme-
nsch)임에 틀림없다. 生의 肯定者이며, 肯定
者인 以上에는 勝利者인 것이다. 그러므로
"超人은 大地의 意味다"(Der Übermensch
ist der Sinn der Erde)라고 하였다. "너희들
에게 超自然의 希望을 말하는 者를 信賴하
지 말라. 그들은 毒을 붓는 者다. 그들은 生
命의 蔑視者다. 그들은 瀕死者들이다" "過
去에는 神에 背叛하는 叛逆이 가장 큰 罪

神聖한 거짓말

苦惱하는 者

超人

原罪
Original sin

였으나, 神은 이미 죽었다. 따라서 그와 동시에 이 罪도 죽은 것이다" 그러나 "지금은 大地에 叛逆하는 것이 가장 무서운 罪다." "내가 사랑하는 것은 地上의 法이다"라고 하며, "生을 즐기지 않는 것, 이것이 우리들의 原罪"(Erbsünde)라고 보는 Nietzsche에게 있어서, 基督教의 立場은 否定되어야 할 '것'이며, 그것이 否定되어야만 유럽의 全人類의 生이 蘇生되고 肯定될 수 있는 것이라고 생각되었다. 그것은 곧 人間 否定의 입장이며, 生에 敵對하는 위치에 서 있기 때문이다. 곧 그들은 헛되이 人間의 現實的인 生에의 情熱을 否定하고, 彼岸에 莊嚴한 虛構의 世界를 設定한다. 그것을 위하여 此岸의 儼然한 生命의 世界를 犧牲시키려고 하였다. 그들은 곧 두말할 것도 없이, 現實의 生의 空無化, 人生의 破壞를 企圖한 것이다. Nieizsche에 의하면, 여기에 Nihilism이 誕生한다고 한다. 이리하여 Nietzsche는 基督教的 moral의 根柢에 있는 生에의 强한 憎惡와 猜忌, 또 그 否定과 咀呪, 곧 무서운 Nihilism을 白日下에 暴露시킴으로써, 進一步하여, 더욱 積極的인 새로운 Nihilism을 志向한다. 이를 그는, "Nihilism에로−Nihilism에서"(auf ihm−aus ihm)이라고 말하고 있다.

(4)

Sartre(1905~1980)

§ 93, Jean-Paul Sartre에게 있어서의 Nihilism은, 무엇보다도 먼저, 人間 存在가 '내던져져 있다'는 데서 일어나고 있다. 바꾸어 말하면, '實存'이 '本質'에 先行하고 있다는 것이다.(Existence precedes essence) 그것은 무슨 뜻이며 또 왜 그러는가? 그에 의하면, 物의 存在는 '存在하는 바 대로의 것이며, 있는 그대로의 것'이다. 그것은 어디까지나 物 그 自身이며 다른 어떠한 것도 아니다. 이를 '卽自態'(en soi)라고 한다. 그러나 人間 存在는 이러한 '卽自態'가 아니고, '對自態'(pour soi)다. 人間은 다른 物과 달라서, '있는 그대로의 것'이 아닌 것이 되려고 하는 意識을 가지고 있다. 그 人間은 目的을 가지는 存在다. 目的을 갖는다고 하는 것은 現在 '있는 그대로의 것'이 아니고, '現在 그것이 아닌 것'이 되려고 하는 일이다. 人間은 이러한 存在性을 갖는다. 그리고 '卽自態'로서의 '物'은, 책상이거나, 책이거나─모두 製作된 것이다. 製作된다는 것은 '物'이 製作되기 前에 먼저 製作者의 觀念 속에, 미리 製作할 '物'의 構想이 있지 않으면 아니 된다. 그것 없이는, '物'은 製作되지 않

實存과 本質

Being-in-itself

Being-for-itself

物

神의 否定

그 자신에게 있어서 있는 것

그 자신에게 대하여 있는 것

'偶然히'

는다. 그 構想에 따라서 '物'은 完成되는 것이다. 이리하여 完成된 '物'은 곧 存在이며, 그 存在의 本質 곧 製作者의 構想은, 그 物의 存在에 앞서서 있었던 것이다. 그 本質이 存在보다 先行하는 것이다. 그런데 人間의 存在에 있어서는 어떠한가? *Sartre*에게 있어서 神은 存在하지 않는다. 왜냐하면, 그에 의하면, 神은 '있는 그대로의 것'이며 따라서 '卽自態'이다. 神은 自己의 存在 根據를 自己 속에 갖는다고 말한다. 곧 神은 누구에게 의해서도, 만들어진 것이 아니다. 그리고 神은 全知全能함으로써, 아무것도 希望하지도 않고, 또 目的도 없다.

§ 94, 그러나 神이 '卽自態'라고 해서, 거기에 意識이 剝奪되고, 모든 合目的的인 活動이 不可能하게라도 된다면, 그것은 神답지 않은 일이다. 이 點에 있어서 神은 또한 '對自態'가 아니면 아니 될 것이다. 이와 같이 또한 神이 '對自態'라고 한다면, 그 目的·意識 때문에 人間처럼 부질없이 허덕이는 存在가 될 수밖에 없다. 그것은 또한 神답지 못한 일이 아니랴. 이와 같이 '卽自態'가 동시에 '對自態'가 된다는 것은, 또한 兩者를 兼한다는 것은, 確實히 矛盾임에 틀림없다. 따라서 神은 存在하지 않는다고밖에 할 수 없는 것이다. 神이 存在하지 않는다면, 人間은 神에 의하여 만들어진 것

이 아님이 틀림없다. 人間은 偶然히 이 世
上에 태어난 것이라고밖에 할 수 없다. 이
와 같이, 人間을 만든 者가 없는 限, 人間
存在에 先行하는 本質이 있을 턱이 없다.
'存在가 本質에 앞서는 것이다.' 本質은 실
은 存在로서의 人間, 그 實存이 뒤어 가서
賦與하는 것에 지나지 않는다. 이와 같이
人間에게 있어서는 實存이 本質보다 先行
하므로 人間은 미리 定義할 수가 없다. 그   無
런데 人間이 미리 定義할 수가 없음은, 바
로 人間이 最初에 無이기 때문이다라고 하
는 것이다.

§ 95, 위에서와 같이, 人間이 自己의 存   虛無
在의 根據를 全혀 가지고 있지 않다고 하
는 데에, 다시 말하면, 自己의 根柢에 '虛
無'가 露顯되어 있다고 하는 데에, Nihilism   '내던져져 있는 것'
이 있는 것이다. 人間은 무엇에 의해서도
만들어지지 않았다. 그저 '내던져져 있는
것'이다. 人間 自身의 計劃이나 選擇에 앞   人間
서는 아무것도 없으니, 그에게 있어서, '人
間이란 저 스스로 만든 것 以外의 아무것
도 아닌 것'이다. 人間 밖에, 人間 위에, 그
를 定義하고 意味 주고, 本質을 規定할 아   自由
무것도 없다. 나면서부터 人間은 '無'이며,
'不確定의 中心'이다. 이것은 Nihilism인 동
시에, '自由'이기도 한 것이다.

Kierkegaard

不安

實存 主義

§ 96, 自己의 本質을 가지지 않는다고 함은, 自己가 누구에게도 制約되지 않는다는 것을 意味한다. 人間은 완전히 自由이며, 그에 의하면, '自由가 없다는 自由를 가지지 않을 뿐'이며 또 '人間은 自由의 刑에 處하여 있는' 存在다. 이러한 철저한 '自由'에서 Sartre의 '不安' '孤獨' '絶望'이 생긴다. 그러나 그의 不安, 孤獨, 絶望은 Kierkegaard과 같은 北歐的인 暗澹과 憂愁가 아니다. 그의 不安은 人間이 自由스럽기 때문에, 自己가 自己의 길을 選擇할 때에 느끼는 基本的인 情緖다. 만약 神이 存在한다고 하면, 自己의 行爲의 結果는, 따라서 自己를 만든 神에 그 責任이 돌아갈 것이다. 그러나 그에게는 神이 없다. 神이 없는 데에 人間의 '自由'가 있었던 것이다. 따라서 그 自身의 行爲의 結果는, 그 善惡을 不問하고, 自己의 責任에 있어서, 걸머지지 않으면 아니 된다. 여기에 不安이 있는 것이다. 孤獨은 당연히 不安에 연결된다. 그의 實存 主義(Existentialism)는 끝까지 格律의 存在를 認定하지 않는다. 人間은 그 自身의 選擇을 스스로 하지 않으면 아니 된다. 그때, 만약 自己의 選擇이 그릇되었다고 하더라도, 결국 그 行動의 責任은 自己의 것이다. 人間은 全혀 自己의 힘만

이며, 스스로가 人間을 創造하지 않으면 아
니 된다. 人間이란, 그 自身의 未來이다.
人間의 앞에는 더럽혀지지 않은 未來가 가
로놓여 있다. 人間은 다만 홀로 이 未來를
創造해 나가지 않으면 아니 된다. 여기에
人間의 孤獨이 깃들어 있는 것이다.

孤獨

§ 97, Sartre에 의하면, "나는 人間의 善
良이나, 社會의 幸福에 對한 人間의 關心
이나에 基하여, 내가 모르는 人間에지 期待
할 수가 없다. 왜냐하면, 人間은 自由이며,
내가 그것을 발판으로 할 수 있는 人間의
本性－固定的인 本質이 없으므로"라고 말
한다. 人間은 나서 일하고, 그리고 뒤이어
죽는다. 人間의 自由라는 것도, 무덤까지의
것이다. 自己가 죽은 뒤, 大體 누구에게 期
待할 수 있을 것인가? 人間은 주어진 生命
의 限界內에서, 별 希望도 없이 行動할 수
밖에 없다. 여기에 Sartre의 絶望이 있다.
Sartre에 하면, "人間은 무엇에 의해서도 만
들어진 것이 아니다"라고 하는 데 있어서,
自己의 存在의 根據에는 虛無의 深淵이
가로놓여 있다는 것이다. 그의 自由는, 人間
이 自己의 本質을 가지지 않는다고 하는
悲壯한 意識에서 導出된 것이며, 그의 不
安도 孤獨도 絶望도 全혀 스스로 지탱할
데가 없고, 또 누구에게도 매달릴 데가 없
다고 하는, 허통하고 서글픈 意識 이외의

絶望

다른 것이 아니다.

Sartre

§§ Jean-Paul Sartre의 主著

1, 「壁」(La Mur) (短篇集) 1939,

2, 「嘔吐」(La Nausée) (小說) 1938,

3, 「情緒論 素描」(Esquisse d'une Théorie des Emotions) 1938,

4, 「想像力의 問題」(L'Imaginaire, Psycho- logie Phénoménologique de l'Imagina- tion) 1940,

5, 「存在와 無」(L'Être et le Néant, Essai d'ontologie phénoménologique) 1943,

6, 「파리」(Les Mouches) (戲曲) 1943,

7, 「出口없는 房」(Huis-Clos) (戲曲) 1944,

8, 「自由에의 길」(Les Chemins de le Liberté) (第四部) 1945~1949,

9, 「무덤없는 死者들」(Morts sans Sépulture) (戲曲) 1946,

10, 「恭遜한 娼婦」(La Putain respectueuse) (戲曲) 1946,

11, 「實存主義는 휴머니즘이다」(L'Existentia- lisme est un Humanisme) 1946,

12, 「唯物論과 革命」(Matérialisme et Révo- lution) 1946,

13, 「狀況」(Situations, 第三部) 1947~1949,

14, 「Baudelaire」 1947,

15, 「내기는 시작되었다」(Les Jeux sont faits)
   (시나리오) 1947,

16, 「더럽혀진 손」(Les mains sales) 1948,

17, 「惡魔와 神」(Le Diable et le bon Dieu)
   (戱曲) 1951,

18, 「共產主義와 平和」(Les Communistes et
   Ia Paix, Ⅰ, Ⅱ, Ⅲ) 1932~1954,

여덟째 가름
프래그머티즘(Pragmatism)

첫째 조각 實踐論

§ 98, Pragmatism은 어메리커 現代의 代表的 哲學이며, 그 주요한 代表者는 *William James*와 *John Dewey*다. Pragmatism 이라는 말은 *Peirce*가 1877년에 처음 使用한 것으로 그레시아 말의 pragma에서 나왔으며, 이 말은 行動 · 實踐(action)을 의미한다. 이 말을 통하여서도 알 수 있는 바와 같이, Pragmatism은 단순한 理論 爲主가

James, W.(1842~1910)

Dewey(1859~1952)

Peirce(1839~1914)

經驗 主義

Practice
Praxis
pratique
praxis

近代 心理學의 立場

Emotionalism
Voluntarism

아니고, 어디까지나 實踐 爲主의 哲學이다. 이를 '實用 主義'라고도 번역하는 所以이다. 이 哲學은 영국의 現實 主義 또는 經驗 主義(Empiricism)의 思想에 그 系譜를 갖는 것으로서, 이를 *어메리커* 特有의 形式에 의하여 再構成한 것이다. 따라서 Pragmatism 은, 理性 主義 또는 合理 主義(Rationalism) 의 哲學에 대립하고, 말하자면, 어메리커 獨 自의 nationalistic한 色彩가 농후한 思想이 다. 이는 어디까지나 철저한 實踐 主義 또 는 實用 主義 위에 입각하고 있는 것이다.

§ **99,** Pragmatism은 人間 生活의 本質을 實踐이라고 보고, 이러한 理論에서 이 哲學 은 出發한다. 合理論에 의하면, 人間의 本質 은 理性이며, 理性이 人間을 최고의 存在로 규정하는 것이다. *Platon, Descartes, Leibniz* 등의 合理論者들은, 人間의 實踐을 떠난 단 순한 思惟를 가지고, 人間의, 그리고 人間 生活의 本質・本領이라고 하였다. 여기에 대 한 批判은 앞으로 認識論에서 살피려 하거 니와, 이러한 생각이 얼마나 不當한 것인가에 대해서는, 近代의 心理學(Psychology)이 이 를 명시하고 있는 것이다. 그에 의하면, 意識 生活의 本體는 理性이 아니고, 感情 및 意 志의 作用이며(Emotionalism과 Voluntarism), 理性은 단지 이 情意 作用을 補佐하고, 充 實하게 하는 以上의 것이 아니다. 理性은 情

意에서 독립한 것이 아니다. 그리고 情意란 動的인 것이며, 따라서 行爲的·實踐的인 것이다. 이리하여 人間 生活의 根柢에 存在하는 것은, 어디까지나 實踐이며, 理論과 理性과 같은 抽象的인 것이 아니다. 그런데 이른바 主知 主義(Intellectualism)나 合理 主義는 이러한 心理的 事實을 무시하려고 하는 것이다. 그리고 實踐이 무엇보다도 根源的인 것이라는 것은, 生物學的 見地에서도 實證되는 사실이다. 生物은 自己의 環境 곧 외界에 대하여 부단히 反應한다. 반응한다고 함은 곧 實踐을 의미한다. 人間의 意識 現象 가운데의 認識 作用 같은 것도 모두 反應을 위한 要具로서 발달한 것으로, 認識 作用 그것에 獨自의 目的은 없는 것이다. 人間의 感覺조차도, 모두 自己의 外的 世界에 대하여 작용하기 위한 要具에 지나지 않는다.

生物學的 見地

§ 100, Pragmatism은 철저한 實踐的 哲學(practical philosophy)이며, 이러한 實踐을 일으키는 精神的 動機와 그 過程에 대해서는, 하등 고찰하는 일 없이, 實踐的 結果의 成功·不成功이라고 하는 現實的 事實에만 중점을 두는, 一種의 結果論(Consequentism)이기도 한다. 成功은 무조건하고 幸福이며, 不成功은 不幸이다. 人生의 窮極 目的은 成功에 의하여 幸福을 享有하려는 데에 있다.

結果論

功利主義

이러한 의미에서 Pragmatism은 功利 主義 (Utilitarianism)와 調和한다. 그리고 Pragma-tism은 實踐의 主觀的 原因이나 動機는 문제가 아니고, 客觀的 結果의 成功 與否에만 關心을 갖기 때문에, 客觀 主義(Objectivism)의 입장에 선다. 그러므로 이 입장에서는 客觀的 結果를 隨伴하지 않는 단순한 主觀은 空想에 지나지 않는다. 이 客觀 本位의 思想을 James는 未來 本位 혹은 希望 本位라고 하여, 過去(歷史나 傳統)를 顧慮함보다는, 未來(創造·建設·開拓)에 希望을 붙이고 살려고 하는 精神이라고 하였다. 結果 重視의 思想에서 귀결되는 당연한 결론인 것이다.(frontier spirit)

客觀主義

未來 本位

둘째 조각 認識論

Pragmatism

§ 101, Pragmatism은, 재래의 認識論에 준엄한 對立을 보인다. 先驗的 認識論은 先驗的(transzendental)인 理性에 의하여, 經驗的 (empirisch)으로 感覺한 素材를 統一하고, 綜合하여 認識(Erkenntnis)을 構成(Konstruktion) 한다고, 說한다. 그러나 이것은 誤謬다. 經驗에 先行하는 어떠한 先驗的인 것도 있을 수 없다. 그리고 經驗論(Empiricism)에 의하

先驗論

經驗論

면, 認識 對象(object of cognition)이 認識
主觀(subject of cognition)에 投射되어서, 認
識이 성립한다고 한다. Pragmatism은 이것에
도 반대한다. 이 理論은 결국 人間의 實踐을
떠나서 단독으로 認識의 發生을 인정하려고
하는 것이다. 實踐을 무시한 認識의 발생은
있을 수 없다. 實踐을 떠나서 무엇 때문에 認
識이 생기는 것인가? 재래의 認識論은 단
순히 認識을 위한 認識이며, 理論을 위한 理
論에 지나지 않았다. 認識이란 반드시 '무
엇을 위한' 認識이 아니면 아니 되는 것이
아닌가? 이러한 것을 무시해버린 認識論은
思惟의 空轉밖에 되지 않는다고 하는 것이
다. 實踐에 앞서서, 先驗的 理性의 存在를
주장한들, 무슨 소용이 있을까? 實踐을 위
하지 않는 理論이 제아무리 훌륭한 理論이
라 할지라도, 그것만으로 무슨 價値가 있는
일일까?

§ 102, 여기서 Pragmatism은 재래의 經
驗에 대해서도 크게 修正을 加한다. 經驗
이라고 하는 것은 단순한 知識이 아니다.
經驗이란 實踐, 行爲의 經驗이며, 이러한
것들이 記憶되고 蓄積된 것이 곧 참의 經
驗이 아니면 아니 된다. 곧 知識이란, 단순
히 外部的 印象의 소극적인 模寫가 아니고
實踐 그 自體의 記憶이며 蓄積이다. 過去
의 實踐을 記憶하여 두었다가 未來의 實踐

의 用에 供하려고 하는 것이, 다름 아닌 認識 發生의 조건이다. 그러므로 認識이란 實踐을 위해서만 發生하는 것으로, 實踐을 떠나서는 처음부터 認識은 發生할 수도 없고 또, 意味도 없는 것이다. 認識은 實踐과 客觀的 結果를 위위하여서만 필요한 것이며, 이를 고려하지 않고는 그 意義가 없다. 그러므로 Pragmatism에 의하면, 知識은 모두 實踐을 위한 器具며 道具에 지나지 않는다. 곧 Pragmatism에 의한 '知識의 道具觀'(knowledge as instruments or tools)이 여기에 성립하는 것이다. *Dewey*의 認識論을 '槪念 道具說' (Instrumentalism)이라고 부르는 所以이다.

Dewey(1859~1952)
道具說

셋째 조각 眞理觀

§ 103, Pragmatism은 재래의 眞理觀에 대하여 치열한 攻擊을 加한다, 合理 主義의 眞理觀은, 영원한 眞理라든가, 眞理의 不變性이라든가, 또는 絶對的 眞理라든가를 說한다. 그리고 眞理란 人間의 實踐에서 遊離하여 純粹 客觀的인 實在인 것같이 생각되었다. 곧 人間을 떠나서 永久, 絶對의 眞理가 儼然히 存在하는 것과 같이 보는 眞理觀처럼 誤謬가 큰 것이 없다고 하는 것이다.

truth
Wahrheit
vérité
aletheia
veritas

眞理란 人間의 知識 위에만 성립하는 것이며, 따라서 人間知를 떠난 眞理란 事物의 眞相이라고 하는 程度 以上을 벗어나지 않는다. 合理論者들에 의하면, 認識이 참인가? 아닌가는 오로지 '아무런 矛盾도 包含되어 있지 않다'고 하는 것에 의해서만 決定된다. 그런데 '아무런 矛盾도 없다'란 단지 '아무런 矛盾이 없다'고 생각되었을 뿐으로, 사실상 矛盾이 있더라도 矛盾이 없다고 생각하기만 하면, 그것이 眞理가 된다고 하는 결론에 도달하게 되는 것이다. 背理도 이만저만이 아니라고 할 것이다. *Descartes*는 가장 明晰 且 判明한 것이라고 하는 命題로부터, 그의 哲學을 출발시키고 있다. 이 命題는, 곧 모두 명료하여 아무런 의심도 품을 餘地가 없다고 생각된 判斷이며, 따라서 만약 잘못하여, 明瞭·判明한 것이라고 생각한다면 그것도 역시 眞理라고 하여야 할 것이 아닌가? *Descartes*도 *Spinoza*도 다 眞理의 標識은 自明 또는 明證(Evidenz)이라는 것에 있다고 말하였다. 明證이란 다른 證明이 필요 없는 그 自體가 명백한 것을 말한다. 그러나 眞理 與否를 판정하는 표준으로서, 단지 自明 以外에 그것을 證明합 아무것도 없다고 한다면 너무도 막연한 眞理觀이라고 아니 할 수 없다. 自明하지 않은

合理論 批判

clear－distinct
Klar－Deutlich
claire－distincte

criterion
Kriterium
criterium

것을 自明하다고 생각하기만 하면, 거기에 眞理가 定立된다. 이것은 그러나 얼마나 矛盾된 일인가?

§ 104, 그리고 經驗論의 眞理觀도 역시 불완전하다. 經驗論에 의하면, 認識과 實在와의 一致를 眞理라고 하는데, 認識과 認識 對象과의 一致를 어떻게 正確하게 證明할 수 있는가? 우리는 主觀 內의 일은 불명료하나 客觀的 世界는 극히 명료하게 이를 認識할 수 있는 것같이 생각하기 쉽다. 그러나 그렇지 않다. 오히려 우리는 主觀 內의 事實이야말로 명료하게 될 수 있지만, 客觀的 實在에 대해서는, 自己 主觀의 現象이 아니기 때문에 그 眞實을 알 수 없는 것이다. 우리가 客觀的 存在를 알 수 있다고 믿는 것은 확실히 이를 알 수 있다고 하는 것이 아니고, 단지 '그럴 것이다'라고 想像하고 類推(analogy)하는 것에 지나지 않는다. 客觀的 實在에 대하여 일정한 知識을 갖는다고 할지라도 그것은 단지 想定된 知識에 그친다. 客觀的 事物이 참으로 自己가 認識한 대로 存在하는가? 어떤가는 아마 영원의 수수께끼일 것이며, 이를 밝힐 길이란 都是 없는 것이다. 그러므로 知識과 實在와의 一致라고 하는 것은 단지 一致하고 있다고 생각된 데 지나지 않으며, 과연, 眞實에 一致하고 있는가? 아닌가란

經驗的 批判

眞理

絶對로 不可解한 것이 아니면 아니 된다.
Hume은 그러므로 主體와 客觀과의 一致
라고 하지 않고, 主觀 內의 觀念과 觀念과
의 一致에 지나지 않는다고 말하였다 이렇
게 보면, 經驗論의 眞理觀의 定立도 결국
難關에 봉착하게 되는 것이다.

§ 105, 그러면 眞理 標識(規準)을 우리는
어디서 求할 것인가? Pragmatism은 여기서
이른바 實用 本位, 結果 本位의 眞理論을
제출한다. 곧 眞理 與否를 결정하는 것은,
그 結果 내지 實用이라고 하는 것이다.

§ 106, James가 든 實例를 들어 이를
說明하자면, 어떤 사람이 숲 속에서 길을
잃었다고 한다. 빠져나갈 길을 찾아 헤매는
中에, 소의 발자취를 發見한다. 거기서 그
발자취를 더듬어 가면, 반드시 人家가 나오
리라고, 생각한다. 이것은 하나의 觀念이다.
그러나 이 생각의 眞僞는 그렇게 생각하는
것만으로는 決定되지 않는다. 그것을 實行
에 옮겨, 實地 걸어 가보지 않으면 아니 된
다. 곧 實驗하여, 實際的 結果를 찾아내야
한다. 이리하여 아는 일(知)이 거기에단 그
치지 않고 行動化하여 예상한 대로, 人家
를 찾는 데 成功하였다고 하면, 처음 예상
한 생각, 곧 觀念은 實際的 結果를 낳아,
참(true)이 되는 것이다. 이 滿足할 만한 결
과는 값어치가 있는 결과이다. 그리고 人家

Hume

實例를 들자

라고 하는 事實은 客觀的으로 存在하는 事實이며, 우리가 이 事實을 發見한 것이니, 이는 곧 觀念이 事實에까지 案內의 구실을 한 셈이다. 요컨대 값어치가 있는 事實에 案內하는 일이 곧 觀念의 참된 所以인 것이다. 그러면 그가 말하는 "眞理는 實際的 結果를 가져야 한다"라는 Pragmatism의 原理는, '아는' 作用으로서의 觀念은 '하는' 일에 옮아가, 遂行된 다음에 어떠한 結果를 누구에게 어디에든지, 나타내는 데에 있다고 볼 수 있는 일이거니와 그것은 人間의 要求 活動의 滿足이며, 동시에 있는 그대로의 事實에 맞부딪치는 일임에 틀림없다.

아는 일
하는 일

§ 107, 위에서와 같이, 眞理가 眞理로서 證明되는 것은 단지 證明이나 一致 따위가 아니고, 實際的으로 거기에 一定한 結果가 나타나는 것을 의미한다. 一定한 結果란, 물론 實用的 結果의 의미이며, 그것이 生活上 有用한 結果를 가져오는 것이라면 이러한 判斷은 眞理로서 증명된 것이라고 볼 수 있는 것이다. 그러므로 眞理란 有力한 結果를 招來하는 知識을 의미하고, 生活에 有害한 結果를 招來하는 知識은 誤謬이며, 眞理라고 할 수 없다. 곧 眞理란, 우리에게 有用한 結果를 가져오는 것이며, 生活에 대하여 편의한 것이며 有價値한 것이다. 따라서 거기에 아무런 結果도

眞理

일어나지 않는다면, 그것은 眞理도 誤謬도 아니다. 이를테면, 自然 科學의 證明이란 觀察 또는 實驗의 結果 거기에 예상한 結果가 나타남을 의미하는 것이며, 따라서 일정한 結果가 나타나면, 이를 眞實이라고 하고, 그렇지 않으면, 이를 非眞實이라고 하는 것이다. Pragmatism은 恰似 이러한 自然 科學의 思考 方式과 같은 것이다.

自然 科學的 思考方式

§ 108, 그리고 Pragmatism은 唯心論과 唯物論에 대하여서도 이러한 方法에 의하여 批判한다. 곧 唯心論이 眞理냐? 唯物論이 眞理냐에 대하여서는 부단히 論爭되어 왔으나, 그것은 眞理의 標準이 결정되어 있지 않았기 때문에 그러한 것이다. 그러나 Pragmatism에 의하면, 이러한 問題의 解決도 그다지 어려운 것이 아니다. 곧 이 두 爭論을 우리의 實際 生活에 적용하여, 거기에 어떠한 結果가 일어나는가를 吟味하여 보면, 우리는 용이하게 그 眞僞를 결정할 수가 있는 것이다. 이를테면 唯物論에 의하면, 人間 生活은 機械的·必然的인 物質 生活에 지나지 않는 것이므로, 이를테면 道德上의 責任이나, 自由 같은 것은 人間에게는 있을 수 없는 것이 아니면 아니 된다. 人間의 一切의 行爲는 모두 機械的·必然的인 것이 되고 만다. 우리는 어떠한 行爲를 하건 그것은 必然的으로 制約되어

唯心論과 唯物論

唯物論

있는 것이므로, 우리들 自身에게는 아무런 自由도 責任도 없는 것이 된다.

§ 109, 그러면 唯心論에 있어서는 어떠한가? 그것은 唯物論과는 全혀 다르다. 모든 것이 自我라고 하는 精神 또는 心意의 作用이므로, 道德上의 行爲에도 충분한 責任도 있으며, 自由도 있다. 그러므로 우리는 매사에 충분히 熟慮 選擇하여 自己 決定的으로 行動하지 않으면 아니 되는 것이다. 이것이 唯心論의 持論이다. 물론 兩論의 論據는 이것에 그치는 것이 아니므로, 우리는 그들의 全部를 總 網羅하여, 兩者의 優劣을 批判·決定하지 않으면 아니 될 것이다. 그러나 우리가 以上의 論據를 檢討하여 얻은 結論에 의하면, 唯心論은 극히 有用한 結果를 가져오므로 眞理라고 할 수 있고, 이에 反하여 唯物論은 우리에게 가장 有害한 結果를 초래하므로 非眞理라고 규정할 수밖에 없다고 하는 것뿐이다.

§ 110, 또 有神論과 無神論에 대하여서도 James는 同一한 方法論(methodology)에 의하여 批判한다. 곧 無神論은 神의 存在(the existence of god)를 부정하기 때문에, 人生에 대하여 無責任하며, 따라서 道德도 秩序도 있을 수 없고, 이 現實 生活의 苦惱로부터 우리를 救濟하여 줄 絕對者를 否定하기 때문에, 사람은 必然的으로 失望과 自

唯心論

批判

無神論

the absolute
das Absolute
l'absolu

爆自棄에 빠지게 된다. 그리하여 悲觀的이
며 厭世的인 人生觀으로 사람을 이끈다. 그
러나 有神論은 人生 全體가 神에 의ㅎ·여 지   有神論
배되고 있다고 하는 思想에서, 日常 生活을
有意義的인 것으로 하기에 알맞고, 世間的
인 苦惱는 神에 의하여 救濟되고, 따라서 내
일에의 끝없는 희망과 광명을 가질 수 있기
때문에 곧 眞理이며 이것이 아닌 無神論은
곧 虛僞일 수밖에 없고, 따라서 부정하여야
할 것이라고 하는 것이다.

넷째 조각 徹底的 經驗論
(Radical Empiricism)

§ 111, Pragmatism이 의미하는 經驗이
란, 實踐을 위한 經驗이며, 또 그것은 實踐
의 蓄積 그것이었다. 그러므로 Pragmatism
의 認識은 엄밀히 經驗의 範圍 안에 限定
될 것은 당연한 일이다. 결코 經驗 밖으로
人間의 認識은 넘어서지 못한다. 이러한 의
미에서 經驗論과 그 軌를 같이한다고 할
수 있는 것이다.
§ 112, 合理主義的 認識論은, 經驗을   合理論
超越한 形而上學의 世界의 認識 可能을
주장하지만, Pragmatism은 이러한 說을 全

的으로 부정한다. Pragmatism의 實在는 어디까지나 經驗의 範圍 內에 국한된 實在를 의미한다. 이 입장을 James는 '徹底的 經驗' (radical experience)을 基礎로 하는 입장이라고 하고, 영국流의 經驗論에서 Pragmatism을 준별한다. 그러므로 人間의 精神 生活을 論하더라도, James는 끝까지 經驗의 範圍 內의 生活에 제한하고, 그 이상으로 넘어가지 않는다. 따라서 이 입장에서는 靈魂의 存在 따위는 전연 문제가 되지 않는다. 그와 동시에 Pragmatism은 實體的 世界를 不承認한다. 現象的 世界의 背後에 어떤 實體를 생각하는 것은 한낱 虛構이며, 이러한 想定은 헛되이 혼란하게만 하는 것이라고 한다. 끝까지 現象的 世界, 經驗的 世界의 범위 안에서 一切을 생각하지 않으면 아니 된다.

substance
Substanz
substance
substantia
ousia

§ 113, 그리고 **善惡의 問題**에 대하여서도, 이 입장은 合理 主義的 立場과 다르다. 곧 一元的으로 善惡을 완전히 설명해 낼 수 없는 것이라고 본다. 宇宙와 人生은 多元的이므로, 決코 一元的으로 單純化시킬 수가 없는 것이다.(多元論—Pluralism인 所以다) 現實의 人生은 善惡·喜悲 등이 錯雜하게 얽힌 多樣(multiplicity)의 相을 呈하고 있으며, 또 人生은 完全하지가 않다. 오히려 人生이란 이러한 無制限의 不完全과 缺陷을 內包하고 있는 것이다. 完全이란

善惡의 問題

多元論

理想의 뜻이며, 따라서 장래에 實現될 일이
아니면 아니 된다. 이리하여 Pragmatism은
어디까지나 **未來 主義**에 입각하고 있는 것
이다. 未來에의 建設과 創造, 그리고 거기에
無限의 希望을 부치고 사는 일이야말로 이
哲學의 根本 精神인 것이다.(frontier spirit)
그러므로 Pragmatism은 改善 主義(Meliorism)
라고 불린다. 現實의 人生을 不完全한 것
이라고 前提하고 점차 이를 改善·向上하
게 하려는 것이다. 合理 主義의 眞理觀을
否定하고, 宇宙·人生을 動的인 것으로 보
고, 이를 修正·補充하려고 하는 데에 그
특징을 볼 수 있는 것이다.

§ 114, 徹底的 또는 根本的 經驗論은
文字 그대로 經驗論의 徹底다. 그에 있어
서 經驗에 徹底한다고 하는 일은 우리의
意識을 곧 生命의 機能(function)이라고 보
고, 거기에 성립하는 世界 構造에는, 직접
經驗된 要素만이 參加하고, 經驗 이외의 要
素를 排除하는 일이다. 따라서 實在(reality)
의 本質에 관하여서도, 實在는 客觀的으로
있는 그대로 存在하는 것이라고는 볼 수 없
다. 實在란 經驗에 의하여 만들어진 世界,
또는 經驗의 蓄積 그것이라고밖에 보지 않
는 것이다. 地球는 遊星의 하나로서 太陽
의 둘레를 도는 것이며, 宇宙 現象은 모두
因果 法則에 의하여 支配되는 것이라고 하

未來主義

改善主義

徹底的 經驗論

實在

는 것은, 現實의 우리의 經驗이며, 또한 現在 이러한 經驗을 전제로 하여 宇宙를 構成하고 있는 것이다. 우리가 經驗을 蓄積하는 일은, 곧 實在를 완전히 造成하여 가는 일을 의미하는 것이며, 이러한 經驗을 떠나서는 實在는 있을 수도 없고, 또 있어도 無用한 것이다. 實在는 經驗으로부터 성립한다. 곧 經驗 卽 實在며, 實在 卽 經驗이다. 따라서 實在는 經驗의 變化와 더불어 變化하는 것이며, 따라서 不變不動한 것은 있을 수도 없고, 또 實在도 아니다. 여기에 Pragmatism의 宇宙論의 柔軟性(flexibility)이 있는 것이다.

경험 곧 실재

다섯째 조각 道德 및 宗敎觀

James

Dewey

§ 115, *James*에게 있어서, 善은 넓은 意味로, 社會 生活의 進步를 촉구하는 모든 것을 말한다. 그에게 있어서도 幸福이라는 概念은 道德의 中心 概念이 되는 것이다. *Dewey*는 일층 明白하게 Pragmatism의 道德觀은 功利 主義를 改造한 것이 아니면 아니 된다고 본다. 곧 道德의 最高 目的은 功利 主義가 주장하는 바와 같은 全體 社會의 幸福, 곧 '最大 多數의 最大 幸福'(the greatest happiness of the greatest number)인 것에는

異論이 없으나, *Bentham*流의 狹隘한 限界에 국척할 필요는 없다는 것이다. 그러므로 **道德**이란 가장 광의로 해석되지 한으면 아니 된다. 道德的 善은 經濟 目的, 理想 目的에 한정될 필요가 없다. 健康, 富, 正直, 勤勉, 克己, 正義 등은 모두 道德的 善이며, 따라서 社會 生活의 결점을 改善하여 갈 수 있는 것은 모두 善이 아니면 아니 된다. 理想 目的이 道德的 善으로 생각되면서도, 더욱 結果 本位 또는 客觀 本位의 傾向이 支配하고 있는 데에 Pragmatism의 특징이 있는 것이다.

§ 116, James는 극단적인 實證 主義(Positivism)의 立場에 서 있으면서, **宗敎**에 대하여 깊은 關心을 가지고 있었다. 그가 말하는 바에 의하면, Pragmatism의 眞理 批判은 최초에 宗敎的 眞理의 批判으로서 출발한 것이다. 모든 眞理 가운데서 宗敎的 眞理처럼 그 眞僞를 決定하기 어려운 것이 없다. 그러므로 이러한 眞理는, 재래와 같이 막연한 標準에 의하여 결정할 수 있는 것이 아니고, 가장 明晰한 것에 의하여 결정하지 않으면 아니 된다. 곧 客觀的 結果에 의하여 宗敎的 眞理의 眞僞 또는 宗敎的 信仰의 正否를 判別하는 外에 다른 길이 없다고 하는 것이다. 宗敎의 眞理는 단순히 思考의 問題가 아니다. 實在的인 體

Bentham(1748~1832)

道德

實證 主義

信仰 意志

批判

相對主義

驗 위에서만 증명되는 것이 아니면 아니 된다. 그러므로 宗敎에 있어서는 信仰하려고 하는 意志가 먼저 필요한 것이다. 이것 없이는 宗敎는 성립하지 않는다. 따라서 우리는 思考로써 宗敎의 眞僞를 批判하는 것이 아니고, 어디까지나 宗敎的 體驗을 토대로 하여야만 한다.

§ 117, 이상과 같이 Pragmatism이, 재래의 觀念論的 思辨 哲學(speculative philosophy)의 思惟의 空轉에 대하여, 철저한 現實 主義를 제창한 것은, 아무튼 頂門의 一針이라고 할 만하다. Pragmatism에 의하면, 모든 眞理는 相對的일 뿐더러 眞理의 普遍 妥當性(universal validity)은 없다.(相對主義—Relativism) 生活에 實在的으로 봉사하는 것에만 眞理의 이름을 주고, 生活에 대하여 관계를 가지지 않는 것은 眞理가 아니라고 한다. 그러나 이러한 眞理觀은 우리에게 만족을 줄 수 없다. 眞理란 本質的으로, 이러한 現實的, 價値的, 實用的인 것이 아니고 오히려 非實用的인 것이며, 超個人的인 普遍 妥當性을 갖는 것이 아니면 아니 된다. Pragmatism은 "眞理는 반드시 實際的 結果를 가져야 한다"고 하지만, 宗敎的 眞理는 實際的 結果(效果)를 오히려 무시하고 초월한 純粹 感情 속에 깃들이고 있음을 부인할 수 없는 것이다. 세상에는 眞理가 오히려 非實用

的인 경우가 허다함을 볼 수 있다. 效用性이
眞理의 標準이 될 수 있는가에 대하여 생각
하여 볼 때, 먼저 ‘眞’의 槪念과 ‘效用’(utility)
의 槪念은 本質的으로 別個의 槪念인 것
이다. 곧 眞은 效用에서 由來되는 것이 아
니며, 설령 效用을 眞理의 한 特色이라고 하
더라도, 의연히 眞理 그 自體와는 別個의 것
이다. 眞理란 論理的・槪念的인 것이므로, 心
理的・經驗的으로는 얻을 수 없는 것이며,
오히려 經驗의 理想的 規範(norm)이 되는 것
이다. 그리고 Pragmatism이 一種의 새로운 衣
裳으로 假裝한 懷疑論(Scepticism)이라고 일
리짐도 필경 그 相對的・心理主義的 傾向에
依한 것임에 틀림없다.

眞과 效用

懷疑論

James

§ 118, William James의 主著

1, The feeling of Effort. 1880,

2, What is an Emotion?(in: Mind, Ⅸ) 1884,

3, The principles of psychology. 1890,

4, Text−book of Psychology. 1802,

5, The Will to Believe. 1897,

6, Talks to Teachers on Psychology. 1899,

7, The Varieties of religious Experience. 1902,

8, Pragmatism. 1907,

9, A pluralistic Universe. 1907,

10, The Meaning of Truth. 1909,

11, Some Problems of Philosophy. 1911,

Dewey

12, Essay in radical Empiricism. 1912,

13, The Letters of William James.(edited by Henry James) 1920,

§ **119,** John Dewey의 主著

1, Psychology. 1886,

2, Leibniz New Essay Concerning the Human Understanding. 1888,

3, Outlines of a critical Theory of Ethics. 1891,

4, Study of Ethics. 1894,

5, The School and Society. 1899,

6, Logical Conditions of a scientific Treatment of Morality. 1903,

7, Ethics.(with J.H.Tufts) 1908,

8, How We Think? 1910,

9, The Influence of Darwin on Philosophy and Other Essays in Comtemporary Thought. 1910,

10, German Philosophy and Politics. 1915,

11, Democracy and Education. 1916,

12, Essays in experimental Logic. 1916,

13, Reconstruction in Philosophy. 1920,

14, Human Nature and Conduct; An Introduction to social Psychology. 1922,

15, Experience and Nature. 1925,

16, The Public and its problems. 1927,

17, The Quest for Certainty. 1929,

18, Individulism, Old and New. 1930,

19, Philosophy and Civilization.(論文集) 1931,

20, Art as Experience. 1934,

21, A Common Faith. 1934,

22, Liberalism and social Action. 1935,

23, Logic. The Theory of Inquiry. 1938,

24, Freedom and Culture. 1939,

25, Education Today. 1940,

26, Problem of Men. 1946,

以下 共同執筆

27, Studies in logical Theory. 1903,

28, Creative Intelligence. 1917,

參　考

Kierkegaard의 戀愛와 結婚과 破婚

☆ Kierkegaard은 1837년 5월 9일에 Bolette Rördam(女)을 찾아가 Regine Olsen(1823生)을 처음 만나다.(그녀가 열네 살 때)

☆ 1840년 9월 8일에 約婚 成立.

☆ 1841년 10월에 破婚 宣言. 그가 約婚반지를 반환하였을 때 Regine 는 슬픔에 겨워 죽음을 입 밖에 내기까지 하다.

☆ Kierkegaard은 제1회의 Berlin 留學(1841년 10월~1842년 3월)에서 돌아와 일시적이나마, 再約婚을 생각해 보기도 하다.(「Entweder─Oder」는 1843년 2월 간행)

☆ 1843년 4월 16일의 復活祭에 聖母 Maria 敎會에서 Kierkegaard은 Olsen의 인사를 받다. 여기서 그는 은근히 사랑의 復歸가 가능하다고 느끼게 되다. 그러한 막연한 기대 속에서 그는 그해의 5월 8일에 다시 Berlin으로 떠나다. 거기서 불과 2週日 동안에 「Die Wiederholung」를 탈고하다. 왜 破婚하지 않으면 아니 되었는가의 이유의 해명과 더불어 사랑의 反復을 기대하고 있음을 그녀에게 전하기 위하여, 그는 완성된 草稿를 들고 Copenhagen으로 돌아오다.

그러나 이 冊이 출판도 되기 전에 Regine는 그가 어렸을 적의 가정 교사와 約婚하다. 사랑의 반복은 영 불가능하게 된 것이다. Regine의 約婚 事實을 알았을 때의 Kierkegaard의 충격은 컸다. 그것을 나타내

는 격렬한 감정은 이 冊의 行間에서도 읽을 수 있으나, 手稿에서 말살
된 여러 군데에는 Regine에 대한 경멸과 격심한 분노가 일층 폭발되어
있다. —그 뒤 Regine는 1847년 11월 3일에 결혼, Kierkegaard은 獨身
으로 그 生涯를 마치고.

形而上學(Metaphysics)

아홉째 가름

形而上學의 問題 領域

첫째 조각 實在의 量의 問題

§ 120, 우리가 存在로서 생각하는 것은, 반드시 時間과 空間에 있어서 있고, 또 각각 그 性質을 달리하고 있는 것이다. 곧 어떠한 것이거나 반드시 '무엇'이며, '언제'이며 그리고 또 '어디'에 있는 것이 아니면 아니 된다. 이러한 性質 및 時間·空間的 關係가 統一되어 表象이 되고, 이 統一된

bing
Sein
être

irgendwas
irgendwann
irgendwo

idea
Vorstellung
presentaion

것이 存在物이 되는 것이다. 이것이 現象界에 있어서의 物(Ding) 곧 存在다. 그러나 이와 같이 知覺된 物이나, 이 現象界가 필경 一時的인 表象의 世界이며, 따라서 아무런 眞理도 드러내지 못하는 假象의 世界에 지나지 않다는 것을 깨닫게 되면, '本來 참된 物'은 과연 무엇인가? 眞實을 우리에게 말하여 주고, 또 드러내 주는 것은 무엇인가라고 하는 問題가 새로 提起되는 것이다.(die Frage nach den eigentlichen und wahren Dingen) 이것이 곧 '實體'의 槪念이다. 現象이 存在하는 限, 이는 단순히 偶然的으로 存在하는 것이 아니고, 무엇인가 이 現象을 現象으로서 存在하게 하는 超經驗的인 것이 반드시 實在하지 않으면 아니 된다고 하는, 우리의 必然的인 思惟가, 당연히 現象을 超越하여 實在的 窮極者(實體)를 探求하도록 志向하게 하는 것이다. 그러면 이 實在란 과연 어떠한 것인가? 形而上學이란 곧 이 實體 또는 實在를 問題삼는 哲學의 一分科인 것이다.

§ 121, 오백년 도읍지를 필마로 돌아드니
산천은 의구하되 인걸은 간디 없다
어즈버 태평 연휼이 꿈이런가 하노라
(吉再)

---

semblance
Schein
apparence

substance
Substanz
substance
substantia
ousia

reality
Realität
realite

吉再(1353~1419)

청산리 벽계수야 수이감을 자랑마라
일도 창해하면 다시 오기 어려워라
명월이 만공산하니 쉬여간들 어떻리
(황진이)

이 노래는 歲月의 如流함과 人生의 덧없음을 읊은 것이다. 東西 古今의 詩歌 中에 그 素材로서 第一 많이 取扱된 것은 사랑에 관한 것과 더불어 이 問題라고 생각된다. 人生의 깊이에 찾아 들어가면, 들어갈수록 이 問題가 더욱 深刻하여지고 또 人生 問題의 核心을 차지하게 됨을 알 수 있을 것이다. 宇宙의 無限에 대하여, 人生의 有限을 自覺하고, 時間의 永遠에 대하여, 各自의 생애의 瞬間性을 自覺하게 될 때, 사람들은 누구나 人生의 서글픔을 느끼게 되고, 노래하게 되고, 여기서 나아가 哲學하게 되는 것이 아니랴.

§ 122, 現象界는 流轉 變化를 極한 世界다. 이러한 現象界의 變化는 그러나 반드시 不變 곧 恒常에 대한 變化가 아니면 아니 된다. 變化를 變化로서 意味化하는 것은 不變·恒常이 아니면 아니 된다. 이러한 不變·恒常한 것이 곧 實體다. 그리고 現象界는 일체가 有限的인 存在인 것이 사실이다. 그런데 이 有限的 現象을 意義있게 하는 것은 다름 아닌 無限한 것이 아니면 아니 된다. 이리하여 不變·恒常하며, 無限한 것

黃眞伊
(15세기 中 16세기 初)

이란 어떠한 것인가? 그것은 時間, 空間, 因果의 範疇를 超越한 超經驗的인 것이 아니면 아니 될 것이다. 이러한 의미에서 實體는 先驗的인 觀念的 存在라고 말할 수 있을 것이다. 이러한 絶對的인 恒常·不變의 實體에 의해서만, 비로소 現象은 그 意義를 갖게 되고, 또 우리에게 顯現되는 것이 아니면 아니 된다. 그러면 이 實體란 무엇인가?(質的 問題) 또 그것은 數(Zahl)로 보아 單一한 것인가? 多樣한 것인가? 또는 크기(Grösse)로 보아 有限이냐? 無限이냐? (量的 問題)라고 하는 것이 必然的으로 問題되지 않으면 아니 된다. 바꾸어 말하면, 現象界의 背後에 있어서 現象界를 構成하고 있는 實體의 量에 관한 問題인 것이다. 이 問題는 實體와 現象과의 關聯을 생각할 때 뚜렷이 나타남을 볼 수 있다. 곧 實體는 單一(Einheit)인데 現象은 왜 多樣(Vielheit)인가? 그것은 곧 實體가 單一한 것이 아니고 現象界와 더불어 多樣임을 말하는 것이 아닌가? 그리고 現象界는 有限이니, 實體界도 또한 無限이 아니고 有限인 것이 아닐까? 하는 問題가 당연히 제기되는 것이다.

§ 123, 이와 같이 實在의 量(Quantität)에 관한 問題는 實在數를 多라고 보는 多元論과 하나라고 보는 單元論으로 나뉘고, 또 實在의 크기를 有限이라고 보는 有限論과

實 體

單一과 多樣

實在의 量
實在의 數

無限이라고 보는 無限論으로 나뉜다. 다시 말하면 多元論은 많은 독립한 原理를 假定하지 않고는 宇宙 現象을 설명할 도리가 없다고 하고, 單元論은 모든 宇宙現象을 單一한 原理에 의하여 설명하고 추론하려는 것이다. 그리고 *Windelband*에 의하면, 實在의 量의 問題는 數와 크기(空間的 및 時間的)와의 두 가지 性質을 의미하는데 實在의 數的 規定의 問題는 위와 같고, 量的 實在 問題의 또 하나의 面, 곧 참의 實在의 크기의 問題는, 現象界의 개개의 量의 問題와는 달라서 그 크기는 人間의 計量 能力을 초월하고 있기 때문에 그 全體에 있어서 有限이냐? 無限이냐?(……in seiner Totalität endlich oder unendlich ist.)하는 槪念的으로 해석할 問題에 관계하고 있는 것이다.

Finitismus
Infinitismus

Fluralism

Singularism
Windelband(1848~1915)

實在의 크기

둘째 조각 **實在의 質의 問題**

§ 124, 實在의 窮極的 性置 곧 本質은 과연 무엇인가라고 묻는 것이 實在의 質(Qualität)에 關한 問題이다. 전술에 있어서 우리는 實在의 量의 問題에 關하여 考究하였는데, 이러한 實在의 量의 問題에서는, 필경 現象 世界의 온전한 解明을 所期할 수 없었던

實在의 本質

것이다. 우리는 이제 實際의 이러한 數量의 問題가 아니고, 實際의 性質의 問題에 對하여 이를 해명하지 않으면 아니 된다.

§ 125, 實在의 本質의 問題로서, 우리는 物質과 精神을 생각하지 않으면 아니 된다. 이들은 우선 窮極的으로 相異한 性質의 獨自的인 實體이기 때문이다. 그러면 이 兩者의 相異한 性質의 것의 相互 關係는 어떻게 規定되어야 할 것인가? 哲學的 統一의 志向은 어떠한 方法으로나마, 一元的인 것으로 歸一시키고 還元시키려고 하며 또 하지 않으면 아니 된다. 어느 것 하나를 第一次的인 것, 根源的인 것으로 보고, 그것에 의하여 다른 一切를 설명하려고 하는 것이다. 物質을 根源的・第一次的인 것으로 하고 精神을 이에 依存하는 것으로 보는 唯物論과 反對로 物質은 第2次的・派生的인

Materialism

것이며, 根源的인 것은 精神만이라고 하는

Spiritualism

唯心論의 입장은, 함께 고래로 哲學의 世界를 構成하고, 또 그 歷史를 貫通하여, 相克 對立한 2大 潮流이지만, 이와 더불어

Dualism
Monism

實在의 眞相을 物質과 精神의 對立 또는 共存을 인정하는 二元論과 이 兩者의 融合을 主張하는 一元論이 맞선다. 다시 말하면, 우리는 實在의 原理로서, 物質(matter)과 精神(mind)과, 그리고 물질과 정신의 對

立(both) 또는 이 두 個의 融合(a fusion of two)을 생각할 수 있는데, 이들은 乙-각 唯物論, 唯心論, 二元論 및 一元論 등에 對應하고 있는 것이다.

셋째 조각 實在의 生成의 問題

§ 126. 實體의 生成이란, 일찍이 없었던 實體가 어떻게 하여 存在함에 이르렀는가? 혹은 어떤 特定의 狀態로부터, 다른 狀態로 '生成 되는' 것은 과연 어떠한 過程에 있어서인가라는 것을 말하는 것이다. 우리는 먼저 '生成된다'(werden)는 것은 무엇인가를 생각하지 않으면 아니 된다. 生滅, 變化, 活動들은 이를 生成이라고 부른다. 이와 같이 生成이라고 불리기 위해서는 어떠한 條件을 必要로 하는가? 산소(O)와 수소(H)와의 化合에서 물이 생기고, 努力을 통하여 成功을 거두려고 할 때, 두개의 狀態가 時間的 繼起(succession)의 關係에 있어서 連結되어 있다고 생각하지 않고서는, 生成 問題는 理解되지 않는다. Spinoza의 이른바 '永劫의 相 아래에'(sub specie aeternitatis) 世界의 一切를 無時間的인 것으로 보려고 하는 입장에 있어서는, 生成은 있을 수 없는 것이다. 그러나 또한 단순히 時間的 繼起라고 하는 關係에서만은 生成의 問題는 解決되지 않는 것이다. 이를테면 우리가 뜰로 내려섰을 때, 나뭇잎이 떨어졌다고

becoming
Werden

Spinoza(1632~1677)

하는 경우, 兩者 사이에는 時間的 繼起의 關係가 存在하고 있다. 그러나 이 現象은 生成이라고 할 수가 없는 것이다. 왜냐하면 두 사건 사이에는 아무런 必然的 關係가 없기 때문이다. 生成이란 時間的 繼起가 반드시 必然的 關係에 있어서 連結되고, 이로써, 하나의 統一을 이루고 있다는 것을 의미한다. 가을이 되었기 때문에 나뭇잎이 떨어졌다고 하는 경우에는 양자 사이에 必然的인 關係가 있다고 할 수 있다.(梧桐 一葉落 天下盡知秋－文錄·唐人 詩)

이리하여 가을 또는 가을바람과 落葉과의 사이에는 必然性이 存在하고, 그 結合은 統一的이다. 이리하여 生成이란 時間的 繼起와 必然的 連結이라고 하는 두 條件을 구비하고 있음을 알 수 있다. 따라서 生成의 問題는 先行의 狀態와 後起의 狀態와의 序列이 一定하여 있어, 우리의 恣意에 依하여 아무렇게나 이를 變更할 수 없는 것이다. 나뭇잎이 떨어진 뒤에 바람이 불어서는 落葉과 바람 사이에 時間的 繼起는 있다고 해도 必然性은 없다. 그러므로 여기에는 生成의 문제는 생기지 않는다. 이러한 關係에 있어서 先行 狀態를 原因이라 하고, 그 後起 狀態를 結果라고 한다. 곧 일정한 原因에는 반드시 일정한 結果가 隨伴되어야 한다는 것을 의미하는 것이다. 이를 우리는 因果 關係라고 부른다.

cause
Urache
cause
effect
Wirkung

effect
causal relation
kausaler
Zusammenhang

§ 127, 위와는 反對로, 後起 狀態가 되기 위해서는 반드시 先行 狀態가 있지 않으면 아니 된다고 하는 경우에, 이를테면 成功하기 위하여 努力을 한다고 하는 따위는 이를 因果 關係라고 말할 수 없다. 이 경우에는 豫想된 後起 狀態, 곧 成功한다고 하는 것을 目的이라고 하고, 그 先行 狀態를 手段이라고 부른다. 곧 目的 實現을 위해서는 반드시 手段을 必要로 한다는 것을 의미하는 것으로서 이를 目的的 依屬(teleologische Abhängigkeit)의 關係 또는 目的 關係라고 말한다. 因果 關係에 있어서는 先行 狀態가 後起 狀態를 決定하지만, 目的 關係에 있어서는 反對로 後起 狀態가 先行 狀態를 決定하는 것이다.

§ 128, 그러면 우리는 實體 問題 곧 實體 生成의 問題에 對하여, 위 두 가지의 어느 것에 依據하여 그 生成을 解明할 것인가? 다시 말하면, 實體의 生成은 因果的 關係 곧 因果性에 依하여 必然的 窮極의 目的을 向하여 計劃的·秩序的으로 活動하는 것이라고 하는 說을 擇할 것인가? 이것이 곧 實體 生成에 關한 二大 問題인 것이다. 因果論 또는 機械論과 目的論은 각각 여기에 對應하는 주장이다.

end
Zweck,
but(fin)
fisni
telos

means
Mittel
moyen

causality
Kausalität
caus lite

Kausalismus
mechanism
Mechanismus
mecanisme

teleololgy
Teleoloegie
teleologie

(memo 19.)

§ 129, 形而上學의 問題 領域

```
Weltanschauungsl        Metaphysics        Ontology      Quantity······   Singularism ┐ ······(Number)
ehre(Metaphysics)       (general)          (Essence)                      Pluralism   ┘
                                                                          Finitism    ┐ ······(Size)
                                                                          Infinitism  ┘

                                                          Quality ······  Materialism ······(Matter)
                                                                          Spiritualism ······(Mind)
                                                                          Dualism     ······(Both)
                                                                          Monism      ······(Fusion)

                                           Cosmology·················     Machinism ······ (Causa lity)
                                           (Occurrence)                   Teleology ······ (Finality)

                        Special            The problem of the             Theism ······┌ Monotheism
                        Metaphysics        existence of Gd ······         Atheism      └ Polytheism
                                                                          Pantheism
                                                                          Deism

                                           The problem of the             Indeterminism
                                           freedom of the will            Determinism
                                                                          Substantiality theory ┐ (Substance)
                                                                          Actuality theory      ┘
                                           The problem of the             Intellectualism
                                           nature of the mind             Emotionalism  (Attribute)
                                                                          Voluntarism
```

열째 가름

實在의 數量論

첫째 조각 多元論(Pluralism)

多

§ 130, 多元論은 이를 한마디로써 하면,

우리가 직접 經驗하는 現象界의 多樣과 더불어 이 多樣한 現象界를 存在하게 하고 있는 實體도 또한 多(Vielheit)가 아니면 아니 된다고 하는 主張을 고집하는 입장이다. 곧 經驗的·現象界의 說明을 多數의 實體로써 하려고 하는 것이다. 그런데 實體는 서로 獨立的으로 存在하는 恒常·不變한 絶對者가 아니면 아니 된다. 他者에 依屬하거나, 生滅·變化하는 따위의 實在는 實體가 아니기 때문이다. 여기에 있어서 이러한 恒常·不變한 絶對的 存在인 實體는, 대체 어떻게 하여, 生成·變化(Geschehen)하여 마지 않는 現象界를 생기게 하는가의 問題에 대하여 해명하지 않으면 아니 되는 것이다.

§ 131, 多元論에 依하면 多數의 實體는 서로 獨立한 存在이기는 하지만, 다른 것과 無關係한 것이 아니고, 다른 實體와 結合하고, 作用하고, 서로 調和하고 反撥하는 自己 運動이 離合·集散을 가져오고, 現象界의 轉變·生滅을 생기게 하는 것이라고 설명한다. 그리고 實體의 自己 運動은 實在 그 자체를 조금도 變化 消滅하게 하는 것이 아니고, 現象의 背後에서 恒常·不變한 存在를 스스로 간직하고 있는 것이다.

§ 132, 이러한 多元論을 최초로 주장한 이로서 우리는 *Empedokles*를 들 수 있다. 그를 따르면 일체의 事物 現象은 火, 水, 地, 氣의 4元

Empedokles
(c. 493~c. 433 B.C.)

4. 元素
(memo 27.)

사랑과 미움
Anaxagoras
(c. 500~c. 428 B.C.)

nous

質的 元子論

Leukippos
(B.C. 500~440)

Demokritos
(c. 460~c. 370 B.C.)

Herbart
(1776~1841)

物自體

素(elements)의 離合·集散에 의하여 生成되는 것이며, 이 4元素는 不生 不滅, 不變化이며, 항상 自性 自體를 保維하는 것이다. 그리고 이러한 實體의 自己 運動을 可能하게 하는 것, 支配하는 것이 있지 않으면 아니 된다. 이를 그는 사랑(neikos)과 미움(kotos)이라고 하였다. *Anaxagoras* 도 또한 多元論者다. 그러나 그는 *Empedokles* 같이 단순히 4元素를 세우는 것이 아니고, 본래 性質을 달리하는 無數의 要素의 存在를 인정하고, 이를 種子(spermata)라고 부르고, 위의 4元素까지도 무수의 種子의 結合에 依하여 形成되는 것이라고 한다. 그리고 이 種子의 原動力, 곧 그들의 混合의 原動力을 '누스'(nous－理性)라고 하였다. *Windelband*에 의하면, 이는 곧 思惟物 또는 理性 物質(Denk－oder Vernunftstoff)이다. 우리는 여기서 이른바 質的 元子論의 주장을 보는 것이다.

§ **133,** 이러한 說이 뒤이어, *Leukippos*나 *Demokritos*의 元子論을 낳게 한다. 그리고 이 元子論(Atomism)의 思想이 近世에 이르러 *Herbart*의 實體論을 이끌어 내는 것이다. 그는 *Kant*의 '物自體'(Ding an sich, thing in itself)의 說을 계승하여, 現象의 背後에는 반드시 實體가 存在하지 않으면 아니 된다고 하고, 그 實體는 모두 根源的·獨立的이기 때문에, 多元的이 아니면 아니 된다고 보는 것이다. 이리하여 그는 現象의 根柢에 있는 單一 不變한 實體로서, 無數의 '實在

者'(die Realen)를 想定하고 이들이 可想的 空間 內에서 서로 相關 關係를 맺음으로써, 有爲 轉變의 多樣으로서의 現象을 생기게 하는 것이다. 이 '實在者'는 非物質的·非精神的 存在이며, 서로 남의 妨害에 대하여 自性 保存의 作用을 하고, 이러한 相互 關係에 의하여, 物質 現象을 낳는다. 마음도 또한 die Realen의 하나이며, 다른 '實在者"에 대한 自性 保存의 關係에 의하여 表象 곧 精神 現象을 낳는다. 이리하여 事物의 生成 變化는 物自身의 變化가 아니라, 우리 人間이 一物을 他物과 關聯시켜서 思惟하였기 때문에 마치 變化한 것처럼 느껴지는 것뿐이다. 多元論은 Herbart에 이르러 完成되었다고 할 수 있다.

§ 134, 그러나 多元論의 주장에는, 批判을 받을 여러 가지 点이 있다. 첫째, 많은 獨立 自存의 實體가 어떻게 하여, 相互 作用의 關聯을 가질 수 있는 것인가? *Empedokles*는 4元素의 活動을 支配하는 것으로서 사랑과 미움을 想定하지만, 이러한 愛·憎은 따라서 당연히 그 存在를 4元素 밖에 두지 않으면 아니 될 것이다. 元子論者와 같이, 運動의 能力을 元子(atom) 그 自體에 구비되어 있는 것이라고 하고, 또 *Herbart*와 같이 그것을 '實在者'의 運動에 歸屬시킨다고 하더라도, 이러한 힘을 주는 어떤 것이. 實

die Realen
(das Reale)

批判
①
Empedokles

Herbart
(1776~1841)

在者 外에 存在한다고 생각하지 않으면 아니 될 것이다.

§ 135, 그러면 그 實體 以外의 어떤 것, 實體에 대하여, 運動을 주고, 또 支配하는 것은 대체 어떠한 것이어야 할 것인가? 우리는 이러한 것을 필경엔 唯一 絶對의 神이라고 불러야 하는 것이 아닐까? 만약에 이러한 超越者를 想定하지 않는다면, 實體는 그 運動의 根本的 動因을 대체 어디에다 求할 수 있을 것인가? 당연히 元子나 實在者의 相互 運動은 전혀 機械的·偶然的인 것에 그치고 말 것이 아닌가? 그러나 단순히 機械的 關係에 의해서만 世界가 成立한다고 하는 것은, 부당한 일이라고 아니할 수 없다.

§ 136, 둘째로 人間의 精神 現象의 差異는 모두 性質的인 것이고, 分量的인 것이 아님에도 불구하고, 多元論의 입장에 있어서는 元子나 '實在者'는 단순히 量的 差別만을 갖고, 質的 差異는 없다고 하지만, 만약에 이러한 說로서 옳다고 한다면, 대체 특이한 精神 現象界의 差別相은 이를 어떻게 설명할 수 있을 것인가? 그러므로 多元論에 입각하여, 이를 窮極的 原理라고 생각함은, 마치 自然 科學에 의하여 現象界의 일체를 해명할 수 있다고 과신하는 것과 같은 오류를 犯하게 될 것임에 틀림없다.

둘째 조각 單元論(Singularism)

§ 137, 우리는 雜多한 現象的 世界의 變化 生滅을 經驗에 의하여 알 수 있다고 한다면, 實體의 數量도 또한 이러한 經驗을 통하여 알 수 있을 것인가? 우리가 이미 본 바와 같이 實體界는 經驗的 現象界를 超越한·現象을 成立시키는 當體로서 實在하지 않으면 아니 된다. 따라서 實體界는 現象界를 超越한 世界, 곧 우리의 感官 知覺으로는 把握할 수 없는 이른바 超經驗的·先驗的인 世界가 아니면 아니 된다. 우리가 現象界를 認識할 수 있는 知覺에 의해서는, 實體界는 認識할 수 없는 것이라고 한다면, 대체 무엇에 의하여 그것을 우리는 알 수 있을 것인가? 그것은 理性的인 思惟, 혹은 直觀的인 叡智에 의하여 아는 外에는 다른 方途가 없을 것이다. 이러한 方法에 의하여, 우리는 實體의 數量에 대하여 考究할 필요가 있다.

§ 138, 그러면 이 立場에서 實體의 數量을 과연 어떻게 規定할 수 있을 것인가? 우리는 그것을 單一(Einheit)이라고 생각하지 않을 수 없다. 왜 그러냐 하면, 現象의 多樣은 그 '하나'인 絶對的 實體의 顯現이라고 생각하는 것이 思惟의 自然이기 때문이

單一

the absolute
das Absolute
labsolu

①

Plotinos
(204~269)

③

Leibniz
(1646~1716)

다. 이와 같이 實體는 '하나'라고 解釋되고, 또 그렇게 됨으로써만 窮極的 最高의 絶對者인 所以도 밝혀질 수 있는 것이다.

§ 139, 그러면 '하나'란 과연 무엇일까? '하나'란 첫째 唯一性(Einzigkeit)을 의미한다. 唯一하다고 하는 限 그것은 絶對的인 것이며, 따라서 神과 같은 것을 의미할 것이다. 여기에 있어서, 多元論의 '하나'는 究極的·絶對的인 것으로서, 現象界의 一切는 필경 이것에 의하여 創造되고, 혹은 流出(emanation)되는 것이 아니면 아니 된다. Plotinos의 '善者'(Das Gute)는 바로 이것이다. [Plotinos의 流出說 (Emanation theory)]

§ 140, 둘째, '하나'는 單一性(Einfachheit)의 意味로 해석된다. 實體는 가장 單純化된 것이라고 해석되는데, 單一性은 唯一性과 다른 것이 아니고, 唯一한 것은 곧 單一한 것을 의미하여, 이러한 實體야말로 現象界의 一切를 창조하고, 유출하고, 顯現시키는 것이라고 보는 것이다. 셋째로, 實體는 現象의 一切를 包括하고 綜合한 것이라고 보는 統一性(Einheitlichkeit)의 意味마저 갖는다. 여기에 있어서 多는 오히려 '하나' 가운데에 包攝된다. 곧 單元論과 多元論과의 調和를 意圖하는 Leibniz의 '單子論'(Monadology)에서 그것을 볼 수 있는 것이다.

§ 141, 多樣한 現象의 根柢에 ‘하나’인 實體를 求하려고 하는 單元論의 要求는, 필경 多樣을 統一하려는 것이며, 더 말할 나위도 없이 人間 思惟의 本質에 뿌리박은 것이라고 말할 수가 있는 것이다.(여기에 있어서 世界는 필경 ‘多樣의 統一’(Einheit in der Mannigfaltigkeit) 以外의 다른 것이 아니다.) 그리고 現世的·地上的인 苦惱의 世界로부터 떠나서, 唯一·絶對의 神의 世界에 歸入하려고 하는 人間의 宗敎的 要求 또는 傾向도 여기에는 깃들어 있는 것이다.

The demand
for unity
(Jerusalem)

§ 142, *Platon*의 Idea 說(Ideenlehre)은 單一한 理想的 實體를 세운 點에서 單元論이라고 할 수 있을 것이다.

Platon
(427~347 B.C.)

또 Plotinos는 絶對者(the absolute)로서의 神을 세우고, 이러한 神은 어떻게 하여 萬物의 本源이 되는가를 說함과 同時에 사람은 어떻게 하여 그 唯一者인 神으로 돌아갈 수가 있는가를 說한다. 그에 의하면 神은 ‘一者’(to hen)이며 ‘太原’(to proton)이다. 이것이 곧 一切의 根源이며, 따라서 萬物은 이것에 의하여 産出되는 것이다. 그는 이를 또 ‘善者’(to agathon)라고 부른다. 相對的 善惡의 差別을 超越하고 있기 때문에, 또 ‘超善者’(huper agathon)라고도 할 수 있다. 이것이 第一의 原因이 되어, 그 結果로서 萬物이 마치 太陽에서 發射하는 빛

Plotinos

一者
太原

善者
超善者

이성
영혼
물질

流出說

ecstasy
Ekstase

批判

無宇宙論

과 같이 또는 물이 가득 차 넘치는 것처럼 流出하는 것이다. 第一 먼저 流出한 것은 'nous' 곧 理性이며, 다음에는 靈魂이며, 그 다음에는 物質이 생긴다. 이리하여 一切는 神으로부터의 流出(emanatio)인 것이다. 이를 流出說(Emanationstheorie)이라고 부르는 所以이다. 사람은 이 nous에 되돌아가고, 究竟에는 神과 合一함으로써 神秘的인 ekstasis (황홀)의 狀態에 젖어 들어갈 수가 있다고 하는 것이다.

§ 143, 이리하여 單元論은 現象의 多樣의 深奧에 그것을 超越한 '하나'만을 實體라고 보는 것인데, 內容의 規定 없는 單一 無變化의 實體가 어떻게 하여, 變化 無双한 多의 現象을 生成시킬 수 있는 것일까? '하나'는 스스로가 絶對的인 것으로서, '하나' 以外에 나아갈 수는 없는 것이고, 多樣과 變化의 世界를 '假象'의 世界이며 迷妄에 지나지 않는다고 한다면, 이는 필경 無宇宙論(Akosmismus)이 되고 말 것이다. 곧 唯一의 實體 앞에, 이 現象의 多樣한 世界는 완전히 消滅해버리고 마는 것이다. 哲學은 본래 이러한 現象의 世界, 나아가서는 現實의 世界에 對한 反省과 解明과 그 把握을 使命으로 하는 입장에 서 있음에도 不拘하고, 스스로가 志向하고, 또 說明하여야 할 目的을 스스로의 손으로 거부한다고 하는

것은 이론상 自家 矛盾이 아닐 수 없다.

§ 144, 우리는 多元論의 實體에 있어서
도, 單元論의 實體에 있어서도, 그 입장을
全的으로 首肯할 수가 없는 것이다. 그렇다
면 이러한 實體를 어떻게 규정할 수 있을
것인가? 그러나 그것은 實體의 數量의 意味
는 결코 計量的인, 곧 實體를 數的으로 規
定한다고 하는 것이 아니라는 것이다 그리
고 實體가 多樣인가, 單一인가를 各各 다른
것으로부터 分離시켜 決定하는 일도 아니다.
單純한 '하나'는 그로부터 多를 생기게 할
수가 없고, 또 單純한 多는 또한 '하나'일
수 없는 것이기 때문이다. 다만 實體의 數量
問題는 앞서 말한 바와 같은 '多樣의 統
一'(unity in multiplicity)의 의미에 의해서만
解決할 수 있게 될 것이라고 보는 것이다.
그러면 이러한 現象의 多樣을 統一하는 實
體란 어떠한 性質을 가진 것인가? 곧 精神
的인 것인가? 그렇지 않으면 다른 어떤 것일
까라는 問題가 새로 제기되어야 할 것이다.

하나와 多

多樣의 統一

셋째 조각 無限論과 有限論
(Infinitism and Finitism)

§ 145, 世界의 實體的 本質이 無限이 아
니면 아니 된다고 하는 주장은 그레시아 哲學

Thales
(c. 624/40~546 B.C.)

Anaximenes
(546. B.C.
경활동~525 B.C.)

Anaximandros
(610~546 B.C.)

Windelband
(1848~1915)

Melissos
(c. 480~c. 400 B.C.)

Xenophanes
(B.C. 6)

의 初級에까지 소급할 수 있다. *Thales*는 無限의 물의 바다로, *Anaximenes*는 一切를 包括하는 無制限의 '空氣'를 '原質'(Urstoff)로 하려고 하였다. 곧 그에게 있어서 宇宙의 原質은 物의 周圍를 에워싼 無限한 空氣의 바다(……endlosen Luftmeer)이었다. 그러나 이 두 사람 사이에서 一切가 될 수 있는 唯一의 것, 곧 世界의 原質은, 그것이 無制限의 變化와 生成에 다함이 없기 때문에 '無限'(to apeiron)이라고 생각하지 않으면 아니 된다고 하는 것을 槪念的으로 말한 이는 *Anaximandros*다. 그에 의하면 世界 原質(Weltstoff)은 本是 '하나'(das Eine)이며 또 당연히 無限이 아니면 아니 되기 때문에, 그것은 有限的인 變化(Wandlung)와 生成(Erzeugung) 사이에는 있을 수 없다고 結論하였다. 이와 같이 世界의 無限과 不定을 주장하는 입장을, *Windelband*에 의하여 無限論(Infinitismus, die Lehre von der Unendlichkeit der Welt)이라고 부를 수 있다. (以下 *Windelband*의 「哲學 槪論」에 依함)

§ **146,** 이 無限論이 앞서의 單元論과 必然的으로 結合한다고 하는 것을 喝破한 이는, 엘레아學派(*Eleatics*)의 한 사람인 *Melissos*다. 그는 국한된 存在(有)는 決코 唯一한 것이 될 수 없다고 하였다.(Ein begrenztes Sein-kann nicht das einzige sein.) 그러나 Eleatics의 祖인 *Xenophanes*와 *Parmenides*는 그레

시아의 傳統的인 世界觀에 좇아서, 實在를 '完全히 둥그런 世界의 球'(die wohlgerundete Weltkugel)라고 생각하였다. 그 以來로 그레시아 사람들의 생각에 의하면, 모두 現實的으로 있는 것은, 일정한 모습을 갖고, 꼴이 있다. 따라서 보다 높고 또 보다 完全한 眞實在(das wahrhaft Wirkliche)는 훌륭히 整形되고 또 모아진 것이 아니면 아니 된다. 無限하여 모아짐이 없는 것(das Endlose, das niemal Fertige)은 決코 實在하지 않는다. 왜 그러냐 하면 無限者(das Unendliche)는 우리에게 생각도, 또 直觀도 안 되기 때문이다. 거기서 Eleatics 및 그 後繼者들은 無限의 空間을 '非有'(das Nichtseiende)라고 생각하였다. 無限者(das Unendliche)는 그들에게 있어서 하나의 可能態(das Mögliche)이며, 아직 未整者(das noch nicht Fertige), 未完成者(das Unvollendete)에 지나지 않는다. 그러므로 實在 自身은 항상, 形成되어 있지 않으면 아니 된다.(Das Wirkliche selbst ist immer geformt und gestaltet) 限界를 가지지 않는 것(das Unbegrenzte)은 스스르 規定도 되지 않는 것(das Unbestimmte)이다. 質的으로 無規定한 것(die qualitative Unbestimmtheit)은 동시에, 空間的인 無制限이 되고, 또 暗黑(das Finstere), 空虛(das Öde), 無虛(das Nichts) 등을 의미한다. Platon은

Parmenides
(544~501 B.C.)

Platon
(427~347 B.C.)

이러한 非有 곧 虛한 空間에 대하여 말하고 있다. 그것은 知覺할 수 없으며 또 思惟할 수도 없다. 따라서 認識과 表像의 對象이 되지 않는다.

§ **147,** 위와 마찬가지로, Aristoteles를 따르면, 單純한 可能態로서의 資料(Materie, Hyle)는 制限이 없는 無規定한

Aristoteles
(384~322 B.C.)

(memo 29.)

것이다. 이에 反하여, 眞實在는 곧 純粹한 形相(Form, Eidos)에 있어서, 곧 神에 있어서, 또 Entelekheia(圓現)에 있어서의 眞實在는, 스스로 規定하고, 스스로 制限하는 特殊 本質(Einzelwesen)이라고 생각된다. 그레시아의 學問이나 藝術에 一貫된 이러한 생각은, 두말할 것도 없이 그레시아 사람들이 形態를 존중한 증거인 것이다. 그들은 '눈

der Grieche

눈의 사람

의 사람'(Ein Augenmensch)이었다. 진실로 그들은 눈으로써 살았다고 할 만하다. 그들의 認識은 視覺(ein Schauen)이었고, 形態에 대한 感受였다. 그들의 藝術은 그러므로 눈의 藝術, 形態를 즐기는(die gestaltenfrohen) 藝術이었다. 이 形態의 藝術에 있어서만 實在의 모아진 事物이 祝福받은 生命을 完遂할 수 있다고 생각되었다.

§ **148,** 이와 같이 古代 그레시아의 思想에 있어서는 有限한 것을 眞實在라고 보고, 無限者는 다만 未整理의 不完全한 第二次的인 存在로밖에 생각되지 않았는데, 우리

는 그들의 '萬物의 回歸'(Wiederkehr aller Dinge) 思想에서 그 片鱗을 엿볼 수 있다. 그들은 萬物이 同一한 形態로 永久히 反復하는 것이라고 생각하였다. *Epicurean School* 에 있어서는, 宇宙는 有限한 元子(Atom)의 結合으로부터 成立되었기 때문에, 無限한 時間 속에서는 同一 結合을 反復하지 않을 수 없다고 하였고, *Stoic School*에 의하면 世界는 神火(Pneuma)에서 나와, 다시 神火로 돌아가고, 또 神火에서 再生한다. 그런데 그 再生은 神들도 그 앞에서는 無力한, 하나의 不可抗的인 힘 곧 運命(Heimarmene)과 Logos와의 必然에 따르기 때문에, 再生의 世界는 필경, 前世界의 反復일 수밖에 없는 것이다.

§ 149, 그러나 <u>그레시아</u> 傳來의 人生觀은 그 뒤 宗敎時代에 싹튼, Alexandrian philosophy에 이르러 根本的인 變更을 가져오게 되었다. 일찍이 <u>그레시아</u>의 神들은 스스로 完成하고 빛나는 모습을 가지고 現實的으로 나타났으나, 이제 와서 神은 멀리, 現實의 世界의 彼岸에로 물러서고 말았다. 그래서 接近할 수조차 없이 되고, 또 말할 수도, 볼 수도 없는 것이 되어 버렸다. 神은 性質도, 限定도, 規定도 없다는, 이른바 否定 神學(ne-gative Theologie)이 擡頭하게 된 것이다. 더욱 神秘 思想(Mysticism)이 나타나, 人間

萬物의 回歸

Epicurean School

Stoic School

宗敎 時代
B.C.I.－A.D.I.

否定 神學

神

Hellenism과
Hebraism

Nietzsche
(1844~1900)

永劫 回歸

에게 있어서나, 神에게 있어서나 意志(Wille)
야말로 最高 窮極의 것이라고 가르쳤다. 知
性(Intellekt)은 본래 規定된 것, 有限的인 것
(das Bestimmte, Begrenzte)이지만, 意志는
無限한 것, 無規定的인 것(das Unbegrenzte,
Unbestimmte)이라고 생각하였고, 거기서 絶
對의 意志는 다함이 없는 全知全能의 神이
라고 생각되었다. 이러한 思想은 물론 그레
시아 사람들의 固有의 것이 아니고, Hebraism
의 影響을 받아서 形成된 것이지만, 이로부
터 西洋에 있어서의 有限論과 無限論의 對
立은 필경 Hellenism과 Hebraism과의 對立·
相克·調和를 底流로 하면서, 마치 振子
運動처럼 두 契機間을 來往하였다고 볼 수
있다. 하나가 前進하면 또 하나는 後退한다
는 公式을 反復하면서 오늘에 이른 것이다.
中世紀의 神學的·無限論的 思想을 거쳐,
近世의 人間的·有限論的 思想 系流는 *Nie-
tzsche*에게 이르러, 하나의 結論을 얻은 感을
주었으나, 그가 만년에 前記한바, '萬物 回
歸'의 思想을 追憶하여, 이를 倫理的으로
脚色하여 再生시킨, '永劫 回歸'의 思想(der
Ewige – Widerkunft – Gedanke)이 곧 그것이
다.(여기에 對해서는 이미 「現代 哲學의」
Nietzsche 思想에서 상론되었다.) 그와 동시
에 現代 哲學도 역시 人間 存在의 有限性
과 時間性을 甚히 强調하여, 西洋 傳來의

有限論 思想을 復活시킴과 동시에 한 걸음 더 나아가, 人間의 有限性 또는 極限 狀況의 實存的 體驗을 통하여, 새로운 世界에의 超越과 開拓을 위한, 生死 決斷과 偉大한 飛躍에의 발판을 求하려는 눈부신 模索을 계속하고 있다.(여기에 대해서도 이미 現代 哲學 中의 「實存 哲學」에서 상론되었다.)

열한째 가름

實在의 本質論

첫째 조각 唯物論(Materialism)

§ 150, 唯物論에 있어서는, 物質과 精神과의 둘 中에서 특히, 物質의 優位를 주장한다. 곧 存在의 窮極的 原理, 또는 本質은 物質이며, 一切의 事件은 모두 物質的 過程이며, 物理的 過程이다. 따라서 모든 生成은 物質的·物理的인 過程에 基礎를 두고 있는 것이다. 唯物論의 입장에서는, 精

Demokritos
(c. 460〜c. 370 B.C.)

Thales(624/40〜546)

Herakleitos
(c. 540〜? B.C.)

物活論

神의 自律性이나 自存性을 認定할 길이 없다. 精神 現象은 항상 어디서나, 物質 現象의 隨伴 現象에 지나지 않는다. 人間의 意識 및 그 變化는 필경 物理的 法則에 말미암고, 그것이 의존하고 있는 有機體의 機械的 關係에 의해서만 설명되는 第2次的 現象에 불과하다.

§ 151. 우리가 오늘날 말하는 엄밀한 의미에 있어서의 唯物論이라고는 할 수 없으나, 이러한 思想의 萌芽는 古代 그레시아의 *Demokritos*의 元子論(Atomism)에 나타나 있다고 볼 수 있다. 그보다 앞서 또 *Ionian School*의 *Thales, Anaximenes, Herakleitos* 등도, 宇宙의 根源的인 것을 各各 물, 空氣, 불 등의 物質에 의하여, 規定하려고 한 의미에서 唯物論者였다고 말할 수도 있을 것이다. 그러나 그들은 한결같이 아직 物質과 精神과의 명백한 구별을 말하지 않고, 物體 가운데도 生命, 곧 精神을 인정하기 때문에 이를 특히 物活論(Hylozoism)이라고 불러, 단순한 唯物論과는 구별하는 것이 보통이다.

§ 152. *Epicurean School*의 주장은 機械的 唯物論이며, *Stoic School* 그것은 有機的 唯物論이다. 그러나 이러한 唯物論的 思想이, 엄밀한 學的인 一元論的 唯物論으로서 구성된 것은 近世에 이르러서다. 그리고 唯物論의 擡頭에 결정적인 拍車를 加한

것은 自然 科學의 勃興이다. 近世 哲學에
들어와서, 單元論的 唯物論은 영국어서 發
生하고, 18世紀의 프랑스 哲學에서 그 絶
頂에 이르다가, 도이취 哲學으로 넘어가면
서 더 거세게 展開되었다. 그 先驅者는 영
국의 Hobbes인데, 그에 의하면, 一切의 自
然 現象은 물론 心理 現象, 社會 現象 따
위도 모두 物質 運動에 歸着시킬 수 있고,
또 시켜야 한다. 知, 情, 意 등 人間의 精
神 活動은 腦髓의 機能에 지나지 않는 것
이다. 그러므로 그것은 原因·結果의 機械
的 說明에 의하여 밝혀진다고 보아야 한다.

§ 153, 그것이 그 뒤에, 心的 狀態가 身
體에 依存하고 있다는 것에 關한 새 知識이
增加함에 따라, 唯物論的 理說은, 점차로
特殊 樣式을 取하게 되었다. 自由 思想家
인 John Toland는, 맛이 혀의 機能인 것처
럼, 思惟는 腦髓의 機能이라고 하였고, Robert
Hook는, 記憶을 腦髓에 있어서의 槪念의 物
質的 貯藏(a material storage)이라고 보고,
한 어른이 그 生涯를 두고 獲得하는 觀念의
總數는 約 2,000,000가량 되며, 顯微鏡으로
보면 腦髓가 그 觀念의 全部를 收容할 수
있는 풍부한 장소를 가지고 있다는 것을 알
수 있다고 하는 재미있는 斷言을 하고 있다.

§ 154, 그 다음에 18世紀에 일어난, 프랑스
唯物論의 代表者는 La Mettrie와 D'Holbach다.

自然 科學의 勃興

Hobbes
(1588~1679)

Toland
(1670~1722)

Hook,
(1635~1703)

La Mettrie
(1709~1751)

軍醫이던 La Mettrie는 그 有名한 著書 「人間機械論」(L'homme machine - 1748)에서, 人間은 物理的 法則에 支配되는 한낱 機械며, 따라서 思惟는 物理的 原因의 成果, 곧 物質의 所産이며, 결국 物質이 생각하는 것이라고 하였다. 그에 따르면, 精神이라고 하는 物質이 思惟 能力을 가지고 있다고 하는 것은, 實로 생각하기 어려운 일이지만, 그러나 이해하기 어려운 일은 이 外에도 얼마든지 있지 않느냐는 것이다. 臨床經驗이나 比較 解剖學에 있어서의 많은 사실은, 心的 過程이 의존하고 있다는 것과, 精神이 身體에 그 영향을 미칠 수 있는 것은 腦髓의 一部分뿐이라는 것을 증명하고 있다.

D'Holbach
(1723~1789)

§ 155, D'Holbach는, 唯物論의 聖典이라고 일컬어지는 그의 著 「自然의 體系」(Systeme de la nature - 1770)를 통하여 超自然主義(Supernaturalism) 思想의 어떠한 形態에도 反對하고 있다. 그에 의하면, 世界는 因果 關係에 의한 嚴密한 連鎖로부터 된 機械이며, 따라서 機械的인 自然 現象만이 참된 存在다. 人間이란, 곧 身體이며, 靈魂 따위는 存在하지 않는다. 精神的, 超自然的인 世界는 특수한 物質 現象에 지나지 않으며, 原子의 引力과 斥力에 의존하고 있을 따름이다. "精神은 어떤 機能 또는 힘으로 看做된 身體에 지나지 않는다"고 그는 말한다.

§ 156, 그 뒤 1世紀하여 唯物論은 도이췰에 그 勢力을 회복하였다. Kant 直後의 浪漫 主義的 唯心論에 對한 反動과 心身의 關係에 관한, 많은 새로운 觀念과 實驗

의 影響에 의하여 再興을 보게 된 것이다. 19世紀의 이른바 俗流 唯物論(vulgarized materialism)의 한 사람인 Karl Vogt는 "思想 의 腦髓에 대한 關係는, 膽汁의 肝臟에, 오 줌의 腎臟에 대한 關係와 거의 같다'고 하 여, 思想은 腦髓의 分泌物에 지나지 않음 을 말하고 있으며, *Jakob Moleshott*도 思想 은 腦皮質(cerebral cortex)에 있는 燐素에 依하며, 世界는 根本的 物質 運動이라고 主張하였다. 그에 의하면, 唯物論者는 힘과 物質, 精神과 身體, 神과 世界와의 一致를 확신한다. 그리고 한 個의 人間이란 필경, 兩親과 乳母, 場所와 時間, 空氣와 氣候, 소리와 빛, 食物과 衣類와의 總計에 불과하 다. 그리고 우리는 우리를 戲弄하는 一呼吸 의 노리개에 지나지 않는다는 것이다. 그리 고 Büchner에 의하면, 힘이 없으면 物質이 없고, 物質이 없으면, 힘이 없다. 힘과 物質 은 唯一의 實在의 兩面이다. 靈魂이란 腦 髓 作用의 別稱이며, 따라서 腦髓와 더불 어 消滅한다. 精神은 物質과 結付되어 있고 自存할 수 없다. 人間은 自然的 進化의 所 産이며, 그 意志나 行爲는 이미 決定되어 있는 것이다.(決定論) 그는 一切 現象을 說 明하는 데에 Energie 恒存의 法則(Prinzip der Erhaltung der Energie)을 基礎로 하고 있다.

§ 157, 또 다른 面에서, *Hegel*의 思辨 哲學

俗流 唯物論

Vogt,
(1822~1895)

Moleschott,
(1822~1893)

Büchner,
(1824~1899)

Hegel

(1770~1831)
(memo 31.)
(memo 6.)

Feuerbach
(1804~1872)

변증법적 유물론
(memo 20.)

Engels,(1820~1895)

유물론적 변증법
(memo 26.)

Marx,
(1818~1883)

Production relation

(spekulative Philotophie)에 대한 反動이 *Hegelian* 中의 左派에서 일어났다. 그 先頭에 서는 者는 **Feuerbach**다. 그는 實體를 自然的·個體的·偶然的인 自然界의 個物이라고 하고, 精神은 다만 自然의 '他在'(Anderssein)에 지나지 않는다고 하여, 辨證法的 唯物論(dialektischer M.)을 唱導하고, 人間은 단순히 '먹기 위한 者'에 지나지 않는다고 하였다. 이 思想이 19世紀 後半의 唯物論思想의 源泉을 이룬 것이다. *Feuerbach*의 決定的인 영향을 받은 者는 **Karl Marx** 및 *Friedrich Engels*다. **Hegel**이 歷史를 일러, 絕對的 理念의 辨證法的 發展이라고 한 理論에 反對하고 Marx는 歷史는 物質的 經濟 生活의 辨證法的 發展이라고 하여, 唯物論的 辨證法(materialistische Dialektik)을 主張한다. 人間에게 있어서는, 經濟 生活이 그 基底이며, 社會的, 政治的, 精神的 生活 過程 一般(上層構造 — Oberaufbau)은 필경, 그 根柢가 되고, 그의 이른바, 下層 構造(Unterbau)인 經濟的인 生産 方法에 의하여 制約된다고 하는 것이다. **Marx**에 의하면, 人間에게 自律的, 自主的 意志는 없다. 그는 "人間의 意識이 人間의 存在를 規定하는 것이 아니고, 오히려, 그와 反對로 人間의 社會的 存在가 人間의 意識을 規定하는 것"(Es ist nicht das Bewuss'sein der Menschen, das ihr Sein, sondern umgekehrt ihr gesellschaftliches Sein, das ihr Bewuss'sein bestimmt.)이라고 말하였다. 더욱 社會의 發展은 그 根柢를 이루는 物質的 生産力(productive force)이 生産 關係와

矛盾함에 이를 때 辨證法的으로 發展하는 것이라고 主張하는 것이다.

§ 158, 우리는 위에서 본 바와 같이, 唯物論에는 여러 가지로 다른 內容이 있으므로, 一律的으로 말할 수 없으나, 우리는 이에 대하여 엄격한 批判을 加하지 않으면 아니된다. 物質 現象은 空間的 延長을 갖는 것이지만, 精神 現象이 決코 '物'이 아님은 두말할 것도 없다. 동시에 精神 現象은 하나의 過程이며, 機能이며, 固定한 事物이 아니다. 그러나 精神 作用의 특징은 志向性(Intentionalität)에 있다. 곧 어떤 것에 대한 意識이다. 精神의 秩序는 物質의 그것과는 다른 領域에 속하며, 따라서 그 性質을 달리하고 있는 것이다. 그러므로 어느 것 하나에 의하여 다른 하나를 설명하고, 또 다른 하나를 어느 것 하나에 還元시키려고 함은 큰 잘못이며, 兩者를 동일한 地平에서 생각하려고 하는 謬見이다. 그리고 또 이 입장은 精神을 物質과 똑같이 機械的·因果的으로 解明할 수 있다고 하는, 許容하기 어려운 獨斷에 떨어지고 있다고 할 것이다. 人間의 生命 現象, 意識 現象은 단순히 合理的·機械的으로 설명하고 처리할 수 없는 獨自的인 面을 가지고 있다. 이를테면 意志의 自由(The freedom of the will)는 物質的인 것은 물론 어떠한 것에도 支配·制

Produktionsverhältnis

批判

志向性

意志의 自由

約되지 않는 能動的인 自律性을 갖는 것이며, 따라서 物質 現象의 機械的 因果性 속에서는 絶對로 찾아낼 수 없는 것이다.

§ 159, 그러나 이것은 精神 作用과 物質 作用이 전혀 無關係하다는 것을 말하는 것이 아니다. "物質에서 精神이 생긴다"라고 하는 唯物論의 公式은, 物質이라고 하는 原因에서 精神이라고 하는 결과가 생긴다고 하는 의미로 생각할 수 없는 것이다. 왜 그러냐 하면 因果律은 物質的인 것에만 타당한 法則이며, 따라서 物質이라고 하는 原因으로부터 전혀 異質的인 精神이 結果한다고 하는 것 自體가 矛盾이기 때문이다. 우리의 精神 作用이 神經 作用이나, 大腦 作用의 機能으로서 나타난다고 하는 것은 부정할 수 없는 生理學的 事實이다. 단순한 '物'에 精神 作用이 깃들어 있다고는 생각할 수 없으나, 物質 作用 없이는 精神 作用은 있을 수 없다. 또 **辨證法的 唯物論**에 의하면, 歷史는 唯物 辨證法的 發展을 하는 것이며, 人間의 觀念, 思想, 目的 등이 歷史의 動力이 아니고, 上層 構造라고 일컫는 政治, 宗敎, 哲學 등등의 文化現象 곧 歷史는 下層 構造인 經濟 關係 –生産力– 에 의하여 制約된다. 理論은 自律的 普遍 妥當的인 것이 아니고, 반대로 他律的인 歷史的·社會的·階級的인 것 곧 'Ideologie'(社會的 意識形態)다. 經濟 生活이 人間 生活의 中心 또는 主要 部門임은 두말할 것도 없다. 그러나 歷史의 原動力이 단순히 이러한 經濟 關係, 生産力만이고, 다른 어떠한 것도 필요하지 않는 것이라

物質作用과
精神作用

prductive force
Produktionskraft

Ideologie

歷史의 原動力

고 할 수 있을까? 바꾸어 말하면 自然·必然 的인 辨證的인 發展 法則에 의해서란, 歷史가 發展할 수 있다고 한다면, 그것은 自然的 世界이지, 歷史는 아닐 것이다. 歷史는 人間이 創造하는 것이다. "必然의 옆에 自由가 서 있다"라고 하는 歷史에 대한 규정은 至言이라고 아니 할 수 없다. 여기에 自由라고 하는 것은 他에 의하여 制約되지 않는 것, 어떠한 法則에도 支配되지 않는 것이며, 오히려 必然을 斷絶하는 것, 法則을 突破하는 것이기도 한다. 歷史는 항상 現實과 意識과의 辨證法的 統一에 의하여 發展하는 것이다. 唯物論은 存在의 原型을 物質 곧 物體에 있어서 찾는 것이며, 따라서 物質 以外의 存在를 모조리 物質에 還元시켜 人間精神의 主體性(subjectivity)과 自律性(autonomy)을 전연 부정하는 입장임에 틀림없다. 그러나 人間의 精神的 事實은 決코 그렇지가 않은 것이다. 우리는 도저히 거기에서 마음의 만족을 얻을 수 없는 따라서 그 입장에는 편들 수 없는 것이다.

§ 160, 그리고 認識論的으로도 唯物論은 素朴 實在論에 떨어지고 있다고 아니 할 수 없다. 왜 그러냐 하면, 唯物論은 無批判的으로 物質의 獨立的 存在를 確信하고 있기 때문이다. "物質이 存在하고 있다"고 主張할 때, 이미 存在에 앞서서 우리는 認識을

自由

歷史

naive realism
naiver Realismus
realisme naif

精神과 物質

豫想하지 않으면 아니 될 것이다. 認識을 기다려서 비로소 存在를 주장할 수 있는 것이다. 認識 곧 精神 作用을 예상하지 않고 存在만을 말할 수는 없다. 그러므로 精神의 存在는 物質의 存在에 先行하는 것이 아니면 아니 된다. 물론 精神은 物質 없이는 作用할 수 없는 것이지만, 物質은 또한 그 以上으로 精神 없이는 存在할 수 없는 것이다. 물론 '物'을 떠난 마음의 存在는 있을 수 없다. 그러나 동시에 마음을 떠난 '物'의 存在를 주장함은 또한 큰 獨斷이 아닐 수 없는 것이다.

Du Bois-Reymond
(1818~1896)

§ 161, 이로써 보건대 唯物論의 主張과 같이 精神은 단연코 物質에서 發生하는 것이 아니다. 곧 物質 現象을 가지고 精神 現象의 原因이라고 하는 說은 誤謬일 수밖에 없는 것이다. 일찍이 生理學者 Du Bois-Reymond는 '宇宙의 수수께끼'(Die sieben Weltraetsel-1880)를 들고, 그 中에서 生命의 起源, 有機體의 合目的性, 思惟와 言語의 發達 등 세 가지는 이를 自然科學的으로 說明할 수 있으나, 物質과 힘과의 本質, 運動의 原因, 感覺과 意識과의 生起 및 意志의 自由 등의 네 가지는 "알 수 없고 또 永久히 알 수 없으리라"(ignoramus et ignorabimus)고 하여, 自然 科學的 見地에 있어서의 不可知論을 제창한 바 있다. 唯物論은 과연 이 Du Bois-Reymond의 不可知論을 부정할 수 있을 것인가?

(memo 30.)

agnosticism
Agnostizismus
agnosticisme

§ 162, 俗流 唯物論者의 主著

① Jacob Meleschott(1822〜1893) 홀랜드에
 서 난 <u>도이취</u>의 生理學者.「生命의 循
 環」(Der Kreislauf des Lebens) 1852,

② Karl Vogt(1817〜1895) <u>도이취</u>의 動物
 學者.「迷信과 科學」(Köhlerglaube und
 Wissenschaft) 1854,

③ Ludwig Büchner(1824〜1899) <u>도이취</u>
 의 醫師.「힘과 質料」(Kraft und Stoff)
 1855,

§ 163, Ludwig Andreas Feuerbach의 主著

1.「죽음과 不死에 관한 思想」(Gedanken
 über Tod und Unsterblichkeit) 1832,

2.「베이컨에서 스피노자에 이르는 近代
 哲學의 歷史」(Geschichte der neueren
 Philosophie von Bacon bis Spinoza)
 1833,

3.「헤겔 哲學 批判」(Zur Kritik der He-
 gelschen Philosophie) 1839,

4.「基督教의 本質」(Das Wesen des Chri-
 stentums) 1841,

5.「將來의 哲學의 原理」(Grundsätze der
 Philosophie der Zukunft) 1843,

6.「宗教의 本質」(Das Wesen der Religion)
 1845,

主著

둘째 조각 唯心論(Spiritualism)

§ 164, 唯心論은 物質에 對하여 精神의 優位를 주장한다. 곧 精神이야말로 一切의 것의 窮極的 本質이며, 原理이며, 모든 生成도 또한 精神的인 것이라고 한다. 物質的인 것은 독립한 根源的인 것이 아니고, 精神 現象의 隨伴 現象 이상의 것이 아니다. 따라서 物質的인 것은 精神的인 것의 第2次的, 間接的인 것에 지나지 않고, 物質 現象은 곧 精神 現象 이외의 것이 아니라고 한다. 唯心論의 歷史에도 많은 變遷과 發達이 있으나, 가장 소박한 理論은 自然 現象의 世界 가운데에도 精神的 性質을, 곧 生命을 인정하려고, 한 古代 그레시아의 *Thales, Anaximandros, Herakleitos* 등의 立場으로, 이는 앞에서도 말한 바와 같이(§151), 物活論(Hylozoism)이라고 불리는 것이다. 그 뒤 *Platon*은 그의 Idea 說(Ideenlehre)에서 唯心論의 端緒를 말한 것이라고 볼 수 있으나, 엄밀한 意味에 있어서 近世에 있어서의 그것과는 커다란 거리가 있는 것이다. 唯心論은 近世에 이르러 비로소 그 組織的 體系를 形成하였으니, 唯物論보다도 뒤늦게 發展한 셈이다.

§ 165, 近世에 있어서 唯心論의 先驅가 된 것은 17世紀의 **Malebranche**다. 그는 一切의 原

Hylozoism
Platon

Herakleitos von

Ephesus(536∼470)

Malebranche
(1638∼1715)

因을 神意에 돌리고 物과 物, 物과 마음과의 相
互的인 直接的·必然的인 부정을 부정하고 그
것을 다만 偶然的·機械的인 관계에 지나지 않
다고 하였다. 外見上의 物·心의 相互 依存은
神의 超自然的 干涉의 단순한 機緣에 지나지
않는다. 萬象은 神 가운데 Idea(理念)로서 內在
(Immanenz)하고, 우리는 神에 있어서 存在하고
思惟하고 또 거기에서 萬有를 본다고 하여 萬
有(內)在神論을 主張하고, 理性論(Rationalism)에
서 떠나 神秘 主義(Mysticism)에 접근하였다. 다
음에는 **Berkeley**는 *Locke*의 經驗論(Empiricism)
에 입각하여 마침내는 唯心論에 도달하였다. 곧
*Berkeley*에 의하면, 一切의 '物'은 人間으 知覺
의 産物이며 '物'이란 그것의 屬性인 色·香·
味·音·硬軟 등의 複合體이며, 物의 存在란
이러한 物의 屬性이 知覺되는 일 以外에 다른
것이 아니다. 그의 有名한 말-"存在한다고 함
은 곧 知覺되는 일이다"(esse est percini)란, 곧
이것을 말한다. 그가 어디까지나 物質的 存在는
곧 精神的 存在이며, 참된 存在는 精神 自
體라는 것을 主張하는 限, 그의 理論은 唯
心論임에 틀림없다. 그리고 合理論者 Leibniz
는 眞實在를 精神的인 '單子'(monad, Monade)
라고 하고, 무수의 單子의 神密的인 '豫定
調和'가 곧 宇宙라고 하여, 唯心論的 思想
을 전개하였다. 곧 그는 無數의 單子를 가
정하여, monad는 精神的인 不可分割者이
며, 그 自體에 있어서 存在하는 獨立 自存

Pantheism

Berkeley(1685~1753)

Leibniz(1646~1716)

pre-established
harmony.
prästabilierte
Harmonie.
harmonie

préétablie.
harmonia
praestabilita.

의 本體(noumenon)라고 한다. 그에 의하면 物質現象은 自存하는 것이 아니고, monad 의 特殊한 發見에 지나지 않는다. 따라서 物質의 本體는 低級한 單子이며, 神은 最初의 monad, 精神은 肉體에 대하여 支配的인 monad라고 하는 것이다.

§ 166, ※"우리가 여기서 말하는, Monad는 合成體를 構成하는 單純한 實體 以外의 다른 것이 아니다. 單純하다고 하는 것은, 部分이 없다는 것을 말하는 것이다."(The monad, of which we will speak here, is nothing else than a simple substance, which goes to make up composites; by simple we mean without parts—"The Mona-dology"—1714)

"精神은 精神 自身의 法則에 따르고, 肉體는 또 肉體 自身의 法則에 따른다. 그리고 精神과 肉體는 모든 實體 사이에 存在하는 豫定 調和에 의하여 서로 一致하며, 또 그것은, 實體가 원래 同一한 宇宙의 全 表現이기 때문이다"(The soul follows its own laws, and the body likewise follows its own laws, They are fitted to each other in virtue of the preestablished harmony between all substance, since they are all representations of one and the same universe.—ditto.)

§ 167, *Kant*를 繼承하여 그의 觀念論的 側面을 크게 발전시킨 Fichte는, *Kant*의 '物自體'(Ding an sich)를 否定해 버리고,

Fichte(1762~1814)

絶對我

‘絶對我’ 곧 ‘純粹我’(reines Ich)를 絶對的
인 것이라고 하고, 純粹我가 全 宇宙를 創
造한 것이라고 하는 점에서, 唯心論者라고
할 수 있다. Hegel에 있어서도, 宇宙의 根
本的 實在는 絶對者(das Absolute)다. 그에
의하면 絶對者란 理性, 精神이며, 神이다.
世界란 이러한 神의, 곧 絶對者 곧 理性의
辨證法的 自己表現에 불과하다. 理性은 ‘卽
自的’(an sich) → ‘對自的’(für sich) → ‘卽且
對自的’(an und für sich)으로 무한의 辨證
法的 發展을 수행한다. 이와 같이 存在는
모두 理性에 一致한다. *Hegel*의 自然은 理
性의 對自的 狀態이며, 理念의 外化 곧 自
己 疏外(Entfremdung seiner selbst)가 自然
이다. 理念이 自己를 부정하여 理念 아닌
것이 된 것이 곧 自然이며, 이른바 他在
(Anderssein)의 形式에 있어서의 理念이며,
理念의 自己 自身으로부터의 頹落이다. 그
리고 Schopenhauer에 따르면, 人間의 本
源的인 實在는 ‘盲目的인 存在 意
志’(blinder Wille zum Leben)이며, 理性은
第2次的인 것에 지나지 않는다. ‘살려고 하
는 盲目的인 意志’야말로 人間에게 있어서
뿐 아니라, 動植物에 이르기까지의 一切의
生命體에 있어서의 窮極的 · 本源的인 實在
인 것이다. *Schopenhauer*의 이러한 철저한
主意 主義(Voluntarism) 思想을 繼承 發展

Hegel
(1770~1831)
(memo 26.)

Schopenhauer
(1788~1860)

시켜, 人間의 '權力 意志' (Willer zur Macht)를 說하고 혹은 生命의 哲學을 주장하여, 合理 主義(Rationalism)에 反對하고, 直觀(intuition)으로써 眞理를 파악하려고 한 이가 곧 Nietzsche다. 위의 여러 가지 理論 體系는 그 表現과 方法의 差는 있을지언정, 모두 唯心論의 範疇 속에 넣어 생각할 수 있는 것이다.

§ 168, 唯心論은 그 原型을 近世 哲學의 理性에 관한 理說에서 찾을 수 있다. "나는 一切에 대하여 疑心할 수 있다. 그러나 내가 생각하고 있다는 것은 疑心할 수 없다"(I may doubt about everything else, but I can not doubt that I think.)고 하여 結局 "나는 생각한다. 그러므로 나는 存在한다"(I think, therefore I am.～Ich denke, also bin Ich.～Je pense, donc je suis.～Cogito, ergo sum)는 命題에서 발족한 Descartes 哲學에 확실히 唯心論의 맹아는 깃들고 있었던 것이다. Descartes는 意識만이 가장 '明晰하고도 判明한'(clear and distinct), 그러므로 疑心할 여지가 없는 存在라고 하고, 다른 一切는 相對的인 것으로서 그 存在를 懷疑한 것이다. 다만 意識 以外의 物質的 存在에는 第2義的 存在로서의 存在 理由를 賦與하였다. 곧 第1義的 存在인 意識에 의해서만, 物質은 存在하는 것이며, 따라서 意

Descartes
(1596～1650)

識 內容이 될 수 있는 것이라고 하여, 存在도 또한 意識的이며 精神的이라고 하였다.

§ 169. 그러나 物質은 단순히 第2義的 存在이며, 第1義的 存在인 意識에 의하여 비로소 存在의 이름이 주어진다고 하는 唯心論의 論據는 存在의 accent를 意識 내지 理性의 側面에만 두는 것이므로, 거기에 또한 스스로의 限界를 벗어날 수가 없게 되는 것이다. 그들에 의하면 意識은 超時間的·超空間的이며, 不變的·永遠的이며 이러한 것만이 絶對的 存在다. 따라서 超時間的·超空間的인 意識은 絶對的 存在가 아니면 아니 된다고 主張하는 것이다. 그러나 存在란 본래 단순한 形式的·抽象的인 것이 아닐 것이다. 理時·空的인 永遠한, 內容이 없는 空虛한 存在를 말의 本義에 있어서, 存在라고 이를 수 있을까? 存在란 時間的인 것, 空間的인 것, 참으로 具體的인 것이 아니면 아니 되는 것이 아닌가? 그리고 存在란 認識됨으로써, 비로소 알려진다는 것, 곧 存在의 認識 可能性이라고 하는 것은, 存在의 形式的인 規定이긴 하지만, 決코 그것의 具體的인 存在論的 規定性이라고는 할 수 없다. 事物의 存在는 認識論的으로가 아니고 存在論的으로 吟味되어야 할 것이다. 그럴 때, 우리는 存在를 단순히 理論的으로가 아니고, 具體的으로 곧 精神的인

唯心論 批判

認識論的
存在論的

것으로서가 아니고, 오히려 物質的인 것으로서 올바르게 認識하지 않으면 아니 될 것이다. 그리고 또 精神이 어떻게 異質的인 物質을 産出하는가를 우리는 알 길이 없는 것이다. 이것은 마치 앞에서 唯物論이 어떻게 物質이 異質的인 精神을 産出하는가라는 aporia(難問, 無通路)에 부딪쳐 難破한 것처럼, 바로 唯心論에 있어서도, 역시 難破의 aporia임에 틀림없는 것이다.

§ 170, '物質은 思惟의 産物이다'라고 할 때, 그것은 어디까지나 생각된 것이며, 觀念된 物質이지, 現實에 存在하는 物이 될 수 없는 것이 아닌가? 통틀어 一切를 物質에 還元하려고 하는 唯物論이 오류라면 또 모든 것을 精神으로 귀착시키고, 따라서 物質의 自律性을 부정해 버리려고 하는 唯心論도, 또한 偏狹한 獨斷論(Dogmatism)의 非難을 免하지는 못할 것이다. 여기에 있어서, 精神과 物質은 서로 독립한 領域을 갖는 것이므로, 우선 이러한 二元의 世界를 二元으로서, 그대로 實體(substance)라고 인정하고 들어가려는 世界 解釋의 또 하나의 입장이 또한 당연히 생각되지 않으면 아니 될 것이다.

Leibniz

§ 171, Gottfried Wilhelm Leibniz의 主著

1, 「形而上學 講義」(Discours de metaphysique) 1686,

2, 「權利와 正義의 槪念」(De notionibus
   juris et justitiae) 1693,

3, 「第一 哲學의 改善과 實體의 槪念」
   (De primae philosophiae emendatione
   et de notione substantiae) 1694,

4, 「新體系」(實體의 本性 및 實體의 交
   通과 아울러 精神과 物體 間에 存在
   하는 結合에 對한 新體系(Systeme
   nouveau de la nature et de la commu-
   nication des substances, aussi bieu que
   de l'union qu'il y a entre l'ame et le
   corps) 1695,

5, 「보나쥬에의 書翰」(Lettre a Bosnage)
   1698,

6, 「自然 그 自體」(De ipsa natura) 1698,

7, 「人間 悟性新論」(Les Nouveaux essais
   sur l'entendement bumain) 1704,

8, 「辯神論」(神의 恩惠, 人間의 自由 및
   惡의 起源에 대한 辯神論-Essais de
   Theodicee sur la bonte, de Dieu, la
   liberte de l'homme et l'origine du
   mal) 1710,

9, 「單子論」(La Monadologie) 1714,

10, 「理性에 基한 自然과 恩惠의 原理」
    (Les principes de la nature et de grace
    fondes en raison) 1714,

11, 「認識, 眞理, 觀念에 關한 考察」(Medi-

Hegel

der Grundriβ   m.
die Grund linie   f.

Schopenhauer
(1788~1860)

tationes de cognitione, veritate et ideis)
1684(論文)

§ **172,** Georg Wilhelm Friedrich **Hegel**의 **主著**

1, 「피히테와 쉐링의 哲學 體系의 相異」
(Differenz des Fichteschen und Sche-
llingschen Systems der Philosophie) 1801,

2, 「精神 現象學」(Phänomenologie des
Geistes) 1807,

3, 「大論理學」(Wissenschaft der Logik,
2Bde) 1812~1816,

4, 「哲學的 諸科 集成」(Enzyklopädie der
philosophischen Wissenschaften im
Grundrisse) 1817,

5, 「法律 哲學 綱要」(Grundlinien der Phi-
losophie der Rechts) 1821,

§ **173,** Arthur Schopenhauer의 **主著**

1, 「充足 理由의 四 根據에 대하여」(Über
die vierfache Wurzel des Satzes vom
zureichen den Grunde) 1813,

2, 「視覺과 色彩에 대하여」(Über das Sehen
und die Farben) 1816,

3, 「意志와 表象으로서의 世界」(Die Welt
als Wille und Vorstellung) 1819,

4, 「倫理學의 두 개의 根本 問題」(Die beiden
Grund-probleme der Ethik) 1841,

5, 「附錄과 追加」(Parerga und Paralipomena)
1851,

셋째 조각 二元論(Dualism)

§ 174, 唯物論이나, 唯心論이나는 각각 他를 自己에게 一律的으로 還元시키려고 하는 편협한 理論이며, 따라서 이러한 입장에서는, 精神과 物質과 같이 異質的인 것은, 그 어느 理論에 있어서도 결국 融合 調和할 수 없는 파탄을 초래하지 아니하지 못하였다는 것을, 우리는 그 所論의 批判을 通하여 보았다. 여기에 있어서 이러한 aporia를 解決하는 길은 精神, 物質의 兩側에 각각 自律性을 인정하고, 그 두 가지의 根本的으로 異質的인 存在性을 허용하면서, 이러한 二元이 곧 宇宙를 構成하는 根本 原理라고 생각하는 입장이 아니면 아니 될 것이다. 이를 二元論이라고 한다.

§ 175, 이 理論은 무엇보다도 먼저 精神과 物質을 각각 獨立한 實體라고 보는 實體的 二元論으로 나타난다. 精神과 物質을 서로 대립시킨 二元論的 見解는, 이미 멀리 그레시아의 *Anaxagoras*에서 볼 수 있다. 그에 의하면 混沌한 무수의 物質은 精神에 의하여 秩序와 運動이 賦與된다. Platon은 Idea의 世界를 세워, 現實的·經驗的 世界는 生滅·變化의 假象의 世界이며, 이에 대하여 Idea의 世界는 普通的·永

Anaxagoras
(c. 500~c. 428 B.C.)

Platon
(427~347 B.C.)

遠 不變의 觀念的 世界이며, 이는 超經驗的인 眞知의 世界이며, 流轉 變化를 다하는 現象界는 Idea의 世界에 의하여 制約되고 限定된 世界에 지나지 않는다. 이와 같이 두 개의 世界를 區別·對立시키는 學說을 '二重 世界說'(Zweiweltentheorie)이라고 하거니와, 우리는 *Platon*의 Idea 說에서 그 두드러진 보기를 찾게 되는 것이다. 中世에 있어서는, 이것이 肉과 靈과의 심각한 對立으로 나타나, 결국 神學的 立場에서 靈魂의 絶對性을 주장함에 이르렀으니, 이 점 二元論的 立場이라기보다는 오히려 一元論的 立場이라고 할 만한 것이다.

§ 176, 그러나 二元論이 學的 體系를 가지고 組織된 것은 近世에 屬하는 일로서 *Descartes*에 由來한다.

Descartes는 精神的 實體와의 物質的의 實體와의 二元을 용인하고 精神(mens)의 屬性은 '思惟'(cogitatio)이며, 物體(corpus)의 그것은 '延長'(extensio)이라고 규정하였다. 그에 의하면, 이러한 異質的인 二元的 實體, 곧 精神과 物體와의 사이에 相互 作用이 成立하는데, 이를 媒介하는 것은 곧 腦髓 속에 있는 '松顆腺'이다. 松顆腺은 곧 '精神의 座'(seat of the soul, Sitz der Seele, siège be l'àme)다. 그러나 精神과 物體, 곧 靈과 肉과의 완전한 交互 作用은 결국 神

Descartes
(1596~1650)

Pineal gland
Zirbeldrüse
glande pinéale
glandula
pinealis

의 힘에 依存할 수밖에 없다고 한다. 이것
은 物·心 兩 實體의 相互 作用은 神이라
고 하는 絶對的인 實體에 종속하고 있다는
것을 말하는 것이다. 神은 精神·物體의 一
切를 超越한 絶對的 實體이며, 이에 對하
여, 精神과 物體는 相對的 實體로서 다만
독립하여 存在할 따름이다. 그에게 있어서,
精神과 物體는 어디까지나 異質的인 독립
된 實體이면서, 兩者는 相互 係用을 통하
여, 物體는 精神에, 또 精神은 物體에 影
響한다고 하는 것이다. 그러나 이러한 異質
物 間의 相互 作用에 대한 Descartes의 說
明은 반드시 充分하다고 할 수 없다. 여기
서 생긴 것이 機會 原因論(偶因論)이다.

Descartes(1596〜1650)

§ 177, 機會 原因論에 의하면, 精神과
物質의 相互 作用에 있어서 한편이 다른
한편에 作用한다고 하는 것은, 이른바 因果
關係를 의미한다. 그런데 因果 關係는 同
質의 것에만 妥當하고 異質的인 것에는 성
립하지 않는 것이다. 이러한 相互 作用의
理論은 Descartes 思想의 오류다. 그러므로
이 說은 物·心의 因果 關係를 부정한다.
곧 사람이 손을 움직이려고 하는 意志가 身
體에 影響을 준 다음에 손이 움직인다고
하는 것은, 있을 수 없는 일이다. 또 物的
刺戟이 그 原因이 되어, 事物이 보인다고

occasionalism
Okkasionalismus
occaslonalisme

Geulincx
(1625~1669)

Malebranche
(1638~1715)

하는 精神의 活動이 結果되는 것도 아니다. 兩者의 關係는 全然 없으며, 손을 움직이려고 하는 意志와 物的 刺戟은 오로지 神의 힘에 의한 것이다. 참으로 肉體的인 運動이나 精神 活動은 人間 그 自身의 힘이 아니고, 神의 絶對的인 힘이다. 참된 原因은 神이다. 그러므로 이 입장에 있어서는 精神과 物質의 相互 關係는 한편에 대하여 다른 한편이 단순히 機會 原因, 곧 偶因(causa occasionalis)이 되는 데에 지나지 않는다. 物的 過程이 일어나는 모든 機會에 神은 이에 對應하는 心的 過程을 생기게 하고, 또 心的 過程이 일어나는 모든 機會에 對應하여 物的 過程을 생기게 한다. 精神·物質 間에는 단지 '神의 助力'에 의한 並行이 存在할 따름이다. 이 說의 代表者는 *Arnold Geulincx*와 *Malebranche*다.

§ **178,** 그러나 이러한 機會 原因論이 事實的 問題로서 과연 정당한 주장이 될 수 있을 것인가? 精神과 物質과의 相關 關係는 사실상 可能하며 또 可能하지 않으면 아니 된다. 그런데 因果 關係가 同質的인 것의 關係 以外에는 成立하지 않는다고 하는 생각은 首肯할 수 없다. 오히려 因果 關係의 成立에는 同質, 異質은 問題가 아니다. 精神이 物體에 作用하고, 物體가 또 精神에 作用함은 당연한 일이며, 事實的 問

題로서 이를 否認할 길이 없는 것이다. 이리하여 相關論은 *Descartes*의 物·心 相關 關係의 理論을 肯定하게 되는 것이다.

§ 179, 二元論이 精神과 物質의 雙方을 實體라고 하고, 精神을 物質로, 혹은 物質을 精神에 還元하려고 하는 입장을 克服함으로써, 그들이 犯한 편협을 脫却하려고 한다고 함은, 우리가 이미 본 바이지만, 이로부터 結論되는 矛盾은 精神을 物質과 똑같이 實體로서 定立하려는 데에 있다고 하지 않으면 아니 된다. 物質을 實體라고 한다고 하더라도, 이는 現象의 背後에 存在하는 어떤 것이 아니고, 어디까지나 現象的·自然的 存在인 것이다. 또 精神이라고 할지라도 心理的 機能이며, 本來의 意味에 있어서 아무런 實體도 아니다. 物質이란 곧 現實的인 物質이며, 精神은 人間의 腦髓作用에 깃드는 精神的 機能이다. 따라서 精神과 物質의 二元은 實體로서의 二元이라기보다는, 그 各自의 存在 方式, 곧 각각의 存在 領域으로서의 그것이 아니면 아니 된다. 物體는 어디까지나 物體이며 精神이 아니고, 精神은 또 精神으로서 物體가 될 수 없다. 그러면서도 兩者는 決코 無關係한 것이 아니고 不可分의 相關 關係를 가짐은 事實이 이를 證明하고 있는 것이다.

二元論 批判

Platon(427~347 B.C.)

§ 180, Platon의 主著

(가) 靑年期의 著作

    1, Apologia Sokratis(辨明)

    2, Kriton

    3, Ion

    4, Protagoras

    5, Lakhes

    6, politeias 1(國家)

    7, Lusis

    8, kharmides

    9, Euthu phron

(나) 過渡期의 著作

    10, Gorgias

    11, Menon

    12, Euthudemos

    13, Hippias(minor)

    14, Kratulos

    15, Hippias(major)

    16, Menexenos

(다) 圓熟期의 著作

    17, Symposion(饗宴)

    18, Phaidon

    19, Politeias 2~10(國家)

    20, Phaidros

(라) 老年期의 著作

    21, Theaitetos

    22, Parmenides

23, Sophistes

24, Politikos(政治家)

25, Philebos

26, Timaios

27, Kritias

28, Nomoi(法律)

(Friedrich Überweg(1826~1871)에 의거)

§ **181,** René Descartes의 主著

1, 「方法 通說」(理性을 바로 指導하고,   Descartes(1596~1650)
學問에 있어서 眞理를 探究하기 위한
方法의 通說, 그리고 이 方法의 試圖
로서 光學, 氣象學 및 幾何學을 덧붙
임.(Discours de la methode, ······) 1637,

2, 「幾何學」(Geometrie) 1637,

3, 「省察錄」(神의 存在 및 人間의 靈魂
의 肉體로부터의 區別을 論하는 第一
哲學의 省察.(Meditationes de prima
Philosophia, ······) 1641,

4, 「哲學 原理」(Principia Philosophiae) 1644,

5, 「보에티우스에게 주는 書翰」(Ep:stola
Renati Des Cartes ad Gisbertum Voe-
tium) 1643,

6, 「激情論」(Traite des passions de I'ame)
1649,

7, 「音樂 綱要」(Compendium musicae)
以下는 遺稿

8, 「精神 指導의 規則論(原則論)」(Regulae

ab directionem ingenii)

9, 「人間論」(Traite de I'homme)

10, 「胎兒 形成論」(Traite de formation du foetus)

11, 「世界 및 光에 대하여」(Le monde ou traite de la lumiere de Des Cartes)

12, 「眞理의 理性的 探究」(Inquisitio veritatis per lumen naturale)

넷째 조각 一元論(Monism)

§ 182, 二元論에 있어서는 精神과 物質과는 서로 調和할 수 없는 aporia에 부딪쳤거니와, 物·心의 調和를 위해서는 兩者를 超越하면서도 이들을 自己 안에 包攝하는 一元的 實體를 定立하고, 어디까지나 이를 窮極的 原理로 삼지 않으면 아니 될 것이다. 이 窮極的·一元的 實體는 精神, 物質에 대하여 普遍的·絶對的인 同一者이며, 따라서 精神·物質 등은 이 絶對的 同一者의 단순한 두 개의 樣相에 지나지 않는다. 이 一元的·同一的 實體가, 한편에는 精神으로서, 다른 한편으론 物質로서 나타나는 것이다. 이러한 意味에서 一元論은 또 同一 哲學(Identitätsphilosophie)이라고도 한다. 따

同一 哲學

라서 이 說에 있어서는 精神과 物質은 직접 아무런 關聯도 없고 단순히 平行的 存在로서만 存在하는 것이지만, 그러나 이 兩者의 根源은 絶對的인 同一 實體이며 이러한 窮極的 實體의 存在를 定立함으로써만, 비로소 精神, 物質의 두 樣相은 存立할 수 있다고 하는 것이다. 그러면 이러한 窮極的·一元的 實體란 과연 무엇인가?

그리고 이 實體로부터 어떻게 精神, 物質의 關係를 闡明할 수 있을 것인가? 이러한 一元論에 있어서도 意見의 對立이 있으니, 이를테면, 窮極的·一元的 實體는 靜的인 것이며, 精神, 物質은 그것의 두 樣相에 지나지 않는다고 하는 立場과, 이와는 反對로 이 實體를 不斷의 活動이라고 보고, 이 實體의 活動에 의하여 物·心이 각각 發生한다고 하는 說이 그것이다. 앞의 것을 靜的 一元論(statischer Monismus)이라고 하고, 뒤의 것을 動的 一元論(dynamischer Monismus)이라고 한다.

§ 183, 靜的 一元論의 思想을 우리는 먼저 그레시아의 *Parmenides*에게서 찾아볼 수 있다. 그는 現象의 一切의 變化와 運動을 부정하였다. 따라서 窮極的 實體로서 定立한 '有'도 물론 靜的인 것이 아니면 아니된다. 그리고 이 靜的인 實體는, 完全 自足한 것이며, 따라서 一切를 自己 속에 包有

一元論 ⌈ 靜的
　　　 ⌊ 動的

Parmenides
(544~501 B.C.)

being

Sein
être
esse
to on

하는 것과 같은 것이다. 그러나 이것은 生成의 根源的인 것이 아니기 때문에, 여기서 精神과 物質이 생겨나는 것은 아니다. 그러나 思想과 同一한 것인 點에서 단순한 物體가 아니고, 또 空間에 充滿하여 있는 點에서 단순한 精神도 아니다. 그것은 物心的인 것인 동시에 또 어느 것에나 關係하는 것이다.

§ 184, 一元論을 近世에 와서 體系化한 이는 *Spinoza*다. 그의 窮極的 實體는 唯一하며, 無限한 獨立者이며, 또 一切의 存在를 그 樣相으로서 갖는 自己 原因(causasui)이다. 一切의 存在는 이 實體(Substance)로부터 論理的 必然性을 가지고 생긴 것이다. 그의 實體는 곧 神이다. 그러나 *Spinoza*의 神은 人格的·超越的인 것이 아니고, 萬有의 內在的 原因이다. 神은 一切의 存在 밖에 그것과는 따로 獨立하여 存在하는 것이 아니고, 萬有와 神과는 本來 同一한 것이다. '神 곧 自然'(Deus sive Natura)이다. '所産的 自然'(Natura naturata)이라고 부르는 것은, 神에 의하여 만들어진 有限的 世界(自然)를 말하며, 그것을 만드는 것으로서의 神은 곧 '能産的 自然'(Natura naturans)이다. Spinoza의 神 곧 實體는 萬有 一切의 根本 原因이며, 唯一 絶對의 것이며, 그리

Spinoza
(1632~1677)

mode
Modus

神

Pantheism
nature begotten

nature begetting

고 獨立的인 것으로, 어떠한 것에도 依存하
지 않는 것이다.

※實體란 "自身 속에 있고 또 自身에 의하여
理解되는 것, 곧 그 槪念을 形成하기 위하여 다
른 槪念을 必要로 하지 않는 것"(Ethica)이다.
(which is in itself and is conceived through
itself: ……the conception of which does not
depend on the conception of another thing from
which it must be formed.)

精神과 物質과는 이러한 唯一 絶對의 實
體 곧 神에 의하여 統一되는 것이다. 곧 兩
者는 단순히 神의 樣相이며 屬性이다. 精神

attribute
Attribut
attribut
attributum

現象은 神의 思惟(cogitatio)의 樣相(mode)
이며, 物質은 神이 갖는 延長(extensio)의
樣相이다. 따라서 兩者는 神의 屬性으로서,
同一物의 兩面이다. 곧 思惟의 樣相에는
延長의 樣相이, 延長의 樣相에는 思惟의
樣相이 對應한다. 바꾸어 말하면, 思惟의
樣相에 있어서 精神으로서 存在하는 것은,
延長의 樣相에 있어서는 物體로서 存在하
는 것이다. 그러므로 一切는 동시에 精神이
며, 또 物體다. Spinoza의 思想은 뒤에 가

Fechner(1801～1887)

서, Fechner에 의하여 復興된다. 그도 精神
과 物質은 同一 本質의 兩面이며, 그 差異
는 마치 同一한 圓을 밖에서 볼 때, 凸이라
고 느끼고, 안에서 볼 때 凹라고 느끼는 따
위와 같다. 따라서 內的 立場에 대하여 精

Herakleitos (536~470)

Plotinos(204~269)

流出説

Schelling (1775~1854)

Hegel (1770~1831)

絶對者

神으로서 나타나는 그것이, 外的 立場에 대하여서는 物體로서 나타난다. 精神은 自己 顯現이며, 事物의 內面的 存在에 불과하다고 하는 것이다.

§ 185, 다음에 動的 一元論을 主張한 哲學 思想은 멀리 그레시아의 Herakleitos의 萬有 流轉説(panta rei)에서 볼 수 있을 것이다. 그는 萬物이 不絶히 生成 變化하는 모습을 溪川의 흐름에 譬喩하여, "그대는 두 번 다시 같은 溪川 속에 들어가지 못할 것이다"라고 하였다. 中世에 들어와서는 Plotinos가 太原인 "一者에서 思惟, 靈魂 및 物質이 流出한다"고 하였다. 이러한 것을 流出시킨다는 意味에 있어서, 그것을 流出시키는 太原은 活動的이 아니면 아니 된다. 近世에 있어서는 Schelling 및 Hegel이 이 立場을 취한다. 그들은 다 같이 理性 活動을 참 實體라고 본다. 이러한 理性은 물론 超經驗的인 것이며 따라서 精神的·觀念的이다. 이 理性 活動은 精神的 實體이면서 精神과 物質의 統一者다. Schelling에 의하면 精神이거나, 物質이거나, 아직 決코 絶對的인 實體일 수가 없다. 唯一 最高의 實體는 이러한 對立者를 超越하여 存在하는 絶對者(das Absolute)다. 이러한 絶對者는 主·客, 物·心 등의 諸 對立을 統一하

여, 그 위에 서는 者이다. 따라서 이러한 對
立은 絶對者의 顯現인 兩極에 지나지 않는
다. 그 本質에 있어서는 전혀 同一(Identität)
이며, 無差別(Indifferenz)이다. 그러므로 이
說을 '同一哲學'(Identitätsphilosophie)이라고 부
른다. 그러면 이 絶對者란 어떠한 것인가?
그것은 理性 活動이며, 叡智的 直觀이며, 藝
術的 直觀을 의미한다. 곧 Schelling에게
있어서 實體는 活動的이며 創造와 直觀이
그 本質을 이루는 것이다. 그러면 이러한
活動的 實體로부터 어떻게 하여 精神과 自
然이 생기는 것인가? 그는 이 兩者를 絶對
者 곧 一元的 實體의 兩極이라고 본다. 精
神과 自然이 이 兩極性에 있어서 分離하면
서 더욱 絶對者에 있어서 融合하고 있는 狀
態는, 마치 磁氣가 兩極을 分示하고 있는
것과 마찬가지다. 그러므로 物質界에 있어서
는, 物質로부터 차차 有機體로 나아감에 따
라서 精神的 要素가 점점 加하여지고, 반대
로 精神界에 있어서는, 단순한 知性에서 藝
術에 이름에 따라서 自然의 要素가 점점
加하여진다. 그러므로 絶對者를 가장 如實
히 表示하는 것은 有機體와 藝術이다. 우리
는 藝術的 直觀(ästhetische Anschauur.g)에
의하여 直接 絶對者와 合致할 수 있는 것
이다.(美的 觀念論 – ästhetischer Idealismus)
*Schelling*에게 있어서의 藝術的 直觀(美的 直

同一 哲學

美的 觀念論

Hegel(1770~1854)

Logos(John 1~1)

汎理論

一元論 批判
Spinoza(1632~1677)

觀)은 *Hegel*에 이르러는 論理的 理性이 된다.

§ 186, Hegel은 窮極的 實體者로서 Logos(理)를 定立하고, 그것을 世界 精神 또는 絶對 精神(absolute Geist)이라고 한다. 이리하여 이 理性은 論理的 必然性에 의하여 무한의 活動體를 갖는다. 一切의 것은 Logos의 辨證法的 運動에 의하여 生成된다. 그러므로 여기에 그의 유명한 命題인 "理性的인 것은 現實的이며, 現實的인 것은 理性的이다"(法律 哲學綱要-1821.) (Was vernünftig ist, das ist wirklich ist, das ist wirklich; und was wirklich ist, das ist vernünftig.)라는 理論이 진실한 것이 되는 것이다. 곧 그에 의하면, 萬有에는 理性이 깃들어 있다. 이것이 汎理論(Panlogismus)이다. 따라서 思惟도 存在도, 窮極에는 Logos에 있어서 統一되고, 精神도 物質도 필경 理性 자신의 辨證法的 發展 過程의 所産임에 틀림없는 것이다.

§ 187, *Spinoza*의 實體는 곧 神이기 때문에 完全 無缺하며, 또 그것은 靜的, 固定的, 必然的이다. 이러한 實體가 어떻게 하여, 流轉 變化가 無双한 經驗的 現象을 成立시킬 수 있는 것일까? 그의 實體는 論理的·槪念的으로 假定한 超越性이다. 假定은 獨斷이다. 實體는 實體인 限, 반드시 現象的 性質을 가질 必要는 없는 것이지만,

또 實體인 限, 적어도 現象을 떠나서는 無意味한 것이 아니면 아니 된다. 實體는 現象의 性質·生起에 관하여, 완전한 해명을 던져 줄 수 있는 것이 아니면 아니 된다. 그런데 *Spinoza*의 實體 概念은 어떻게 現象이 實體로부터 생기는가? 現象 相互의 變化는 어떻게 可能한가의 說明이 충분하다고 하기 어렵다. **靜的 一元論**은 필경 實在 全體의 生起 發展을 설명할 수 없다고 하는 비난을 免하지 못할 것이다. 그리고 **動的 一元論**이 甘受하지 않으면 아니 될 批判은, 實體로서 너무도 超越的이며, 思辨的이며, 非現實的인 絶對者를 定立하였다는 점이다. 絶對 理性은 설령 最高의 原理라고 할지라도, 그것은 어디까지나 觀念的인 것일 것은 두말할 것도 없다. 이러한 精神的·觀念的인 實體가 어떻게 하여, 自己 以外의 相反하고, 異質的인 物質을 現出시킬 수 있는 일일까? *Hegel*은 이것이 辨證法的 運動에 의하여 可能하다고 하지만, 그 必然의 根據를 우리는 거기서 찾아낼 길이 없는 것이다. 이리하여 動的 一元論은 결국 唯心論이 입은 비난을 거부하지 못한다고, 생각할 수밖에 없는 것이다.

§ 188, 다음에, **現代 哲學**은 一元論 思想과 어떠한 關聯을 가지고 전개되고 있는가를 보기로 하자. 다른 것은 생략하고 *Hei-*

靜的 一元論

動的 一元論

Hegel(1770~1854)

現代 哲學

Heidegger(1889~1976)

現存在

世界 內 存在

*degger*의 哲學에 限하여 이를 보면, 그의 解釋學的 現象學(hermeneutische Phänome-nologie)의 出發點은 '現存在'(Da-sein - 人間)다. 現存在는 存在的(ontisch)으로는 우리에게 가장 가까운 直接·具體的 存在이지만, 그러므로 存在論的(ontologisch)으로는 가장 먼 存在이다. 따라서 理論的으로 外的으로 把握하는 것보다도, 오히려 現存在 自身으로 하여금 自己를 말하게 하지 않으면 아니 된다. 여기에, 存在의 解釋이 시작하는 것이다. 그러면 現存在란 무엇인가? 現存在란 日常性(Alltäglichkeit)에 있어서 存在하는 것이며, 世界性을 그 樣相으로 하는 것이다. 그 現存在의 主體가 곧 '世界-內 - 存在'(In-der-Welt-sein)로서의 人間이다. 이 人間 그 自體가 실로 一切의 시작이며 또 끝이다. 存在論的으로 볼 때, 이것이야말로 窮極的 實體이다. 一切의 것은 이것에 의하여 비로소 意味를 갖는 것이다. 너도 나도 필경은 이 現存在로서의 人間이 存在하여 가는 樣式이며, 物이라고 하더라도 그 現存在에 의한 使用性에 있어서 비로소 意味를 가지게 되는 것이다. 이와 같이 一切가 現存在인 '世界-內- 存在'로서의 人間 그것에 歸着되기 때문에, 그것은 確實히 一元的 世界 解釋이라고 볼 수 있을 것이다. 이 人間 그것은 無(Nichts)에 直

面함으로써, 關心(Sorge)을 갖는 現存在性
이며, 時間性(Zeilichkeit), 事實性(Faktizität),
頹落性(Verfallenheit) 등의 特性을 갖는 것
이다. 이리하여 全宇宙 全實在는 解釋學的
方法에 의한, 現象學에 의하여, 現存在인
人間을 中心으로 전혀 새로운 解釋을 받게
될 것이다.(前述한 바 現代 哲學에 있어서
의 *Heidegger*의 實存 思想을 보라)

§ **189,** Baruch de *Spinoza*의 主著 Spinoza(1632~1677)

  1, 「神·人間 및 人間의 幸福에 關한 短論
    文」(Tractatus brevis be Deo et Homine
    eiusque Felicitate) 1656~1660,

  2, 「知性 改造論」(tractatus de Intellectus
    Emendatione, -知性의 改造에 관한 및
    知性이 事物의 참된 認識에 到達하기
    위한 最善의 길에 關한 論文) 1661,

  3, 「르네·데칼트의 哲學 原理」(Renati Des
    Cartes principiorum philosophiae-附錄,
    形而上學的 思想-Cogitata Metaphysica)
    1663,

  4, 「神學-政治論」(Tractatus Theologico-
    politicus) 1670, (匿名 出版)

  5, 「幾何學的 順序에 의하여 論證된 倫理
    學」(Ethica ordine geometrico demo-
    nstrata) 1677,

  6, 「國家論」(Tractatus Politicus) 未完成

Schelling(1775~1854)

§ **190,** Friedrich Wilhelm Joseph von
Schelling의 主著

1, 「哲學의 原理로서의 自我에 대하여」
(Vom Ich als Prinzip der Philosophie)
1795,

2, 「自然 哲學의 理念」(Ideen zu eiuer
Philosophie der Natur) 1798,

3, 「自然 哲學의 體系의 最初의 企圖」
(Erster Entwurf eines Systems der
Naturphilosophie) 1799,

4, 「先驗的 觀念論의 體系」(System des
transzendentalen Idealismus) 1800,

5, 「나의 哲學 體系의 叙述」(Darstellung
meines Systems der Philosophie) 1801,

6, 「브루노」(Bruno oder über das göttliche
und natürliche prinzip der Dinge) 1802,

7, 「大學에 있어서의 硏究 方法에 관한
講義」(Vorlesungen über die Methode
des akademischen Studiums) 1803,

8, 「人間의 自由의 本質에 관한 哲學的
論文」(Philosophische Untersuchungen
über das Wesen der menschlichen
Freiheit) 1809,

9, 「世代」(welta) (遺稿) 1811,

10, 「藝術 哲學」(Philosophie der Kunst)
1802~1803,

11, 「哲學과 宗教」(Philosophie und Religion)

1804,

12, 「神話 哲學」(Philosophie der Mytho-
logie) (遺稿) 1854,

13, 「啓示 哲學」(Philosophie der Offenba-
rung) (遺稿) 1854,

열두째 가름

實在의 生成論

첫째 조각 機械論(Mechanism)

§ 191, 機械論 곧 因果論은 오로지 自然
的・必然的인 因果 關係(Causal relation)에
의하여 世界의 事象의 生成 變化를 說明하
려고 한다. 그런데 原因(Ursache)이란 語源
的으로 '根源的 事實'이며, 따라서 어떤 一
定한 것을 根源的 事實로 하여 여기서 새
로운 事實, 곧 結果(Wirkung)가 생긴다는
것을 말하는 것이다. 그러므로 因果論은 一
切의 生成을 原因・結果의 序列에 의해서
만 說明하려고 하는 입장이며, 거기에는 一

근원적 사실

final cause
Zweckursache
cause finale

causa finalis
telos

Leukippos(B.C.500～440)
Demokritos
(B.C.460～307)

Kepler
(1571～1630)

Galilei
(1564～1642)

Bacon, F.
(1561～1626)

Hobbes(1587～1679)

義的·機械的인 必然 關係가 存在하고 目的 原因 따위는 存在하지 않는다는 것이다. 이 理論은 멀리는 그레시아의 *Leukippos*와 *Demokritos* 등의 元子論者들에 의하여 처음 제창되었다. 그들에 의하면, 生成(becoming, Werden)은 모두 元子(Atom)의 運動에 의한 것으로서 전혀 機械的으로 설명되는 것이다. 近世에 와서는 *Kepler*와 *Galilei* 등 自然 科學者에 의하여 주장되고, *Bacon, Hobbes, Descartes* 및 *Spinoza* 등에 의하여 지지되었다.

§ 192, Bacon은 自然 現象을 因果的으로 설명하여 合目的的 立場을 배격하였다. Hobbes는 앞에서도 본 바와 같이 一切의 現象을 物的 運動이라고 하고, 量的으로 計算할 수 있는 必然性을 가지고 생긴 것이라고 하였고, Descartes는 모든 것은 反目的論的으로, 곧 原因에서 機械的으로 설명된다고 하였으며, Spinoza에 의하면, 一切의 事象은 엄밀한 因果性에 의하여 지배되고 있다. 곧 數學的·論理的 必然性을 가지고 內在的 原因(Causa immanens-內在因)인 神의 本質로부터 繼起하는 것이다.

決定論

§ 193, ※"存在하는 모든 것은 神 안에 있고, 또 어떠한 것일지라도 神 없이는 存在할 수 없고, 또 생각할 수도 없다"(Whatever is, is in God, and nothing can exist or be conceived without God.-"Ethica")

(memo 36.)

"어떤 活動을 하도록 決定되어 있는 事物은 必然的으로 神에 의하여 그와 같이 決定된 것이며, 또 神에 의하여 決定되지 않은 事物은 그 自身이 어떤 活動을 하도록 決定할 수는 없는 것이다"(A thing which is determined for the Performing of anything was so determined necessarily by God, and a thing which is not determined by God. cannot determine of itself to do anything.—ditto)

§ 194, 因果性은 生成을 이해하기 위한 根本 概念이며, 一切의 生成은 一切의 原因과 結果에 의해서만 가능하다는 것은, 이를 인정하지 않으면 아니 될 것이다. 그리고 一定한 原因에서 必然的으로 일정한 結果가 생긴다고 하는 것은 우리의 認識에서 독립하여, 絶對的으로 그 自體에 屬하는 바 性質이라고 생각된다. 곧 因果性은 事物의 客觀的인 存在的 規定이며, 우리의 主觀의 認識 形式이나, 事物을 理解하기 위한 主觀의 概念 따위가 아니다. 우리의 認識과 概念과는 무관계하게, 存在 그 自體에 屬하는 것이 아니면 아니 된다. 그러나 이러한 견해에 대하여 크게 반대한 이가 있으니 곧 David Hume이다. 그는 因果性을 부정한다. 因果性의 認識은 일정한 原因에서 必然的으로 일정한 結果가 생기는 것에 대한 認識이다. 그러나 우리에게 知覺되는 것

因果性

Hume
(1711~1776)
因果性의 否定

은, 原因과 結果와의 前・後 關係, 곧 '이 것 뒤에'뿐이며, '이것에 依하여'라고 하는 必然 關係는 지각되지 않는다. 우리는 하나 의 것이 다른 것에 뒤이어 일어난다(繼起)고 하는 時間 關係를 知覺할 수 있을 뿐이며, 하나의 것이 다른 것에 의하여 일어난다고 하는 原因과 結果와의 必然的 關係는 지각 할 수 없는 것이다. 因果性의 觀念은 知覺 의 어떠한 領域에도 발견되지 않는다. 우리 가 原因과 結果를 必然的인 關係라고 하는 것은, 實은 단순한 **聯想** 作用(association)에 지나지 않는다. 곧 表象의 같은 繼起가 習 慣的으로 反復되는 경우의 印象에 말미암 는 것뿐이다. 다시 말하면, 因果性의 觀念 이란, 곧 두 개의 表象이 서로 前後하여 자 주 經驗될 때에 聯想 作用에 의하여 한편 의 存在에 의하여 다른 한편의 存在를 반 드시 表象하고, 豫想하게 되는 우리의 마음 의 習慣에 지나지 않는 것이다. 이와 같이 *Hume*은 因果性의 客觀的 法則을 부정해 버리고, 內的인 主觀의 主觀的・心理的 必 然性에 지나지 않는다고 하였다. 이 表象間 의 心理的 必然性을 마치 實在的 必然性 이나 같이 誤認한 것이 곧 因果性의 觀念 이라고 하여, 因果性의 必然性을 부정하는 것이다.(다음의 認識論에서 經驗論을 보라)

§ **195,** Kant는 因果性을 論理的으로

習慣
(memo 21.)

Kant
(memo 22.)

해석하여, 一切의 生成은 原因을 전제로 하고, 거기서부터 法則에 좇아서 무엇인가가 繼起한다. 이 因果의 原理는, 客觀 그 自體의 制約이 아니고, 또 主觀的·心理的인 것도 아니고, 오히려 經驗 自體를 가능하게 하는바, 經驗의 連絡 關係의 論理的·先驗的 制約이다.(Kant의 批判的 立場) 因果性은 事物 그 自體에 屬하는 規定이 아니고, 事物 그 自體의 關係를 이해하기 위한 主觀의 思惟의 論理的인 根本 概念이다. 곧 經驗의 對象을 統一的·一義的으로 理解하기 위한 主觀의 制約이다. 이와 같이 Kant에게 있어서도 因果性은 事物의 存在의 形式이 아니고, 思惟의 主觀的 形式인 점에는 變함이 없는 것이다.

批判的 立場

§ 196, Hume도 kant도 다 같이 因果性의 客觀的 規定性을 부정하고, 오히려 主觀的인 것이라고 보았다. 그러나 과연, 因果性은 단순한 主觀의 聯想 作用이나 思惟 形式에 지나지 않는 것일까? 事物은 그 自身에 있어서 因果的으로 制約되어 있다. 意識에 의해서는 變更되지 않는 독립한 實存性을 가지고 있다. 生成은 因果的이 아니면 아니 된다. 따라서 因果性이 思惟의 形式으로서 作用할 수도 있는 것이다. 一切의 生成이 存在的으로 因果的이기 때문에, 一定한 原因에서는 一定한 結果가 생긴다고

Hume와 Kant에의 反省

因果論 批判

하는 것이, 論理的으로 經驗 成立의 前提로서 定立되는 것이다.

§ 197, 精神 및 物質의 領域을 지배하는 根本 法則은 因果性이다. 結果 사이에는 時間的·必然的인 엄밀한 連絡 關係가 있고, 따라서 이러한 因果性이 一切의 生成을 가능하게 하는 것이다. 그러나 世界는 과연 이러한 因果論이나, 機械的 解釋만에 의하여 說破된다고 할 수 있을까? 이러한 견해는 自然 科學的 方法으로서는 不可缺한 것이겠지만, 우리는 이러한 經驗的·現象的 世界의 고찰뿐 아니라, 그것을 超越한 超經驗的·形而上學的 世界의 考究마저 과연 一律的으로 이러한 因果論에만 의거하여 해명할 수 있을 것인가에 대해서는 疑心하지 않을 수 없는 것이다.

§ 198, David Hume의 主著

1. A Treatise of human Nature.(: being an attempt to introduce the exprimental method ef reasoning into moral subjects) 1739~1740,

2. Essays Moral, Political and Literary. 1741~1742,

3. Philosophical Essays concerning human Understanding. 1748,

(later entitled An Enquiry Concerning human Understanding)

4. An Enquiry Concerning the Principles
   of Morals. 1751,

5. Political Discoures. 1752,

6. History of England. 1754~1763,

7. Four Dissertations.(Natural History of
   Religion 包含) 1757,

8. Dialogues Concerning Natural Religion.
   1779,

둘째 조각 目的論(Teleology)

§ 199, 目的論에 의하면, 一切의 現象은 빠짐없이 일정한 目的에 좇아서 生成하는 것이다. 因果論에 있어서는, 結果에는 반드시 原因이 存在하고, 따라서 原因이 結果를 必然的으로 결정한다. 이에 대하여 目的論에 있어서는 先行하는 原因은 結果 곧 目的에 의하여 制約된다고 한다. 여기에서는 結果(後起 狀態)가 目的이며, 그 現實을 위하여, 原因(先行 狀態)은 그 手段이 되는 것이다.(이를테면 '成功하기 위하여, 努力한다'는 경우) 그러나 目的論은 因果論을 否定하는 것이 아니고, 兩論은 生成 問題에 대한 두개의 可能性이다. *Windelband* 는 그 著-「哲學 槪論」에서 "確實히 모든 生成의 根本이 되어 있는 時間上의 繼續은, 어

(memo 32.)

Windelband
(1845~1915)

떤 作用에 대하여 두 개의 解釋을 던져 준다. 곧 事物의 처음이 그 끝을 規定하든가, 혹은 그와 反對로 끝이 처음을 規定하든가, 이 두개의 解釋 中의 어느 것이다. 必然性이란 要컨대, 당연의 結果이거나, 또는 피할 수 없는 要求이거나 어느 것이다.(Dis Notwendigkeit, sagten wir, ist entweder Erfolglichkeit oder Erforderlichkeit.) 우리는 第1의 경우에는 만약 甲이 있으면 乙이 거기에서 繼起하지 않으면 아니 된다는 것, 第2의 경우에는 乙이 있기 위해서는 甲이 先行하지 않으면 아니 된다고 생각한다"고 하였다. 個個의 事件은 모두 因果的으로 規定되어 있지만, 그것은 그와 더불어 또 目的 關係的으로도 규정할 수 있는 것이다.

§ 200, Anaxagoras는 精神은 物質에 秩序와 運動을 줌으로써, 모든 存在를 目的的으로 統一한다고 하였다. Platon은 Idea는 事物의 目的이며, 世界는 이 目的인 Idea의 實現이라고 생각하였다. Aristoteles에 의하면, 存在의 이름에 해당한 것은, 모두 어떠한 方式으로든지, 目的的으로만 存在하는 것이며, 어떠한 것이거나 헛되이 存在하는 것은 없다. 모든 存在는 目的이라는 原理에 의하여 生成된다. 이러한 原理는 事物 밖에 存在하는 것이 아니고, 事物의 本質에 內在한다. 世界의 一切는 目的的으로 생긴다. 따라서 機械的 原因은 目的을 實現하기 위한 手段에 지나지 않는다. 原因과 結果와의

Anaxagoras
(c. 500~c. 428 B.C.)

Platon
(427~347 B.C.)

Aristoteles
(384~322 B.C.)

(memo 29.)

關係는 동시에 手段과 目的과의 關係에 불과한 것이다. 世界의 窮極의 原因은 神이며, 一切의 存在는 이러한 神에 向하여 노력한다고 보는 것이다.(그에게 있어서 神이란, 모든 質料(Hyle)가 完全히 實現하여 벌써 質料로서의 그림자를 남기지 않는 純粹한 이른바 第一 形相(Pro on eidos), 全自然界의 最高目的, 모든 運動의 最後의 原因이며, 스스로는 운직임을 받지 않는, 第一 運動者(Das erste Bewegende)다. 그리고 모든 것의 思想과 思想과의 對象이 되지만, 스스로는 자기 이외에 그 對象을 갖지 않는 絶對者 곧 자기 자신을 內容으로 하는 '思想의 思想'(das Denken des Denkens—Noesis noeseos)이다.

mattere
Materie
matiére
materia

§ 201, 그리고 Leibniz에 의하면, 自然界에 있어서의 一切의 것은 因果的이지만, 因果論 그 自體의 法則性은 目的的인 世界 秩序의 表現에 불과한 것이다. 因果論은 目的的 秩序를 실현하는 것이며, 그 結果인 동시에 그 手段이 되는 것이다.

Leibniz
(1646~1716)
(memo 33.)

§ 202, 그뿐 아니라, 物理學이나 化學의 領域에서는 機械論的으로 表現되는 것도, 生物學的 領域에 있어서는 目的論的 表現이 적절하다. 산소(O)와 수소(H)가 1對 2의 比로써 結合되면 물이 생긴다. 그러나 또 물이 存在하기 위해서는 위의 比例로 化合이 행하여지지 않으면 아니 된다고 할

수 있는 것이다. 또 "다만 適度의 溫度 아래서만, 有機體는 發生한다"라는 命題는 "만약 有機體가 存在하기 위해서는 적당한 溫度가 必要하다"고 바꾸어 말할 수 있다.

§ 203, 이와 같이 하나의 特殊 問題를 因果論과 目的論의 兩者에 의하여 설명할 수 있는 것이다. 兩者의 調和를 주장한 이가 곧 *Kant*다. 그는 全體와 部分과의 相互 依存 關係를 가지고, 有機體에 대한 典型的인 定義를 시도하고 있다. 이를테면, 時計는 하나의 全體다. 이 全體는 이미 存在하고 있는 바늘, 나사못, 바퀴 등등의 것의 結合으로 되어 있다. 이에 대하여 有機體는 自己가 이로부터 成立시킬 여러 部分을 스스로가 産出하지 않으면 아니 된다. 全體 形式에는 두 개의 根本 形式 곧 機械的 形式과 有機的 形式이 있다. 앞의 것에서는 部分이 全體에 先行하고, 部分의 組織에 의해서만이 全體가 成立하고, 이에 反하여 有機的 全體에 있어서는 部分 그것은 全體에 의하여 制約되고, 全體 가운데 있어서 비로소 可能하다. 이리하여 有機的 生成에 있어서는, 장차 생겨날 끝이, 처음을 規定하는 것이다. 이 얼마나 逆說的인 말인가? 처음이 끝에 의하여 規定된다고 함은 不可能한 것이 아닌가? 이미 存在하는 先行者가, 現在하는 것을 規定하는 일은 可

目的論 批判

Kant(1724~1804)

기계적 형식과
유기적 형식

能하다. 그런데 아직 何等 存在하지 않고 비로소 생겨날 將來의 것이 어떻게 하여 作用할 수 있는 것인가? 自己의 存在의 原因인 生成의 過程을 어떻게 하여, 미리 스스로 規定할 수 있는 일인가 이러한 일은 필경 不可解할 뿐 아니라 不可能한 것이 아닌가? 그러나 生成을 因果的으로가 아니고, 目的論的으로 해석할 때, 우리는 이러한 逆說이 결국 逆說이 아니고 正當性을 가진 것임을 알 수 있을 것이다. Fichte가 明晰하고 判明하게도 "當爲(Sollen)는 모든 存在(Sein)의 根據다"라고 말할 때, 바로 이러한 逆說이 逆說이 아님을 밝혀주고 있는 것이다. 그런다고 해서 이러한 目的 關係가 Anaxagoras, Aristoteles, Leibniz 등등의 주장과 같이 自然的 世界까지도 支配한다고는 생각할 수 없는 것이다. 이미 본 바와 같이, 自然的 世界에 있어서는 因果性的 解釋이 보다 더 適宜하며, 有機的 世界에는, 目的論的 解釋이 보다 더 妥當한 것이다. Goethe가 "自然은 目的을 가지기에는 너무도 偉大하다. 그것은 目的을 必要로 하지 않는 것이다"라고 말한 것은 옳다. 이리하여, 無機的 自然은 純粹 因果的으로 把握되지만, 有機的 自然은 目的的 考察이 아니고는 충분히 이해되고, 파악되지 않는 것이다. 有機的 存在는 한편으로, 因昊的

Fichte
(1762~1814)

Anaxagoras
Aristoteles
Leibniz

Goethe (1749~1832)

인 동시에 다른 한편으론, 어디까지나 目的
的 存在이기 때문이다.

§ 204, Aristoteles의 主著

Aristoteles

自然 科學에 관한 것

實踐 哲學에 관한 것

文學에 관한 것

1, 「機關論」(Organon) 論理學에 관한 것

2, 「物理學」(Physike akroasis) (8卷)

3, 「天體論」(Peri uranu) (4卷)

4, 「生滅論」(Peri geneseos kai Phthoras)
(2卷)

5, 「氣象學」(Meteorologika) (4卷)

6, 「靈魂論」(Peri psyches) (3卷)

7, 「大動物學」(Peri ta Zoa historiai)
(10卷)

8, 「自然學 小論」(Parva naturalia)

9, 「니코마케이아 倫理學」(Ethika Nikoma-
cheia) (10卷)

10, 「에우데메이아 倫理學」(Ethika Eudemeia)
(4卷)

11, 「大道德學」(Ethika megala) (2卷) (前
兩者의 提要)

12, 「政治學」(Politika) (8卷)

13, 「아테나이의 法制論」(Athenaion Politeia)
(散佚書의 章)

14, 「修辭學」(Rhetorike) (3卷)

15, 「詩學」(Peri Poetikes)(缺이 많다)

16, 「形而上學」(第一 哲學) [Ta meta ta
physika(Prima Philosophia)] (14卷)……
一般 哲學에 관한 것

認識論(Epistemology)

열세째 가름

認識論의 問題 · 領域

§ 205, 認識論(Erkenntnistheorie)은 認識에 관한 研究다. 그러므로 認識論의 對象은 곧 認識이다. 우리는 먼저 認識이 무엇인가를 알지 않으면 아니 된다. 大體 내가(Ich) 認識한다고 하는 것은 무슨 뜻인가? '나는 認識함으로써 하나의 對象을 把握한다'고 한다. 認識作用이란 필경, 對象을 精神的으로 把握하는 作用이기 때문이다. 여기서 우리는, 認識하는 일을 더욱 的確하게 記述할 필요가 있다. 認識에는 반드시 認識하는 하나의 主觀이 屬하

cognition
Erkenntnis
connaissanco

Hartmann, n,
(1882－1951)

고 있다. 이를 認識 主觀(Erkenntnissubjekt)이
라고 한다. 認識은 단순히 主觀이 所有하는
것일 뿐 아니라, 主觀은 認識 成立의 主要
한 부분인 것이다. 主觀이 없는 認識은 마치
칼날이 없는 칼과 같이 생각조차 할 수 없는
것이기 때문이다. 그리고 또 認識에는 主觀
과 더불어 반드시 對象(Objekt)이 있다. '認
識되는 對象을 갖지 않는 認識'이란 또한
생각할 수 없는 것이다. 여기에 있어서 *Ha-
rtmann*에게 있어서와 같이, 認識이란 主觀
과 客觀과의 사이의 한 關係 곧 認識하는
主觀과 認識되는 對象과의 關係인데, 主觀
은 어떻게 하여 對象에 關係할 수가 있는
가? 認識은 어떻게 하여 可能한가의 問題가
제기되지 않으면 아니 될 것이다. 이 問題
는 認識論에 있어서의 可能性의 問題이다.
認識은 어떻게 하여 可能한가라는 問題는
바꾸어 말하면, 認識은 어떻게 참된 認識이
될 수 있는가? 곧 眞理가 把握되는가라는
問題이며, 단순히 認識할 수 있는가라는
常識的 問題를 論議하려는 것이 아님은 물
론이다. 그러므로 認識의 可能性의 問題는,
認識이 可能한가? 不可能한가에 대한 것이
아니고, 어떻게 하여 果然 무엇을 認識할
수 있는가의 問題이다. 곧 認識의 範圍, 限
界, 그 根據에 대한 究明인 것이다. 한마
디로써 하면, 人間 知識의 可能性 및 限界

에 關한 問題다.(The inquiry concerning the possibility and limit of human knowledge) 이 問題 속에는, 自我가 어떠한 임의의 對象 또는 모든 可能한 對象을 모조리 認識할 수 있다고 하는 獨斷論(Dogmatism)과, 전연 認識할 수 없다고 하는 懷疑論(Scepticism)과 이를 비판하는 批判論(Criticism) 등이 포함되어 있다.

§ 206, 그리고 다음에 오는 認識論의 問題는, 그 起源과 發達에 관한 問題다.(The question concerning the origin and the development of human knowledge) 認識하는 主觀의 構造는 二元論的이다. 人間은 精神 및 感官的 存在者다. 이에 의하여, 우리는 認識을 精神的 認識과 感覺的 認識으로 나눌 수 있다. 앞의 認識의 源泉은 經驗이다. 그런데 問題는 認識하는 意識은, 그 內容을 어느 源泉(source)에서 主로 吸收하는 가이다. 人間의 認識의 根源 및 基礎는 理性이냐? 經驗이냐? 하는 認識의 起源의 問題에 관하여 合理論(Rationalism)은 앞의 것에, 經驗論(Empiricism)은 뒤의 것에 各各 가담하고 있고, 先驗論(Transcendentalism)은 그 批判論이다.

§ 207, 끝으로, 認識의 本質과 對象에 관한 問題가 있다.(The question concerning the essence and object of human knowledge) 認

可能性
및
限界

독단론
회의론
비판론

起源
과
發達

合理論
經驗論
先驗論

識은 主觀과 客觀과의 사이의 어떤 關係이며, 이를 더욱 구체적으로, 主觀이 客觀을 파악하는 데서부터 이루어지는 關係라고 한다면, 이는 곧 主觀이 客觀을 규정하는 일이라고 할 수 있다. 이 경우에, 認識하는 意識이 그 對象에 대한 態度는 受動的이 아니고, 能動的이며, 自發的이다. 그런데 여기에 대하여 正反對로, 客觀에 의하여 主觀이 규정된다고 보는 생각이 있다. 앞의 것을 지지하는 입장을 觀念論(Idealism)이라고 한다면, 뒤의 주장을 지지하는 입장을 實在論(Realism)이라고 할 수 있다. 우리는 여기서, 위 3大 問題에 대하여, 哲學史 가운데서, 이 問題에 주어진 가장 중요한 解釋을 述하고 거기에 대하여 批判的 立場을 求하여 보기로 한다.

觀念論
實在論

열넷째 가름
認識의 限界論

첫째 조각 獨斷論(Dogmatism)

§ 208, 認識의 問題는 우리의 認識의 根據, 範圍, 限界 등에 대하여 懷疑하게 되면서, 비로소 제기되는 것이다. 이러한 學的 反省이 行하여지기 以前에는, 우리의 感覺이나 理性은 客觀的인 實在를 그 存在하는 대로 파악할 수 있는 것처럼 믿어 疑心하지 않았다. 곧 우리의 認識이란, 認識의 對象인 存在의 정확한 模寫다. 따라서 知覺은 곧 存在이며, 思惟는 存在의 錯誤가 없는 投射라고 할 수 있는 것이다. 이러한 立場이 곧 獨斷論이다. 이것은 直觀的 理性의 獨斷論과 感覺的 知覺의 獨斷論으로 구별 된다. 먼저 앞의 것은 우리의 感覺은 불확실하며 同一의 對象에 대하여, 認識 主觀은 그 條件, 場所 등등의 相異에 따라서 다르다. 그러므로 이러한 感覺은 확실한 것이라고 말하기 어려우나, 理性은 그렇지 않다. 이러한 理性에 의하여 우리는 바르게 實在를 파악할 수 있다고 주장하는 입장으로서,

두개의 獨斷論

그 代表的인 것은 合理論(Rationalism)이다.

合理論

§ **209.** 合理論에 의하면, 우리의 理性은, 단순히 經驗的·現象的 世界뿐 아니라, 超經驗的인 神, 靈魂 등의 世界조차도 認識할 수 있는 直觀 能力이라고 한다. 이 입장에 있어서는, 直觀的 理性은 存在의 模寫이며, 事物과 世界는 그것이 파악하는 그대로 存在하는 것이라고 말한다. 感覺的 知覺의 獨斷論에 있어서는, 感覺的 知覺이 客觀的 認識 對象을 模寫(copy)한다고 하는 理論이며, 經驗論의 주장은 그 입장을 대표하는 것이다. 經驗論은 우리의 觀念을

經驗論
白紙

白紙(tabula rasa)라고 하고, 經驗에 의해서만, 이러한 白紙인 觀念에 所要의 文字가 記載되는 것이라고 한다. 經驗 곧 感覺的 知覺이 認識의 唯一의 源泉이며, 認識 對象은 우리의 感覺的 知覺이 파악하는 그대로 存在한다고 看做하고, 知覺은 實在의 模寫라고 한다. 이리하여 經驗論이나, 合理論이나, 모

Abbildtheorie

두 認識論에 있어서는 模寫說(cope theory)에 지나지 않는다. 認識의 對象은 認識 主觀 밖에(外界) 存在하는 것이며, 다만 이것이 意識에 投射됨으로써, 참된 認識(眞理)이 성립하는 것이다. 이는 곧 事物과 知性과의 一致를 意味한다. 다시 말하면, 意識이 存在를 파악한 경우가 곧 眞理라고 생각되는 것이다.

그러나 理性이나 知覺이 과연 對象을 그대로 파악할 수 있는 일인가? 이 입장은 無制限한 認識 可能을 의미하고, 따라서 스스로의 知識에 대하여, 아무런 反省도 加하지 않는다. 知覺되는 것은 모두 存在하고, 存在하는 것은 모두 知覺된다고 하는 따위다. 그러므로 여기에는, 참된 意味의 認識論的 問題는 다루어지지 않고, 따라서 그것은 認識論的 考究 以前의 소박한 常識論을 벗어나지 못하고 있는 것 이다.

그런데 비단 認識論上에서뿐 아니라 日常 生活이나 日常 生活人 속에도 Dogmatism이 있고, 또 Dogmatist가 있음을 우리는 가끔 본다. 어떤 이는 무턱대고 斷言하고, 主張하고, 固執하기를 좋아한다. 아무런 懷疑도 反省도 없이 自己 固執만 심하고, 또 自我 過信이 강하다. 無條件 懷疑論을 內向的 傾向이라고 한다면, 이것은 外向的 傾向이라고 할 수 있을 것이다. 自己 自身에의 誠實한 求心的 態度가 缺如되어 있기 때문에, 무조건 獨斷論者는 왕왕 唯我 獨尊的 非社會性(unsociality)을 露出시켜 항상 非安協的이며, 따라서 마침내는 獨立化함에 이르는 것이다. 이는 지나친 懷疑論과 더불어 결국 自己 破滅의 危險스러운 思想이라고 아니 할 수 없다. 소위 悲憤 慷慨派나 自己 이외의 一切에 對한 無條件 不信任 내지 否定을 일삼는 극단의 獨斷論者에 이르면 극단의 懷疑論者와 결국 다를 것이 없는 것이다. 궁극에 이르면 兩者는

獨斷論 批判

常識論

實踐的 獨斷論

一脈 相通하는 思想 傾向임을 알 수 있다. 위를 實踐的 獨斷論이라고 부를 수 있을 것이다.

둘째 조각 懷疑論(Scepticism)

§ 210, 우리의 感覺은 불완전한 것이며, 왕왕 오류를 犯하기 쉽기 때문에, 이러한 感覺에 의거하여서는 認識의 眞理 把握은 불가능한 것이 아니면 아니 된다. 그리고 實在에 대한 여러 가지 견해나, 存在에 대한 認識 등의 사이에 相異와 矛盾이 허다하며, 또한 異說이 紛紛한 여러 주장과 입장의 對立과 爭論 등의 사실로 미루어, 認識의 可能性에 대하여 懷疑하고, 마침내 實在 自體는 파악할 수 없으며, 따라서 實在에 관한 普遍・必然的인 認識에 도달하는 일의 불가능을 주장하는 입장을 懷疑論이라고 한다. 그러므로 懷疑論은 絶對的인 認識 곧 確實한 認識이라는 것을 부정한다. 따라서 이는 主觀 主義(Subjectivism)와 相對 主義(Relativism)의 입장에 선다. 왜냐하면 懷疑論에 있어서는 前述한 바와 같이 人間의 認識 能力에 대하여 疑惑을 품고, 認識 對象의 완전한 파악을 단념하기 때문에, 마침내 普遍 妥當的 認識을 부정하는 것이 되고, 認識은 다만 사람에 의하여 다

主觀主義
相對主義

른 개개의 認識이며, 모두 個人的·主觀的
이며 相對的으로 제약되는 것이라고 하기
때문이다.

§ 211, 古代 그레시아에 있어서, 個人的 相對
主義를 표명한 "人間은 萬物의 尺度다"(Man is
the measure of all things)라는 有名한 命題
로 알려진, Protagoras를 비롯하여, Sophistai
의 한 사람인, Gorgias도 철저한 懷疑論의
입장을 대표하고 있다. 그에 의하면 "어떠
한 事物도 存在하지 않으며, 또 만약 存在
한다고 할지라도 우리는 그것을 認識할 수
없으며, 또 認識할 수 있다고 할지라도, 그
것을 남에게 傳할 수 없다"고 하였다. 그
다음에 Pyrrhon에 있어서는, 事物 그 自體
는, 우리가 정확하게 識別할 수 없는 것이
며, 우리의 感覺은, 그것이 우리에게 보이는
그대로 나타낼 뿐이며, 우리의 判斷은 客觀
的 事物 그 自體에 대하여서는, 眞僞를 말
할 수 없다. 그러므로 우리는 判斷이나 知覺
에 신뢰하지 말고, 어떠한 일에 대하여서나,
다만 나에게는 "그렇게 보인다"(Es scheint)
고 할 뿐, 決코 이를 "무엇 무엇이다"(Es
ist) 또는 "무엇 무엇이 아니다"라고 斷言하
지 말고, 모든 判斷을 保留 또는 中止(epoke)
하여야 한다고 하였다. 그에게 있어서, 사
람의 窮極 目的인 '마음의 平靜'(Ataraxia)은

individual
relativism

individueller
Relativismus

relativisme
individuel

Protagoras
(c. 500～430
B.C.)

Gorgias
(c. 483～376
B.C.)

Pyrrhon
(c. 360～c. 270
B.C.)

判斷 中止

Ataraxia

懷疑論 批判

이것에 의해서만 달성되기 때문이다.

§ 212, 그러나 우리는 懷疑論 自體에 內在하는 모순을 간과할 수 없다. 왜 그러냐 하면, 懷疑論이 참된 認識을 부정하는 것은, 도리어 참된 認識의 存在를 그 裏面에서 주장하고 있다고 하는 逆說이 成立하기 때문이다. "一切의 認識은 疑心할 만하다"고 주장할 때, 그 判斷은 벌써 疑心의 餘地가 없는, 참된 判斷임에 틀림없다. 만약 "一切는 疑心스럽다"라는 判斷조차 또한 懷疑論에 의하여 이를 疑心하려고 한다면, "一切는 疑心스럽다"는 그것도 또 疑心스러운 것이 되어서, 결국 "一切는 疑心스럽지 않다"는 것이 되고 말 것이다. 그리고 懷疑論者는 적어도 "아무것도 알 수 없다"고 하는 것을 알고 있는 것이다.(It knows that it knows nothing) 懷疑論은 단순히 感性的 經驗만을 主로 하여, 그 經驗的 事物이 相對的이며, 主觀的이라고 하지만, 感性的 經驗은 단지 認識의 客觀的 材料에 지나지 않으며, 따라서 認識은 決코 이러한 經驗的 世界만이 아니고, 항상 判斷이라는 것을 잊어서는 안 될 것이다. 그리고 우리의 感覺의 不完全性은 때로 客觀的 事物을 認識할 때, 오류를 犯하기는 하지만, 感覺, 知覺은 단지 對象의 直接的인 파악이

며, 判斷은 이러한 感官 知覺으로 파악한 客觀的 對象을 시인하고 거부하는 論理的 展開임에 틀림이 없는 것이다.

§ 213, 이리하여, 懷疑論은 성립하기 어렵다. Pyrrhon에 있어서도 알 수 있는 바와 같이, 認識을 부정하는 것이 아니고, 단순히 判斷 中止(epoke)를 주장하는 것이며, 그것은 필경 참된 認識의 追及 이외의 아무것도 아니다. 懷疑論이, 懷疑를 위한 懷疑로 떨어질 때, 아무것도 성립하지 않으며, 前述한 바와 같이, 懷疑論의 絶對的인 形式의 것은 自己 自身을 破壞하는(self-destructive) 結果가 되고 마는 것이다. 여기에 있어서 참된 認識에 도달하기 위하여 及其也 自己의 存在까지도 懷疑하여 마침내 確乎 不動한 참의 認識을 파악한, Descartes의 이른바 '方法的 懷疑'(methodic doubt)야말로 참된 哲學的 懷疑라고 할 수 있다.(§8 참조) 일찍이 (Platon)과 Aristoteles는 사람은 驚異(thaumazai)에 의하여 哲學을 시작한다고 하여, 무척 '驚異感'(feeling of wonder)을 尊重하였거니와,(§7참조) 무엇인가에 驚異하고(thaumazo), 疑心하는 者는 반드시 自己 自身의 無知를 깨닫고, 이 無知로부터 벗어나기 위하여, 智慧를 求하기(Philosophize) 시작할 것이다(Aristoteles). 이와 같이 懷疑의 瞬間에 '哲學하는

Pyrrhon(360~200B.C.)

Descartes
(1596~1650)

Platon(427~347B.C.)

Aristoteles(384~322B.C.)

일'이 發端하며, 따라서 懷疑가 없는 곳에서는 哲學은 고갈하고 마는 것이다. 그러나 懷疑를 위한 懷疑는, 一切의 破壞와 否定과 自滅의 Nihilism밖에 되지 않을 것이다.

우리는 비단 認識論上의 Scopticism뿐 아니라, 日常 生活 가운데에도 그것이 있고, 또 철저한 懷疑 主義者가 있음을 看過하여서는 아니 될 것이다. 어떤 사람은 남을 전연 믿지 않는다. 믿는 것 같으면서도 항상 疑心한다. 모든 일을 송두리째 맡기는 일이 없다. 疑惑 속에서 스스로가 괴롭기만 하다. 이것이 甚하면 마침내 病的으로 進行하여 疑惑症(Scepticism, Zweifelsucht)이라고 하는 强迫觀念의 하나가 되고 만다. 따라서 이를 實踐的 懷疑論이라고 부를 만하다.

實踐的 懷疑論

*驚異(wonder)와 懷疑(doubt)는 어떻게 다른가? 驚異를 밖으로 向한 自己라고 한다면, 懷疑는 안으로 向한 自己라고 할 수 있을 것이다. 外界에의 驚異에 의하여, 眞理의 길을 걷기 시작한 哲學的 精神은 이윽고 모든 知識의 成果를 疑心하고 또 그러한 소박한 成果에 도취되어 있는 自己 自身을 疑心함으로써 비로소 참된 哲學的인 精神이 된다고 할 수 있다.

Wonder
와
doubt

셋째 조각 實證論(Positivism)

(memo 23.)

§ 214, 實證論은 우리의 認識의 起源을 經驗에만 국한하고, 認識의 限界를 經驗되

는 事物에만 제한한다. 따라서 超經驗的인 것은 認識할 수 없는 것이라고 하여, 오로지 經驗的인 것만을 信憑하려고 않다. 認識은 무한히 可能하지도, 무한히 不可能하지도 않다. 그것은 일정한 限界를 갖고, 그 限界 內에서만 가능한 것이다. 그러므로 이 입장은 참된 認識을 완전히 肯定하는 것도, 또 전연 否定하는 것도 아니다. 우리가 經驗하고, 觀察하고, 實驗할 수 있는 事實的 世界에 대하여서만, 認識은 可能하다고 하는 것이다. 그러므로 經驗할 수 없는 世界에 對한 認識은 불가능하다고 주장한다. 프랑스의 數學者 D'Alembert은 一切의 認識을 感覺에 돌리고, 思惟도 感覺的 內容의 結合에 지나지 않다고 한다. 이러한 思想을 哲學的으로 體系化한 이가 Comte다. 그에 의하면 哲學은 經驗的 事實에 基한 知識의 全體系에 불과하다. 모든 科學이 순수한 經驗에 말미암는 것처럼 哲學도 또한 經驗에 의거하여야 한다. 科學은 世界를 설명하기 위하여 法則을 탐구하지만, 決코 窮極目的이니 第一 原因 따위를 찾지 않는다. 그와 마찬가지로, 哲學도 이러한 것들에 대한 硏究는, 이를 단념하지 않으면 아니 될 것이다. 왜 그러냐 하면, 超經驗的인 것은 우리에게 認識될 수 없기 때문이다. 知識은 經

D'Alembert
(1717~1783)

Comte
(1798~1857)

causa prima
Prōtē altia

哲學

驗的 事實 위에서만 성립하고, 知識의 眞價는 다만 實證에 의해서만 결정된다. 實證的(positive)인 것이란, 현실적이며 확실한 것이며, 또 우리들에게 직접 유익한 것이 아니면 아니 된다. 곧 認識이란 實踐을 위한 것이다. 그러므로 헛되이 思辨(Speculation)을 弄하고 現象의 背後에 숨은 形而上學的 根據를 탐구할 필요가 없다. 이러한 一切의 形而上學的 試圖를 排除하고, 철두철미 現象만을 對象으로 하여, 그 法則 關係를 찾지 않으면 아니 된다고 하는 것이다. 그에 의하면, 哲學이란 科學이 제공하는 知識을 組織하고, 統一的 槪念을 얻으려고 하는 學的 努力에 지나지 않는다.

§ 215, 實證論은 近世에 있어서의 自然 科學의 勃興에 자극되어 수립된 것으로, 空虛한 形而上學的 思辨을 排擊하고 經驗的인 實證을 중시한 것은 커다란 功績이며 可知的 世界와 不可知的 世界를 준별하고, 經驗的 知識을 現象의 범위 안에 한정한 것은 認識의 可能의 問題에 대하여 높이 評價할 만한 일이라고 할 수 있다. 그러나 實證論은 결국 認識의 相對論(Relativism)에서 떨어지지 아니 할 수 없다. 곧 認識은 經驗의 단순한 결합에 지나지 않다는 데서, 이러한 經驗의 雜多를 統一하는, 바꾸어 말하면, 認識을 構成하는 主觀의 能動的

實證論 批判

可知的 世界
와
不可知的 世界

相對論

universal
validity

活動을 무시하고 있는 것이다. 더욱 實證論에 있어서는 實證的인 知覺的 經驗만이 知識을 형성한다고 하는 나머지 認識의 普遍安當性을 否定하는 결과를 초래한다. 곧 偶然的·個人的인 것이 어떻게 하여, 確實性 있는 眞理일 수 있을 것인가가 問題이다.

Allgemeingültigkeit

varidité
universelle

certainty
Gewissheit
certitude

§§ Isidor Auguste Marie Francois Xavier Comte의 主著

1, 「實證 哲學 講義」(Cours de philosophie positive)   1830～1842.
2, 「實證 政治 體系－人間敎를 創設하는 社會學의 槪論」
   (Systéme de politique positive, ou Triaté de sociologie insitiuant la religion de l'humaité, 4 Vol)   1851～1854.
3, 「實證主義 問答」(Catéchisme positiviste)
                                    1852.
4, 「主觀的 綜合 혹은 人間의 常態에 固有한 一般的 思惟 體系」(Synthese subjec-ive, ou systeme universel des Conceptions propres à l'oétat normal de I'humanité)의 第一卷 「實證 論理 體系 或은 數理 哲學 原論」(Système de logique positive, ou Traité de philosophie mathématique)

넷째 조각 批判論(Criticism)

§ 216, 批判論이 認識의 可能의 限界를 現象的 世界에 한정하고, 超經驗的 世界의 곧 形而上學的 世界의 認識에 대하여, 批判的·否定的 態度를 취한 것은, 우선 實證論과 다름이 없다. 그러나 實證論에 있어서는 形而上學的 實體는 이를 虛無라고 배척하여 버렸지마는, 批判論에 있어서는 새로운 根據 위에 形而上學의 存在를 긍정하는 것이다. 곧 批判論이 주장하는 知識은, 實證論의 주장과 같이 經驗을 기다려서 비로소 생기는 것이기는 하지만, 그것은 先驗的인 感性 및 悟性의 形式에 의하여 構成된 것이기 때문에 實證論과 같이 個人的·偶然的인 相對論에 떨어지는 일이 없이, 완전히 必然的이며, 普遍 妥當的인 것이다.

§ 217, 批判論은 Kant의 제창에 의한 것인데, 그를 따르면, 認識의 源泉은 感性과 悟性과의 協同에 의하여 가능하다. 悟性은 自發的인 對象의 思惟 能力이며, 感性은 受動的이며, 그 悟性에 思惟의 素材를 제공하는 能力인데, 그 素材란 感性이 스스로의 形式(Form)에 의하여 對象으로부터 받아들이는 것이다. 그러면 對象은 어떻게 하여 우리의 感性에 주어지는 것일까? 이러한

sensibility
Sinnlichkeit
sensibilité

understanding
Verstand
entendement

Kant
(1724~1804)

感覺의 原因으로서 우리의 感官을 觸發하는 (affizieren) 것이 곧 Kant의 有名한 '物自体'다. 物自體는 우리의 主觀에서 獨立하여 存在하고, 感性的 表象 作用의 材料의 根據이긴 하지만, 그것은 超經驗的인 것이며, 그리고 그것이 感覺의 原因으로서 要請되고, 또 假定된 것인 限 認識의 對象일 수는 없다. 우리의 認識은 決코 이러한 形而上學的인 物自體의 領域에까지 미칠 수 있는 것이 아니다. 우리의 認識 可能의 世界는, 이 物自體에 의하여, 感性이 '觸發' 되어 생기는 現象의 世界에만 국한되어 있는 것이다.

§ 218, 批判論이 認識의 限界에 대하여, 깊이 그 眞理性을 밝힌 것은 두말할 것도 없다. 그러나 여기서도 커다란 難點으로서 남는 것은, 그의 '物自體'다. *Kant*는 이에 대하여 한편 限界 概念으로서, 現象을 생각할 때에는 思想的 必要上 반드시 想定하지 않으면 아니 되는 것이라고 말하나, 그것은 우리가 보는 바 하나의(思惟의) 要請 (Postulat)이며, 假定(Hypothese)이고 決코 實在(Realität)의 주장이 아닌 것이다. 그런데 知識의 素材인 感官의 所從來를 論하는 경우에는, 확실히 物自體 實在하고, 또 그것에 의하여, 感覺이 觸發되어, 생기는 것

thing in itself
Ding an sich
chose en soi

批判論 批判

要請과 假定

이라고 주장한다. 곧 어떤 경우에는 物自體
는 要請이며, 假定으로 觀念論的 立場에서
그 實在가 否定되는 동시에 다른 경우에는
實在論的 立場에서 그것이 확실히 肯定되
어 있는 것이다. 그 物自體가 이러한 矛盾
을 포함하고 있는 것이라고 할지라도 그것
을 손쉽게 除去할 수는 없다. 그러나 이것
이 除去되지 않는 限, 그 學說은 스스로
불철저함을 免하지 못할 것이다. 여기에 있
어서, Kant 以後의 哲學者들은 누구나 物
自體의 槪念을 어떻게 解釋할 것인가에 대
하여 全力을 傾注함에 이르렀다.

열다섯째 가름

認識의 起源論

첫째 조각 合理論(Rationalism)

§ 219, 認識은 어떻게 또 무엇을 그 源
泉으로 하여 成立하는가? 또 認識의 構成

要素는 무엇인가라고 하는 問題에 대한 考究가 認識의 起源의 問題다. 이 起源에 대해서는 두 가지의 意味가 可能하다 곧 그것은 心理學的과 論理學的의 그것이다. 心理學的 解釋의 경우는, 이를테면 2×2＝4라고 하는 眞理가, 우리에게 認識하게 된 경우에, 그 認識의 事實이 언제 일어나고, 또 어떠한 心的 作用에 있어서 일어났는가를 보려는 것이다. 곧 認識은 思惟하는 主觀에 있어서, 心理學的으로 어떻게 成立하는가라고 하는, 成立 過程의 問題, 곧 個人的 主觀에 있어서의 그것의 起源, 그것의 心理學的 要素의 問題이며, 이에 대하여, 認識의 論學理的 立場은 認識 成立의 時期에는 關係없이, 이러한 眞理가 認識되기 위해서는 어떠한 素因이 필요하고, 또 어떠한 根據에 依하지 않으면 아니 되는가를 論理的으로 해명하려는 것이다. 곧 認識을 可能하게 하는 必然的 條件, 論理的 根據는 과연 무엇인가라는 問題, 超個人的인 普遍 安當性의 根據 곧 認識의 眞理性, 客觀性 따위의 論理的 性質을 부여하는 基礎의 問題다.

§ 220, 認識의 起源을 全혀 先天的인 理性의 作用에 求하는 것을 理性論 또는 合理論이라고 한다. 이에 의하면, 우리의, 認識은 現象的 世界의 經驗에 의하여 成立하는 것이 아니고, 오히려 우리에게 本來

心理學的 意味
와
論理學的 意味

objectivity
Objektivität
objectivité

的인 生得的 理性에 의해서만 可能하다고 하는 것이다. 우리는 後天的인 經驗的 感性에 의한 認識의 存在를 부정하는 것은 아니나, 우리의 感覺은 때때로 誤謬를 犯하는 甚히 不確實한 것이기 때문에, 經驗的 認識은 참된 것이라고 말할 수가 없다. 따라서 그것을 참된 認識 作用 내지 起源으로서 보기는 곤란하다. 확실한 認識은, 이러한 經驗에 의한 것이 아니고, 經驗에서 전연 독립한 本來의 先天的 理性에 의해서만 認識의 眞理는 成立한다. 이 理性만이 認識의 유일의 機能이며, 또 源泉이다. 이 理性이 自己의 論理的 法則에 좇아서 自己의 論理를 展開하는 데에 참된 認識이 成立한다고 하는 것이다. 이러한 理論의 最初의 形態는, 그레시아의 自然 哲學者인 *Herakleitos*와 *Parmenides*에서 찾아볼 수 있다. 그들에 의하면, 經驗的 知識은 雜多하고, 無統一하여 變化하지만, 思惟에 의한 知識은, 世界의 眞相을 우리에게 알려주는 것이다. 또 Platon에 이르러서는 人間의 肉體를 靈魂의 囹圄라고 한다. 우리는 이러한 感性的 肉體를 離脫하여, 精神에 살게 될 때, 참된 知識을 얻게 되는 것이다. 感性的 知覺에 의해서는, 다만 感性的 世界를 알 수 있을 뿐이며, 따라서 참된 認識이 아니고, 理性的 認識만이 世界의 永遠 不變한 存在를 파악할 수 있다고

Herakleitos
(536~470)

Parmenides
(554~501 B.C.)

Platon
(427~347 B.C.)

하는 것이다.

§ 221, 그리고 Descartes는 전형적인 合理論者라고 말할 수 있다. 그에 의하면 理性은 人間의 本有 槪念, 곧 生得的인 것이다. 이러한 理性은 經驗的인 것에서 독립하여, 우리에게 具有되고, 이것이 直觀的으로 明晰·判明(clara et distincta)한 認識을 주고, 一切의 思惟는, 이 能力에 의하여 확보되는 것이다. Descartes의 Cogito, ergo sum의 自覺에 있어서의 自我의 觀念이나, 神의 觀念, 數學上의 原理 같은 것도 이를 本有 觀念 곧 理性이라고 할 수 있는 것이다. 이들은 어느 것이나, 後天的 經驗에 의하여 獲得된 것이 아니다. Descartes를 계승한 Spinoza도 經驗的 知識의 不可信性을 說하고, 思惟와 悟性에 의한 것만을 진실의 認識이라고 하였다.

§ 222, 合理論은 一切의 經驗的 認識의 참되지 않음을 역설하고, 이러한 經驗에서 독립한 生得的 理性에 의한 認識이야말로, 참된 認識이라고 한다. 이러한 生得的인 理性의 存在가 가장 確實한 것임은 의심의 여지가 없다. 그리고 經驗論과 같이 知識을 단순히 經驗함으로써만 성립하는 것이라고 보지 않고, 理性에 의한 能動的 思惟 活動을 강조한 것은 卓見이라고 아니 할 수 없다. 그러나 理性的 知識에만 참된 意義를 허용하고 經驗的 知識은 이를 전연 無視하

Descartes
(1596~1650)

innate ideas
angeborene
Ideen
idées innées
idea innata

Spinoza
(1632~1677)

Kant

는 일은, 필경 *Kant*의 이른바 "內容이 없는 空虛한 思惟"(Gedanken ohne Inhalt sind leer〜Concepts without intuitions are empty)에 떨어지는 것밖에 되지 않을 것이다. 그러므로 經驗的 知識은 이를 배치할 것이 아니고, 理性的 知識을 이로써 補充하지 않으면 아니 된다. 經驗을 떠난 理性만의 思惟 活動은, 獨斷에 떨어지기 쉽다. 우리가 이미 獨斷論에서 究明한 바와 같이, 合理論, 特히 *Kant* 以前의 大陸派의 形而上學을 獨斷論이라고 부르는 所以이다.

※ Kant의 유명한 命題 "內容이 없는 思惟는 空虛하고 槪念이 없는 直觀은 盲目이다"(Anschauungen ohne Begriff sind blind)라는 말은 孔子의 "學而不思則罔하고 思而不學則殆니라"(論語)는 말과 相通한 意味 內容이라고 할 수 있을 것이다.

둘째 조각 經驗論(Empiricism)

§ 223. 合理論에 있어서의, 生得的 理性이 반드시 완전한 認識을 확립하지 못하고, 經驗을 無視해버리는 중대한 과오를 犯하여, 이른바 獨斷論에 떨어졌다고 한다면, 認識論에 있어서, 우리는 어떠한 입장을 取하여야

할 것인가? 理性이 生得的이라고 하는 주장
보다도, 오히려 우리의 觀念이 '白紙'(tabula
rasa)의 狀態에 있고, 따라서 우리의 觀念의
形成은 이러한 '白紙'에 대한 外的 經驗에
의해서만, 可能한 것이 아닐까? 곧 認識이
란, 生得的 理性에 의해서가 아니고, 感覺的
經驗에 의하여 可能한 것이 아니면 아니 된
다. 그 感覺이 뒤이어 知覺 觀念을 낳고, 차
차 集積하여, 복잡한 精神 作用을 構成하고,
거기서 槪念的 知識을 낳는 것이라고 생각
된다. 이리하여 우리의 認識은 전혀 後天的
인 經驗을 근거로 하여, 그 위에 비로소 成
立하는 것이라고 하지 않으면 아니 될 것이
다. 이 입장이 곧 經驗論이다. 經驗論의 根
本 命題는 "일찍이 感覺 가운데 없던 어떠
한 것도, 知性 가운데에는 없다"(Nihil est in
intellectu, quod non prius fuerit sensu)는, 이
것이다. 다시 말하면, 理性만으로는 결국 아
무것도 認識되지 않는다. 認識의 材料는 모두
이것을 感性 곧 經驗的 世界에 求하지 않으
면 아니 된다. 이러한 것을 材料로 하여, 이를
결합시키고 분리하는 作用이 곧 理性이며, 이
에 의하여 비로소 認識이 성립하는 것이다.

§ 224, 그레시아 古代의 *Protagoras*는 一
種의 感覺論(Sensualism)에 입각하여, 感官
이 知覺한 것 以外에는, 아무것도 存在하지
않는다고 주장하였다. 그는 심지어 幾何學的

outer experience
äußere Erfahrung
experience
externe

Protagoras
(c. 500~430)

感覺論

Locke
(1632～1704)

Condillac
(1715～1780)

合理의 眞理性까지도, 感官 知覺과 모순되는 경우에는 이를 부정하였다. 近世에 와서 經驗論을 처음 體系化한 이는 Locke다. 그는 *Descartes*의 本有 觀念과는 준엄하게 對立하여, 우리의 精神은 아무런 本有觀念도 갖지 않고, 그것은 마치 '白紙'(tabula rasa)와 같다. 이 白紙에 文字를 記入하는 것은 經驗이다. 따라서 그는 經驗에 앞서는 어떠한 槪念도 存在할 수 없다고 主張한다. 모든 觀念은 經驗의 産物이다. 그는 經驗을 둘로 나누어, 하나는 우리의 感官이 外部에서 受容하는 感覺(sensation)이며, 다른 하나는 內容 곧 精神의 作用과 關係하는 反省(reflection)이다. 그리고 一切의 觀念은 이 두 個의 經驗의 여러 가지 결합에 의하여 성립하는 것이다. 그러나 *Locke*는 感覺 外에 內的 感覺으로서의 反省을 시인하는 점에서 철저한 感覺論者라고는 할 수 없지만, Condillac에 이르러서는 感覺論的 色彩가 아주 농후해진다. 그는 *Locke*의 二元性(感覺과 反省과의 並存)을 극복하여, 感覺의 絶對的 優位를 인정하고, 이로써 人間의 全 精神 生活을 統一的으로 설명하고 있다. 그리고 *Condillac*는 *Descartes*의 本有 觀念論을 한낱 空想이라고 하고, *Leibniz*의 單子論(Monadology)에 있어서의 思辨的·抽象的 思考 方法을 철저하게 攻擊하고, *Spinoza* 哲學의 形而上學的 制約性

을 지적하여, 特히 그 統一的인 物質的 實
體에 관한 說을 반박한다. 그 외에 *Helvetius*
나 *Mach* 등도 철저한 經驗論을 주장하였다.
認識의 起源으로서 感覺的 知覺, 특히 外的
感覺만을 주장하고, 거기에서 독립한 內的
經驗인 反省 따위를 認定하지 않음은 *Condi-
llac*에 있어서와 마찬가지다. 직접 感覺에 주
어진 것만이 참이고 또 그것만이 確實한 것
이라고 하는 것이다.

§ 225, Hume에 이르러 英國의 經驗論
은 그 絶頂에 達하였다. *Loke*와 같이 그도
또한 心理的으로 經驗論을 說하고, 經驗 또
는 印象(impression)을 知識의 第1次的 基礎
라고 보고, 思惟는 다만 직접적으로 즈어진
經驗的 事實을 結合 또는 增補하는 데 지나
지 않다고 한다. *Hume*의 經驗論에 있어서
가장 유명한 理論은, 이른바 因果律의 批判
이다. 그에게 있어서 因果性은, 事物 사이에
必然的으로 存在하는 것도 아무것도 아니고,
또 우리에게 本具的인 先天的 觀念도 아니
며, 필경 經驗的 習慣의 結果로서 主觀의
所產에 지나지 않는 것이다. 따라서 因果律
에 基한 知識은 論理的도, 事實的도 아니
고 一種의 信念이다. 이리하여 Hume은
Locke로부터 시작하는 經驗論的 認識論을
懷疑論的으로 歸結시키고 말았다.(§194 참

Spinoza(1632～1677)

Helvetius
(1715～1771)

Mach, E.
(1838～1916)

Inner experience

Innere Erfahrung
experience
interne

Hume
(1711～1776)

因果律의 批判

經驗論 批判

kant

universality
Allgemeinheit
universalité

조) 그러나 그의 懷疑는 理性의 越權에 對한 抗議며, 一切의 觀念의 根源을 感覺的 印象에 求한 點 등, *Hume*은 역시 感覺論的 經驗論(sensualistische Empirismus)에 입각하고 있는 것이 사실이다.

§ 226, 經驗論이 經驗的 世界를 강조함은 지당한 일이라 하겠다. *Kant*가 그「純粹 理性 批判」(Kritik der reinen Vernunft)의 첫머리에서 말한 것처럼 "우리의 모든 認識은 經驗과 더불어 신작하는 것"(alle unsere Erkenntnis mit der Erfahrung anhebt~All our knowledge begins with experience)이다. 經驗을 부정하고는 認識은 있을 수 없다. 그러나 經驗은 단순히 經驗論者가 말하는 것처럼, 外部에서 受動的으로 우리에게 주어지는 것이 아니고, 經驗 成立을 위해서는, 主觀의 能動的 活動이 必須 要件인 것이다. 단순히 經驗에 의하여 주어지는 感覺은 偶然的 · 個別的이며 普遍性을 가지지 않는다. 經驗이 客觀的인 것이 되기 위해서는, 主觀의 思惟 方式(Denkformen)에 의한 統一이 필요하다. 이러한 點을 經驗論이 看過한 데에 커다란 誤謬가 있는 것이다. 그리고 感官 知覺을 經驗의 最終의 根源이요 또 決定者라고 하는 感覺論은, 物質的 現象에 關하여서는 정당하지만, 精神的 現象에 對하여서는 스스로 한

계가 있음을 부인할 수 없는 것이다.

§ 227, John Locke의 主著

1, 「宗敎的 寬容의 書」(Epistola de Solerantia)
1689,

2, 「宗敎的 寬容의 書 第二」(A second Letter
Concerning Toleration) 1689~1691,

3, 「人間 悟性論」(An Essay Concerning hu-
man Understanding) 1690,

4, 「政府論」(Two Treatises of civil Gove-
rnment) 1690,

5, 「宗敎的 寬容의 書 第三」(A Third Letter
for Toleration) 1692,

6, 「敎育論」(Some Thoughts Concerning
Education) 1693,

7, 「聖書에 陳述된 基督敎의 合理性」(The Reaso-
nableness of Christianity as delivered in
the Scriptures) 1693,
以下 유고

8, 「悟性의 作用에 關한 論文」(Of the Co-
nduct of the Understanding) 1706,

셋째 조각 先驗論(Transcendentalism)

§ 228, 合理論에 있어서는, 理性의 絶對性

aporia

感情과 悟性

先天的 綜合 判斷

質料와 形成

을 강조하고 經驗論에서는 生得的인 本有 觀念을 부정하여, 참된 認識은 끝까지 經驗에만 의거하는 것이라고, 固執하여, 서로가 他의 입장을 顧慮하려고 하지 않는다. 그러나 위에서 본 바와 같이, 이러한 입장이 一面의 眞理를 나타내면서도, 허다한 aporia를 감추고 있다는 것을 또한 부인할 수 없는 것이다. 先驗論은 이 合理論과 經驗論과의 對立을 統一하고, 感性(Sinnlichkeit)과 悟性(Verstand)을 同調하게 하고, 認識의 眞理性을 수립하려고 하는 새 입장이다. 곧 感性은 受容性(Rezeptivität)이 그 특징이고, 悟性은 自發性(Spontaneität)이 그 특징이다. 感性에 의하여 우리에게 주어진 對象을, 悟性에 의하여 思惟함으로써 비로소 認識은 可能한 것이다. Kant에 의하면, 感性은 對象을 表象하는 能力 以上의 것이 아니고, 悟性만이 이러한 表象을 통하여 그것을 思惟하는 能力을 가지고 있는 것이다. 感性과 悟性과의 協同에 의하여 생기는 이른바 ‘先天的 綜合判斷’(synthetisches Urteil a priori)에 의하여 認識이 형성되는 것이다. 그리고 認識에는 質料(Materie)—感覺—과, 또 하나 形式(Form)—時間, 空間, 思惟—와의 두 要素가 있고, 이 두 要素의 統一에 의하여, 비로소 認識의 眞理性이 성립하는 것이다.

§ 229, 앞서도 든 바와 같이 Kant는 「純粹理性 批判」(1781)의 冒頭에서, "우리의 모든 認

識은 經驗과 더불어 시작한다. 그러나 반드시 모든 認識이 모두 經驗에서 發見하는 것은 아니다"(……so entspringt sie darum doch nicht eben alle aus der Erfahrung~it by no means follows that all arises out of experience)라고 말하고 있다. 우리는 먼저 어떤 事物을 認識하는 경우에 그 꼴, 빛깔, 크기 등을 感覺한다. 그런데 이 感覺은 반드시 항상 '언제 어디서'에 있어서의 感覺이 아니면 아니 된다. ─라고 말하는 것은 時間, 空間에 있어서 感覺하는 것이 아니면 아니 된다고 하는 뜻이다. 달리 말하면, 感覺 成立을 위해서는 時間, 空間이 그 前提 條件으로서 먼저 存在하지 않으면 아니 된다. 그러나 時·空 안에서 感覺되었다고 하더라도, 다만 이것만으로는 認識은 성립하는 것이 아니다. 왜냐면, 感覺은 個人的·相對的의 것이며, 따라서 普遍性을 가지지 않기 때문이다. 그러면 認識이 普遍 妥當性을 獲得하기 위해서는, 어떠한 條件이 필요한가? 그런데 이러한 感覺을 統一하고, 綜合하는 思惟 作用이 없다면, 全體的인 참된 認識은 成立하지 않을 것이다.

§ 230, 이 思惟의 形式(Denkformen) 곧 思惟의 方式이 이른바 範疇(Kategorie)다. 이 範疇 없이는 認識은 形成되지 않는다. 이리하여, Kant에게 있어서, 참된 認識이 成立하기 위해서는, 感覺(經驗)이 必要한데, 그 感覺의 前提 條件으로서 먼저 時間, 空間 및 範疇(悟性)가

時間과 空間

category

直觀의 形式과
思惟의 形式

있지 않으면 아니 된다. 認識의 要素로서의 感
覺을 質料(Materie)라고 하고, 時, 空 및 範疇
를 形式(Form)이라고 한다. 이 形式은 다시 直
觀의 形式(Anschauungs form)으로서의 時間,
空間과 思惟의 形式(Denkformen)으로서의 範
疇로 나뉜다. Kant는 앞의 것을 感性의 形式
이라고 하고, 뒤의 것을 悟性의 形式이라고 부
른다. 이리하여, 우리의 認識은 質料 곧 感性
과, 形式 곧 時間, 空間, 思惟와의 綜合 統一
에 의하여 성립한다. 그 認識이 普遍 妥當性
을 갖는 眞理를 구성하기 위해서는 個人的·
偶然的인 感覺에 의해서가 아니고, 超個人的
인 形式에 의해서가 아니면 아니 된다. 왜 그
러냐 하면 認識의 形式은 超個人的일 뿐 아니
라, 經驗에 앞서서 存在하는 先天的(a priori)
인 것이기 때문이다.

§ 231, 다음의 思惟의 形式에 대하여 보
건대, 思惟의 本質은 判斷 作用이다. Kant는
先驗的(transzendental)인 思惟의 形式 곧 '純粹
思惟 形式(die reinen Denkformen)을 Aristoteles
에 좇아서 範疇(Kategorien)라고 부른다.

(Kant에게 있어서 範疇는, 앞서의 直觀 形式
과 같이 先天的이며 經驗을 可能하게 하는 制
約이다. 그는 範疇를 定하는 데 있어서 論理學
에 있어서의 判斷 形式의 種類－分量, 性質, 關
係, 樣相 등에 좇아서 各各 거기에 세 個씩의
範疇를 配置하여 全部 12個의 範疇를 세웠다.

이들의 範疇는 '純粹 悟性의 基礎槪念'(Stamm Begriffe des reinen Verstandes)이며, 多樣의 直觀을 理解하고 對象을 思惟하도록 하는 것 곧 感性的 內容을 合法化하고 客觀化하는 것이며, 經驗은 可能하게 하며, 또 經驗의 對象을 構成하는 것이다.)

§ 232, 모든 經驗的 認識은, 일단 時, 空에 나타난 質料를 이 範疇에 의하여 構成하지 않으면 成立할 수가 없다. 그러므로 그것은 先天的이 아니면 아니 된다. 그렇다고 하면, 그 綜合 統一에 의한 判斷은 바로 先天的 綜合 判斷 (Synthetical judgment a priori - 이를테면 $7+5=12$의 公式과 같이)이 아니면 아니 된다. 이와 같이 先驗論이 認識을 단순히 外部에서 주어지는 것이라고 하지 않고 主觀의 能動的 · 自發的 作用을 인정하고, 그 위에 感覺의 質料를 先驗的인 主觀의 形式에 의하여 統一하는 데에서 찾으려 한 것은 *Kant*의 커다란 功績이 아닐 수 없다.

§ 233, Kant의 範疇表(Tafel der Kategorien ~ Table of the C,)

$$7+5=12$$

	判斷(Urteile, judgments)	範疇(Kategorien, categories)
分量 (Quantität Quantity,)	全稱的(Allgemeine, Universal) "모든 A는 B다" 特稱的(Besondere, Particular) "어떤 A는 B다" 單稱的(Einzelne, Singular) "이 A는 B다"	全體性(Allheit, Totality) 雜多性(Vielheit, Plurality) 單一性(Einheit. Unity,)
性質 Qualität Quality)	肯定的(Bejahende, Affirmative) "A는 B다" 否定的(Verneinende, Negative) "A는 B가 아니다" 無限的(Unendliche, Infinite) "A는 非 B다" 制約的(Limitative, finite)	實在性(Realität, Reality) 否定性(Negation, Negation) 制限性(Limitation, Limitation)
關係 (Relation Relation)	斷言的(Kategorische, Categorical) "A는 B다" 假言的(Hypothetische, Hypothetical) "C가 D면 A는 B다" 選言的(Disjunktive, Disjunctive) "A는 B든가 C든지다"	內屬性 및 實體性(實體와 偶有性) (Ihärenz u. Subsistenz) (Inherence a. Subsistence) 因果性 및 依存性(原因과 結果) (Kausalität u. Dependenz) (Causality a. Dependence) 相互性(能動者와 受動者의 交互作用) (Gemeinschaft, Community) (Wechselwirkung zwischen den Handelnden und Leidenden)
樣相 (Modalität Modality)	蓋然性(Problematische, Problematical) "A는 B일 것이다" 確然的(Assertoriche, Assertorical) "A는 B다" 必然的(Apodiktische, Apodictical) "A는 반드시 B가 아니어서는 안 된다"	可能性~不可能性 (Möglichkeit~Unmöglichkeit) (Possibility~Impossibility) 存在性~非存在性 (Dasein~Nichtsein) (Existence~Nonexistence) 必然性~偶然性 (Notwendigkeit~Zufälligkeit) (Necessity~Contingence)

Heine
(1797~1856)

§ 234, 人間 *Kant*에 대하여 詩人 *Heine*
는 다음과 같이 적었다.

"*Kant*의 傳記는 쓰기가 不可能하다. 傳記
도 歷史도 그는 가지고 있지 않기 때문이다.

그 生涯는 機械的, 秩序的, 抽象的인 獨身者
의 生活로 Königsberg 市의 조용한 거리에 살
고 있어, 市의 寺院의 큰 時計도, 그처럼 정
확히 나날의 業을 營爲하지는 않았다고 말한
다. 그는 아침 일어나서 Kaffee를 마시고, 무
엇인가 쓰고 大學에 나가 講義하고, 正午의
食事가 끝나면 산책을 한다는 順序로서 전연
時間이 定하여 있다. 그가 灰色의 웃옷을 걸
치고, 지팡이를 손에 들고, 밖으로 나가 哲學
者의 거리(The philosopher's Walk)라고 지금
도 불리는 보리수 밑 길을 거닐면, 사람들은
벌써 네 時 半이로구나라고 말하였다. 어떠한
날씨거나, 그 一定한 거리를 대개 여덟 번 오
르내린다. 暗澹한 겨울 하늘이 되어, 灰色 구
름이 비를 재촉하면 그의 충복인 *Lampe*가 큰
우산을 받쳐들고 거기를 여전히 지나간다"라고
그러기에 어떤 익살꾼은 "*Kant*의 生涯는 規
則 動詞 가운데 가장 規則的으로 經過하였
다"(Kant's life passed like the most reguㅣar of
regular verbs)라고도 말하였다. 그러나 그가 만
약 萬에 하나라도, 이 산책의 時間이 ㅂㅏ뀌는
날이면, 世界史의 變更을 Königsberg 市民들
은 두려워하였던 것이다. 만약 그가 어떠한 思
索과 硏究의 耽溺으로 그리된 것이라면, 거기
서 올 새 思想은 기필 世界史를 움직이게 될
것임으로써다. 그는 과연 一生涯를 통하여 몇
번이나 世界史 變更을 위하여 寺院에 매달린
時計보다도 더 정확한 時間을 어겼을 것인가?

§ 235, 그리고 *Kant*에게서 直接 배운 바

Herder
(1774~1803)

있는 *Johann Gottfried Herder*는 옛날을 追
憶하여 다음과 같이 피력하고 있다.

"나는 한 사람의 哲學者와 알게 된 행복을
얻었다. 그 哲學者란 나의 恩師인 그 사람이
다. 그는 壯年 時代에 있어서 가장 즐거운 젊
음에 가득 차 있었거니와, 아마 이것이 또한
老年이 된 오늘날에도 依然히 그를 이끌어 주
고 있는 것이리라. 思索에 빛나는 저 빼어난
이마는 항시 明朗한 法悅에 가득 차 있었고
思想이 넘쳐흐르고 또 機略이 풍부한 諧謔과
諷刺를 가득 실은 그의 講義는 능히 사람들을
啓發시키고, 또 크게 마음을 즐겁게 하여주었
다. Leibniz, Wolff, Baumgarten, Crusius, 그리
고 Hume 등을 檢討하고 나아가 Kepler,
Newton 또 다른 諸家들의 自然法則을 考究
한 그 精神으로 당시 世上에 物議를 일으킨
Rousseau의 「Emile」과 「Heloise」 또는 그가
알 수 있는 一切의 自然에 대한 深奧한 이해
를 가져다가 縱橫 無盡하게 評議하고, 그러나
동시에 이들 自然에 대하여 얽매이지 않는 知
識과 人間의 道德的 價値에 歸結시켰다. 人
類史, 國民史, 自然史, 또는 自然 哲學, 數學
그리고 實地의 經驗들은 모두 그의 講義를
生氣 있게 하는 源泉이었다. 알 값어치가 없
는 것들은 그에게 아무런 관심도 주지 않았고,
偏見, 詭計, 黨派心 그리고 功名心 등은 오로
지 眞理의 解明과 擴充만을 志向하는 그에게
대해서는 추호의 자극도 될 수가 없었다. 壓
制는 그의 性格과 맞지 않았고, 따라서 항상

Rousseau
(1712~1778)

모든 사람들로 하여금 스스로 노력하여 이루
는 바 있도록 하였다. 내가 지금 그 모습을
마음 기쁘게 回想하면서 여기에 최대의 感謝
와 尊敬으로써 말할 수 있는 기는 곧
Immanuel Kant 그 사람이다’라고

§ 236, Immanuel Kant의 主著

Kant(1724~1804)

1, 「生命力 測定考」(Gedanken von der wa-
   hren Schätzung der lebendigen Kräfte
   etc)   1747(大學 卒業 論文)
2, 「一般 自然史 및 天體의 理論」(Allge-
   meine Naturgeschichte und Theorie des
   Himmels)   1755(匿名 出版)
3, 「形而上學的 認識의 第一 原理의 새로
   운 見解」(Principiorum primorum cognitionis
   metaphysicae novadilucidatio)
                    1755(講師 就職 論文)
4, 「神의 存在의 論證을 위한 唯一의 可能한
   證明 根據」(Der einzig mögliche Beweisgrund
   zu einer Demonstration des Daseins Gottes)
                          1763(論文)
5, 「感性界 및 知性界의 形式 및 原理에 대
   하여」(De mundi sensibilis atque intelligibilis
   forma et principiis)
                1770(教授 就職 論文) (講演稿)
6, 「純粹 理性 批判」(Kritik der reinen

Vernunft)   1781

7, 「學으로서 나타날 수 있는 未來의 形而
上學에의 序說」(Prolegomena zu einer
jeden künftigen Metaphysik, die als
Wissenschaft wird auftreten können)1783

8, 「道德의 形而上學의 基礎 附與」(Grundle-
gung zur Metaphysik der Sitten) 1785

9, 「自然 科學의 形而上學的 基礎(始原)」
(Metaphysische Anfangsgründe der Natu-
rwissenschaft)   1786

10, 「實踐 理性 批判」(Kritik der praktischen
Vernunft)   1788

11, 「判斷力 批判」(Kritik der Urteilskraft)

1790

12, 「單純한 理性의 限界內에 있어서의 宗敎」
(Die Religion innerhalb der Grenzen
der blossen Vernunft)   1793

13, 「永久 平和論, 哲學的인 一 企圖」(Zum
ewigen Frieden, ein philosophischer Entwurf)

1795

14, 「道德의 形而上學」(Die Metaphysik der
Sitten)   1797

15, 「實踐的 見地에서 본 人間學」(Anthropo-
logie in pragmatischer Hinsicht)   1798

16, 「論理學」(Logik)

17, 「Immanuel Kant의 敎育學」(Immanuel Kant
über Pädadogik) 1803(M, Rink의 整理)

열여섯째 가름
認識의 對象論

첫째 조각 觀念論(Idealism)

§ 237, 獨奧學派(Deutsch—Österreichische Schule)의 祖 Brentano에 따르면, 心的 現象의 특징은 志向性(Intentionalität)에 있고, 志向性이란 對象(Gegenstand)를 自己 속에 內在시키는 일이다. 認識의 경우도 역시 認識되는 것, 곧 認識의 對象(Gegenstand der Erkenntnis)이 있지 않으면 아니 된다. 主觀과 客觀은 절대로 띠워서 생각할 수 없다. 認識 作用은 主觀的인 것이며, 그 對象은 客觀的인 것이다. 그러므로 認識은 對象과 서로 對立하는 데에 意味를 갖는 것이며, 따라서 主觀을 떠난 對象도, 또 對象을 豫想하지 않는 認識도 없다. 認識은 반드시 '어떤 것'의 認識이 아니면 아니 된다. 그러면 이 '어떤 것'이란 대체 무엇인가? 어떻게, 또 어떠한 狀態에 있어서, 그것은 存在하고, 또 우리에게 認識이 될 수 있는 것인가? 여기에 認識의 對象의 問題가 생긴다. 그

Brentano
(1938~1917)

志向性

인식의
본질론

Copernicus的
轉回

subjective
idealism
subjektive I.
idealisme subjectif

Berkeley
(1685~1753)

리고 認識은 반드시 어떤 對象의 認識인 점
에 그 本質을 갖기 때문에, 認識의 對象의 問題
는 認識論에 있어서 本質的인 것이다. 이를 또
한 認識의 本質論이라고도 부르는 所以이다.

§ 238, 認識의 對象의 問題에 대한 해답
으로서, 우리는 觀念論과 實在論을 들 수
있다고 보았거니와, 觀念論은 認識 主觀(Erke-
nntnissubjekt)을 超越하는 實在를 인정하지
않는다. 認識의 對象은 따로 독립하여 存在
하는 따위의 것이 아니고, 認識 主觀에 의
존하는 것이며, 따라서 그것은 主觀의 意識
內容, 내지 觀念 內容에 불과하다고, 본다.
認識 對象은 主觀에 의하여 規定되고(Kant
의 이른바 kopernikanische Wendung) 意識
이 唯一 絶對的 存在이며, 對象은 그러한
의미에서 意識的이며 精神的이라고 하는
것이다. 觀念論 中에서, 가장 단순한 것은,
主觀的 觀念論이다. 主觀的 觀念論은 客觀
은 모두 個人的 主觀에 의존하고, 存在는 主
觀의 意識 內容이라고 본다. 곧 個個의 主
觀과 自我를 떠나서는 存在는 있고(感覺的
事物이) 存在한다고 하는 것은, 모두 個人의
知覺에 있어서만, 아니 거기에 依存하여서만
存在한다고 하는 것이다.(Berkeley의 이른바
"存在한다는 것은 곧 知覺되는 것"—esse est
percipi) 이 입장에 있는 哲學者는 Berkeley다.

§ 239, 그에 의하면, 認識하는 主觀에 의거하지 않고, 그 自體에 있어서 存在한다고 하는 實體는 그릇된 定立이다. *Locke*는 實體(Substance)를 '第一 性質'(primary quality)의, 알려지지 않은 支持者라고 하지만, 이러한 假定은 오류다. *Locke*가 事物의 性實을 第一 性質, 第二 性質(secondary quality)로 나누고, 앞의 것은 物質 自體에 不可分的으로 密着되어 있는 것이고(이를테면 堅固, 延長, 形, 運動 내지 靜止, 數 등), 第二 性質은, 第一 性質에서 派生된 第二義的인 性質이며, 우리의 感覺으로 受容할 수 있는 전혀 主觀的인 觀念이라고 하지만(色, 音, 味, 熱 등), 앞의 것이나, 뒤의 것이나 모두 主觀의 表象 이외의 아무것도 아니다.(第一 性質의 否定) 事物이 存在한다고 하는 경우, 그것은 觀念 이외의 아무것도 아니다. 우리의 知覺을 떠나서 存在는 없고, 知覺, 觀念의 複合이 곧 存在다. 이러한 觀念의 묶음(束)의 背後에 어떠한 實體가 있다고 생각하는 것은 虛構다.(物體는 感覺의 묶음에 不過하기 때문에) 表象 이외에, 存在를 생각하는 것은 부당하다. 이리하여 意識的 存在 이외에 實在가 없고, 存在는 모두 意識 內의 觀念的 存在인 것이다. 이리하여 *Berkeley*는 *Locke*가 第一 性質의 擔載者, 支持者라고 한 物體的 實體를 부정하였지만, 精神的 實體까지 부정하는 데는 이르지 않았다. 다시 말하면

substance
substanz
substance
substantia

Locke
(1632~1704)

第一 性質의 否定

Berkeley(1685~1753)

Hume
(1711~1776)

Sceptic
Positivism

Kant
(1724~1804)
先驗的 觀念論

그는 自我 곧 精神은, 一切의 意識 內容과 意識 活動이 所屬하는 實體라고 생각하였다. 곧 그는 아직 精神을 實體的으로 생각한 것이다.

§ 240, 그 뒤에 Hume은, *Berkeley*의 위와 같은 精神的 實體조차 부정해버렸다. 그에 의하면 自我, 또는 '나'라고 하는 것은, 意識이나 活動이나 기타 人間의 屬性을 떠나서는 存在할 수 없는 것이 아닌가? 自我나 '나'라고 하는 것은 決코 實體가 아니고, 필경 여러 가지 觀念의 묶음(collection)에 不過한 것이다. 곧 하등 獨立의 實在, 또는 實體的으로 (substantially) 存在하는 것이 아닌 것이다.(그의 懷疑論的 傾向) 事物도, 自我도 他我도 모두 意識을 超越한 實體가 아니다. 그러므로 그에게 있어서는, 存在하는 一切가 필경 個人的인 意識 內容으로 還元되고 마는 것이다.

§ 241, 主觀的 觀念論은 위와 같이 당연의 귀결로서, 外界의 客觀的 存在와 普遍的 認識을 부정함에 이른다. 그것은 個人的 主觀의 認識 內容으로써 모든 存在를 吸收하여버리기 때문이다. 이러한 主觀的 觀念論에 대하여 Kant는 先驗的 觀念論(transzendentaler ldealismus)의 입장에 선다. 그것에 의하면, 主觀이란, 個人的·心理的인 것을 超越하여 全 個人에 共通的·普遍的인 論理的 主觀이 아니면 아니된다. 따라서 우리가 참된 認識을 얻으려면, 個人的 主觀을 超越한 超個人的·普遍的인

共通的 主觀에 의거하지 않으면 아니 될 것이다. 이 主觀은, 個個의 現實的 意識에 있어서 작용하는 것이기는 하지만, 그러나 그것은 특정한 個的 認識에 국한되는 것이 아니고, 도리어 모든 經驗的 意識의 根柢가 되는 超個人的인·先驗的 主觀(transzendentales Subjekt)이다. 認識의 對象은 이러한 主觀의 統一 作用에 의하여 構成되는 것이다. 이로써 보건대, 先驗的 觀念論은 實在論과 觀念論을 調和하려고 하는 입장임에 틀림없는 것이다.

§ 242, 外界의 客觀的 世界는 主觀的 觀念論이 主張하는 바와 같이, 단순히 個的 主觀에 內在하는 意識 內容일 수는 없다. 外界는 이러한 個的 主觀과는 아무런 관계도 없이, 獨自의 存在와 秩序를 가지고 있다. 個的 主觀이 없으면, 世界도 아울러 存在하지 않는다고 한다면, 만약 個的 主觀이 死滅하면, 同時에 客觀的 世界도 함께 死滅하지 않으면 아니 될 것이다. 그러나 그와 동시에 또한 客觀的 對象은 우리의 意識을 通하여서만 알 수 있는 것이며, 이를 否定한다면 對象의 認識은 있을 수 없다. 對象이 超越的이라고 하는 것은, 對象이 意識에 의한 把握 可能性을 超越하고 있다는 것을 의미하는 것이 아니고, 다만 意識의 心理學的 內容 밖(外)에 있다는 것을 의미하는 것이다. 이것이 곧 客觀의 超越的이라고 하는 의미이다. 그러나 우리가 아는 限의

觀念論 批判

內在

Kant(1724~1804)

Berkeley(1685~1753)

存在는, 意識된 限의 存在다. **主觀論 客觀論**이 存在한다는 것은 知覺되는 일이다(esse est percipi)라고 할 때, 이도 이러한 意味에서는 정당하다. 그러나 그런다고 해서 對象은 意識에 心理的으로 內在(immanence)하는 것, 意識 內容에 지나지 않다고 한다면 그것은 잘못이다.

§ 243, *Kant*가 對象을 觀念的이라고 하고, 認識이란, 認識 主觀이 對象을 構成하는 일이라고 하는 것은, Berkeley와 같이 個的 主觀이 對象을 構成한다고 하는 意味가 아니고, 超個人的·超主觀的인, 先驗的 主觀이 論理的 形式에 의하여 그 意識 內容을 自己 속에 産出하는 것을 의미하는 것임에 틀림없다. 이리하여, *Berkeley*가 陷没한 誤謬를 超克하려고 한 *Kant*는, 도리어 認識의 對象의 認識이 아니고, 認識의 內容의 構成에 轉化해 버리고만 것이다. 이것이 오류가 아닐 수 없다.

§ 244, George Berkeley의 主著

1, 「視覺新論」(An Essay towards a new theory of Vision,)　　　　1709,

2, 「人知 原理論」(A Treatise Concerning the principl s of human knowledge)　1710,

3, 「하일러스와 필로너스간의 세 대화」로 (Three Dialogues between Hylas and Philonous)　　　　　1713,

4, 「알시프론 또는 엄밀한 철학자」(Alciphron or the minute philosopher) 1732,

5, 「사이리스; 타르수(水)의 여러 가지 효능과 이 밖의 다른 여러 가지 주제에 관한 일련의 철학적 고찰 및 탐구」(Siris; A Chain of Philosophical Reflexions and Inquiries Concerning the Virtues of Tar —Water and Divers Other Subjects)

둘째 조각 實在論(Realism)

첫째 목 素朴 實在論(Naive realism)

§ 245, 認識의 對象인 客觀的 世界는, 認識 主觀을 超越하여, 그와는 아무 關係없이, 완전히 獨立한 實在이며, 主觀的 觀念論이 주장하는 것처럼, 心理的·個的·主觀的인 것이 아니다. 認識이란, 이와 같이 主觀을 超越하여, 自律的·獨立的으로 存在하는 對象을 意識의 側面에서 파악하는 일에 不過하다고 하는 것이 實在論의 주장이다. 認識 對象은 전연 意識外的인·獨立한, 自體的 存在이며, 認識 主觀의 知覺이나 思惟로부터 아무런 制約도 規定도 받는 것이 아니다. 認識은 이러한 意識外在的인 客觀的 對象을 意識이 파악함으로써 성립하는 것이다. 곧 어떠한 意味에서

주관적 관념론

模寫說

그것은 對象의 충실한 模寫다.(模寫說 — Copy theory) 이리하여 對象을 完全히 模寫하였을 때에, 認識은 眞理다. 이러한 實在論的 思想에서 가장 原始的인 것은 素朴 實在論이다.

素朴 實在論

素朴 實在論(naiver Realismus)은 가장 原始的, 혹은 가장 常識的인 입장으로, 客觀的 世界는, 自我에 관계없이, 그 自體가 獨立的으로 存在하는 것이라고 한다. 따라서 아무런 懷疑도 없이 客觀的 對象을 그대로 우리의 意識에 受容함으로써 認識이 성립한다고 보는 것이다. 곧 우리가 知覺한 그대로가 客觀的 對象의 여실의 모습이며, 그리고 설령 主觀으로서의 自我가 各自에 依하여 相異하고, 따라서 偶然的·主觀的이라고 할지라도, 客觀的 對象은 一定 不變이라고 본다. 眞理는 곧 客觀的 對象界를 그대로 受容하는 데에 성립하는 것이다.

素朴 實在論
批判

§ 246, 우리는 素朴 實在論의 주장과 같이 客觀的 對象이 독립하여 存在하는 事實을 일단 首肯하는 것이지만, 그러나 우리의 認識 主觀은 단순히 受動的으로 작용하는 것이 아니다. 오히려 能動的으로 客觀的 對象에 작용한다. 우리의 經驗이나 表象은 곧 實在가 아니다. 우리의 主觀이 能動的으로 對象을 파악함으로써 비로소 經驗이나 表象이 成立하는 것이다. 만약, 素朴 實在論의 주장처럼, 認識이란 단순히 認識 對象의 模寫이며, 그리고 模寫된 것과 客觀的 對象이 一致된 것을 眞

理라고 한다면, 우리는 거대한 太陽을 어떻게 模寫할 수 있을 것인가? 그러나 이 거대한 太陽을 實際 問題로서 우리는 認識할 수 있는 것이다. 그것은 어떻게 하여서인가? 그것은 다름이 아니고, 우리의 認識에 있어서는, 主觀的 要素가 작용하고 있기 때문일 것이다. 色, 香 등등의 感覺에 있어서는 더욱 이러한 主觀的 要素의 작용이 현저하다고 할 것이다. 이와 같이, 認識은 客觀的 對象의 단순한 模寫가 아니고, 知覺 內容의 一部는 主觀的 要素에 말미암고 있는 것이다. 이럼으로써 거대한 太陽도 우리에게 表象되는 限에서는 둥그런 명석에 지나지 않는다. 素朴 實在論의 파탄은, 바로 이러한 점의 看過·無視에 있다고 할 수 있다.

둘째 목 反省的 實在論(Reflective realism)

§ 247, *Locke*는 事物을 第一 性質과 第二 性質로 나누고, 第二 性質은 色, 味, 香 등등, 이른바 主觀에 의하여 決定되는 것이라고 하였다. 이러한 입장은 이윽고, 前述한 바, 素朴 實在論에 대한 懷疑와 反省과 또 否定으로 이끄는 결과를 가져온다. *Locke*의 이러한 주장은 心理學이나, 物理學에 의하여 밝혀진다. 色彩를 感覺시키는 刺戟은 ether의 波動이며, 音의 差異를 일으키는 것은 空氣의 振動의 差異다. 이리하여 素朴 實在論은 科學

Locke
(1632~1704)

에 의하여 反省과 修正이 加하여져, 우리들로 부터 독립하여 存在하는 世界는, 決코 우리의 知覺 內容과 同一한 것이 아니라는 것이 입증 되었다. 여기에 反省的 實在論 곧 科學的 實 在論(wissenschaftlicher Realismus)이 생긴다. 이 입장은 科學에 의거하는 것으로, 意識을 超越한 客觀的 對象界를 인정하기는 하나, 그 대로 外界를 인정하는 것이 아니고, 그것은 空 氣, ether, 電子와 같은 것이라고 하고, 이러한 것 이 우리의 感官 知覺을 자극하여 여러 가지의 知覺 內容을 구성시키는 것이라고 한다. 따라 서 認識이란, 그들의 實在를 實驗的으로 파악 하는 일에 不過하며, 그 때문에 科學的 操作을 필요로 하지 않으면 아니 된다고 하는 것이다.

§ 248, 이러한 思想은 大多數의 科學 者가 實地 硏究에 있어서 不知 不識間에 取하고 있는 생각으로, Newton은 "나는 假 設을 만들지 않는다"(Hypotheses non fingo) 고 하여, 數學的・量的・機械的 自然 解釋 을 강조하고, 空間도 客觀的으로 實在하는 것이라고 하였다. 또 Poincaré도 客觀的 事 實은 그 自體로서 自律的・獨立的인 存在 를 유지하여, 主觀의 임의로운 變更을 허용 하지 않는 것이라고 하여, 經驗的 事實의 背後에는 절대로 客觀的인 事實이 있지 않 으면 아니 된다고 주장하였다. 그러나 이러 한 科學的 態度가, 이러한 存在를 主觀에

科學的 實在論

Newton
(1642~1727)

Poincaré
(1854~1912)

서 독립한 것으로 定立하는 것은 극히 당연한 일이지만, 哲學的으로는 模寫説과 다를 것이 없는 것이다. 곧 무조건 客觀的인 事物의 存在를 주장하는 점에 있어서, 素朴的 實在論과도 그다지 距離가 먼 것이 아니라고 말할 수 있을 것이다. 反省的 實在論이 강조하는 바와 같이, 客觀的 對象界가 認識 主觀을 超越하여 독립적으로 存在하고 있다고 하는 것은, 그 自體로서는 반드시 부당하다고 할 수 없다. 그렇지만 이러한 客觀的 世界가 知覺 內容이나, 科學的 認識의 對象과 同一하다고 주장하는 데에 허용하기 어려운 難點이 介在되어 있는 것이다.

反省論 實在論 批判

셋째 목 新 實在論(New realism)

§ 249. 新 實在論은, 아직 組織 있는 哲學 體系에까지 成熟하지는 않았지만, 이는 Perry, Holt, Marvin, Spaulding, Montague 및 *Pitkin* 등이, "6人의 實在論者의 主義 綱領'(The program and First Platform Six Realists, −1910)에 말미암은 協同的 研究 − "新實在論"(The New Realism; Cooperative Study of Philosophy − 1912)을 發表하여, 하나의 새로운 哲學的 潮流를 形成하려고 한 데서 발족하였다. 新 實在論은 主觀的 觀念論에 공격을 집중하고 있으며, 主觀的 認識을 超越하여 存在하는 實在를 인

Perry
(1876∼1957)

Marvin
(1872∼)

Holt
(1873∼1946)

Spaulding
(1873∼1940)

Montague
(1873∼1956)

Pitkin
(1878∼)

主觀的 觀念論

정하고, 思考에 의하여 이를 파악하고, 거기에 認識의 성립을 생각하려고 한다. 곧 認識은 客觀的 對象을 精神의 認識 作用이 파악하는 데에 성립한다. 이러한 對象의 파악은 對象을 主觀에 關係지우는 일 없이는 있을 수 없다. 그러나 對象을 主觀에 關係 지움으로써, 客觀的 事物에는 아무런 영향을 주는 것이 아니다. 곧 對象은 認識됨으로써, 하등 그 獨立性을 잃는 것이 아니다. 따라서 觀念論이 주장하는 바와 같이, 認識됨으로써 對象은 觀念化되는 것도 아니고, 內在化되는 것도 아니다. 그러므로 여기서는 認識하는 일은 存在를 犯하는 일 없이, 存在는 存在로서. 그대로 認識의 內容이 되게 할 수 있다고 하는 데서, 觀念論과 준엄하게 대립한다.

§ 250, 그러나 新 實在論은, 아직 體系化에까지 성장하지 않은 學說인 限, 우리는 이를 批判하기 어려우나, 以上의 간략한 叙述에서도 볼 수 있는 바와 같이, 認識 主觀을 초월한 客觀的 實在를 주장하고, 이것이 認識 作用에 의하여 파촉됨으로써, 비로소 認識이 성립한다고 하는 點 곧 客觀的 實在의 獨立을 강조하고, 主觀의 恣意를 거부하는 태도를 取함으로써, 觀念論과 대립하고, 또 認識 主觀을 무시해 버리지 않는다는 의미에 있어서 素朴 實在論과 다르긴 하지만, 그러나 主觀과 實在와의 關係가 어떠한 것이냐에 對한 설명

新 實在論 批判

은, 亦然 충분하지 않다. 그 關係가 단순히 關
係로서 超越的으로 實在한다고 하는 限, 新
實在論은 素朴 實在論에 比하여, 조금도 발전
된 입장에 섰다고 말할 수 없는 것이다.

넷째 목 批判的 實在論(Critical realism)

(1)

§ 251, 批判的 實在論은, Pragmatism의 徹
底的 經驗論(Radical empiricism)에서 출발한
前述의 新 實在論을 批判하고 修正하기 위하
여, 唱導된 것으로서, 1916年 *Drake, Lovejoy,*
Pratt, Rogers, Santayana, Sellars 및 *Strong*
등 7人이 共同의 立場에서 論文集 刊行을 計
劃하여, 「批判的 實在論集」(Essay in Critical
Realism-1920)이라는 이름의 책을 세상에 내
놓은 데서부터 시작한다. 新 實在論이나 批判
的 實在論이나, 實在論임에는 틀림없으나 뒤
의 것은 앞의 것에 비하여 보다 主觀的이라고
할 만한 태도를 加味하고 있다. 批判的 實在
論은 新 實在論이 認識論上으로 一元論的이
며, '與件(data) 곧 事實(fact)'이라고 보기 때문
에, 錯覺이나 幻覺이나 그 외의 誤謬의 現象
을 설명할 수 없는 결점이 있다고 하여, 이에
반대하고 일어난 說이지만, 어느 것이나 P-a-
gmatism 내지 徹底的 經驗論에 發源하고 있
음은 마찬가지다.

Drake
(1878~)

Lovejoy
(1873~1962)

Pratt
(1875~)

Rogers
(1873~)

Santayana
(1863~1952)

Sellars
(1880~)

Strong
(1862~1940)

illusion
Täuschung
illusion

hallucination
Halluzination
hallucination

§ **252**, 批判的 實在論者들은 與件(data)과 對象(object)을 구별하는 點에 있어서 스스로 認識論上의 二元論者라고 한다. 與件은 먼저 直接 알려지는 것, 나타나는 것인데 그들은 '**性質 複合体**'(character complexes)라고 할 만하며, 그대로가 항상 참된 知識이라는 것을 보증할 수는 없다. 往往 錯覺이 있고 誤謬가 있다. 그러므로 직접으로는 實在界를 傳할 도리가 없다. 곧 與件은 實在가 아니다. 그러나 與件은 단순한 主觀的·心理的 産物이 아니고, 역시 우리에게 주어진 것, 아무튼 '있는 것'(Being)이다. 그러한 의미에서 이를 특히 **本質**의 領域(Realm of Essence)이라고 부른다. 이 本質界는 바로 物理的 事實界도 아니지만, 단순한 心理的 狀態도 아니다. 그러므로 그대로는 心的 事實이라고도, 또 物的 事實이라고도 말할 수 없으나, 그러나 아무튼 直接態에 있어서 '있다'(Being)고 하지 않으면 아니 될 것이라고 한다. 그런 의미에서 '存在'(exist)라고는 말할 수 없다고 하더라도, '存立'(subsist)한다고는 말할 수 있다고 한다. 바꾸어 말하면, 거기에 나타나 있는 限 '있다'고 하는 것이다. 그러므로 觀念論者의 주장과 같이 主觀的으로 構成·創造된 것이 아니고, 역시 一種의 客觀性을 갖는 것으로, 거기에 '있'어 마음에 주어진 것, 乃至 나타난 것이다. 곧 무엇보다도, 意識에 直接 나타나 '있는' 世界이며, 그대로는

本質의 領域

存在
와
存立

바로 客觀的, 事實的으로 物理的 事實이라고
도, 心理的·主觀的 事實이라고도 말할 수 없
는, 一種의 中間 領域이라는 것이다. 이런 의
미에서도 그 立論의 태도에 있어서는 實在論
的이라고 할 수 있다. 곧 주어져 있는 것을
보는 태도이기 때문이다.

§ 253, 이와 같이, 中間 領域으로서의 '本質
의 領域'을 '存立界'로서 보고, 存在界 以上으
로 거기에 價値를 認識하고, 이를 *Platon*식으
로 永遠化하여 바라보고, 存在界는 오히려 動
物的 信仰이라고, 얕이 看做하는 Santayana
의 說도 있으나, 그 외의 사람들은 이 '本質의
領域'을 가리켜 實在를 認識할 수 있는 道具
이며, 手段이라고 한다. 그러면 처음부터 與件
이라고 할 수 없는 實在界를 무엇 때문에 許
容하느냐 하면, 그것은 人間이 本能으로, 그
行動 經驗 위에 반드시 허용하지 않으면 아니
될 하나의 信仰이라고 하는 것이다. 거기서 눈
앞에 知覺하고 있는 책상이나 책은 여러 가지
性質을 띠어 곧 이른바 '性質 複合體'를 이루
고 나타나 있는데, 그것을 그대로 客觀的·存
在的 事實이라고 우리는 보고, 또 믿고(信仰)
있는 것이다. 그러나 이러한 性質 複合體를
이루는 책상이나 책이라고 하는 知覺 與件 내
지 觀念 與件은 항상 그대로 진실의 知識일
수가 없다. 곧 實在 그대로의 性質임을 保證

Santayana

character
complexes or
quality groups

信仰

할 길이 없는 것이다. 왜냐하면, 誤謬가 따르기 때문이다. 그러면 與件이란, 단순히 事實이라고, 생각된 것에 不過한 것이다. 곧 책상 그것, 책 그것이 아니고 책상이라고 생각되고, 책이라고 생각된 것이다. 필경 與件은 存在한다고 생각된 '性質 複合體'인 것이다. 곧 現象에 지나지 않는다. Drake는 위와 같이 說하고 있다. 그리고 이와 같이 생각된 것이 생각된 그대로 진실의 知識이라는 것이 認定되는 것은, 어떻게 可能한가 하면 거기에는 實用主義的 吟味法이 적용된다. 곧 實用 主義的 態度를 여기에 揷入하여 與件에 의하여, 우리의 生活 行動의 經驗이 만족하게 수행된다면, 그 與件은 實在에 관한 참의 認識임을 증거하는 것이라고 한다. 批判的 實在論이 Pragmatism의 精神을 계승하고 있다는 所以이다.

§ 254, 이상은 아메리커의 批判的 實在論인데 그것에 따르면 필경, 實在는 認識에 앞서서 獨立的으로 存在한다고 하지만, 存在가 存在로서, 存在를 주장할 수 있는 것은 認識을 기다려서 비로소 可能한 것이 아니면 아니 될 것이다. 認識 主觀과의 관계를 무시하고, 存在를 주장할 수 있는 것은 어떻게 可能한 일일까? 存在를 주장할 때, 이미 거기에는 '認識된 것'으로서 비로소 存在를 주장할 수 있는 것이 분명하다. 實在論에 공통한 결점은 바로 이러한 데에 있다고 생각되는 터이다. 우리는 더욱 도이치에

Pragmatism의
再版

批判的 實在論
의 批判

있어서의 批判的 實在論을 살펴볼 필요가 있다.

(2)

§ 255, 가장 明徹하다고 하는 *Kant* 哲學에
있어서 불분명하며, 把捉이 곤란한 '物自體'를
定立하였다고 하는 것은 *Kant*에게 있어서의
수수께끼가 아닐 수 없다. 그러나 '物自體'의
假定을 만약 부정한다고 한다면, *Kant*에게 있
어서 認識의 構成은 필경 불가능하게 되지 않
을 수 없을 것이다. 여기서 모든 認識을 超越
하여, 實在하는 '物自體'의 世界를 인정하면서,
다른 한편 그 直接的인 認識은 불가능하나, 그
러나 科學的인 處理에 의하여 무한히 이에 接
近할 수 있음을 주장함으로써, *Kant* 哲學을 實
在論的 方面으로 發展시킨 이가 곧 *Eaward
von Hartmann*의 先驗的 觀念論(transze-
ndentaler Realismus)이다. 現代에 있어서의 批判
的 實在論(kritischer, Realismus)은 *Hartmann*의
이러한 先驗的 實在論에서 *Wundt, Paulsen*을
거쳐, *Külpe, Volkelt, Erhardt, Driesch, Erich
Becher, Messer, Geyser, Störring, Bürr,
Haering* 등에 의하여 창도되었다.

§ 256, Külpe는 "實在의 定立은 可能
한가? 또 그것은 어떻게 可能한가?" 그리고
"實在의 規定은 可能한가? 또 그것은 어떻
게 可能한가?"라고 묻는다. 그에 의하면 결
국 實在는 定立되지 않으면 아니 되며, 그

kritischer
Realismus

Kant

thing in its'-
If. Ding an Sich,
chose en sol

Hartmann, E
(1842~1906)

Külpe
(1862~1915)

Volkelt
(1848~1930)

Erhardt
(1864~1930)

Driesch
(1867~1941)

Becher, E.
(1882~1929)

Messer
(1867~1937)

Geyser
(1869~1948)

Störring
(1860~1947)

Dürr
(1878~1913)

Haering
(1834~1918)

內在論

Kant 批判

規定은 科學的 研究에 의하여 가능하다는 것이다. 곧 우리의 直接 經驗은 원래, 主客 未分의 全體的 關聯體이다. 그런데 人間의 思惟가 이를 主·客으로 分離시키는 것이다. 그러므로 主觀은 반드시 客觀을 예상하고, 客觀을 떠난 主觀은 이를 생각할 수가 없다. 內在論(Immanentism)의 誤謬는 主觀만을 생각하고, 客觀을 무시해버리는 데에 있다. 超越的 實在의 存在는 直接 經驗에 의하여 명백하다. 곧 의심할 여지가 없는 感覺을 標識로 하여 그 原因인 事物의 存在를 알 수가 있는 것이다. 이 客觀的 實在를 파괴하는 어떠한 힘도 存在할 수 없다. 그 實在의 客觀性은 直接 經驗에 의하여 명확히 體驗된다. 이 體驗的 印象은 自然 科學者의 그 研究 對象에 대한 명료하고 확실한 信念으로서 나타나 있다. 哲學者라고 할지라도 이 信念을 파괴할 수는 없는 것이다. 이 實在는 그러면 어떻게 認識할 수 있는가? 그것은 직접으로는 認識할 수 없으나, 科學的 處理에 의하여, 점차적으로, 또 무한히 이에 接近할 수 있는 것이다. 外界, 內界에 대한 概念도 이와 같이 形成될 수 있다는 것이다. 그는 "物自體의 存在만을 인정하고, 그것이 무엇인가는 不可知하다고 하는 것은 하나의 獨斷的 偏見이다" 라고 하여, 科學的 方法에 의하여, 未知의

實在 領域을 천명하려고 시도하지단, 認識論이 哲學으로서의 自己 立場을 忘却하고, 科學的 方法에 의거하려고 하는 態度는 과연 타당한 것이라고 할 수 있을 것인가? 哲學은 '科學의 下女'(ancilla scientiarum)가 되어서는 아니 될 것이다.

§ 257, 여기에 있어서 *Nicolai Hartmann*은 超越的인 어떤 것을 인정하면서 그 實在 把捉을 위하여 전연 새로운 存在論(Ontologie) 곧 새 形而上學을 수립하려고 기도한다. 그 입장을 觀念的 實在論(Ideal-realismus)이라고 부른다. 그에 의하면 主觀 認識이 超越的 對象을 생각할 수 없는 것이 아니고, 적어도 이러한 對象을 假定하지 않고는, 事物의 本質이나 認識의 性質을 말할 수 없는 것이다. 그는 '物自體'의 槪念을 다시 인정하고 意識 밖에 存在가 있다고 한다. 그러므로 認識의 對象은 認識에 의하여 生産되는 것이 아니고, 처음부터 存在하고 있는 것이다. 그 對象의 把捉이 곧 認識이다. 다시 말하면 對象이란, 단순히 主觀에 對立하고 있는 것이 아니고, 自體的으로 存在하는 어떤 것이며, 主觀도 또한 目的的으로 存在하는 것이라고 한다. 그리고 이러한 存在와 存在의 사이의 하나의 存在 關係가 곧 認識임에 틀림없는 것이다. 이 입장은 一面에 있어서, 對象의 超越的 存在性을 承認함과 同時에, 他面에 있어서 認識을

科學의 下女

Hartmann, N.
(1882~1951)

觀念的 實在論

物自體

단순히 對象의 受容 내지 模寫라고 하지 않
고, 거기에 主觀의 活動을 인정하는 것이다.
認識은 對象의 단순한 把捉인 것이다.

§ 258, *Hartmann*의 '認識 形而上學'(Meta-
physik der Erkenntnis)은 認識을 基礎로 하는
새로운 形而上學의 뜻이 아니고, 形而上學的
基礎에 의하여, 對象 認識을 論究하려고 하는
새로운 認識論이다. 이 새 認識論의 확립을
위하여, 먼저 無前提性의 입장에 있어서 一切
關係 現象을 分析하고, 記述하여 가는 存在
論, 곧 그의 이른바 '批判的 存在論'(Kritische
Ontologie)을 필요로 하는 것이다. 對象 認識
의 問題는 認識 關係의 中心이라고 생각되는
超 客觀的 存在를 通하여, 바로 認識 對象
그 自體의 存在論的 問題로 나아가지 않으면
아니 되기 때문이다. 그러나 이러한 存在論(批
判的 存在論)은 一般的으로 먼저 存在 自體
의 本質을 研究하는, 보다 普遍的이며 根源的
인 存在의 本質學(Wesenswissenschaft)을 필요
로 하는 것이 아닐까? 다시 말하면, 主客의 關
係 곧 '存在하는' 主觀과 '存在하는' 事態(客
觀)와의 사이의 對立的 關係(一種의 存在 關
係) 그 自體마저, 하나의 關係的 存在로 생각
하여, 그 存在의 本質性을 分析하고, 記述하
여 가는 根源學(Grundwissenschaft)을 前提로
하지 않으면 아니 될 것이다. 그러면 이러한
根源學을 우리는 어디서 求할 것인가? 이것이

인식 형이상학

批判的 存在論

存在의 本質學

다음의 課題다. Husserl一派의 現象學(Phäno-
menologie)은 이 問題 解決을 위한 하나의 試
圖로서, *Kant* 이래의 認識論 問題 解明에 대
한 새로운 빛을 약속하는 것이라고 믿어진다.

§ **259,** Nicolai Hartmann의 主著

根源學

1, 「認識의 形而上學」(Grundzüge einer Meta-
physik der Erkenntnis)   1921,

Husserl
(1859~1938)
現象學

2, 「도이취 觀念論의 哲學」(Die Philosophie
des deutschen Idealismus Ⅰ. Fichte, Sche-
lling und die Romantik, 1923. Ⅱ. Hegel),
1929,

3, 「槪念論과 實在論의 此岸」(Diesseits von
Idealismus und Realismus)   1924,

4, 「倫理學」(Ethik)   1926

5, 「實在 所與性의 問題」(Zum Problem der
Realitagegebenheit)   1931,

6, 「存在論의 基礎附與」(Zur Grundlegung der
Ontologie)   1935,

7, 「可能性과 現實性」(Möglichkeit und Wirkli-
chkeit)   1938,

8, 「實在 世界의 構造」(Der Aufbau der realen
Welt Grundriss der allgemeinen Kategorie-
nlehre)   1940.

參 考

☆ (A) "……예로부터 神들의 말은 눈짓이다."("……und Winke sind Von
Alters her die Sprache der Götter" —Hölderlin)

"詩人이 말한다고 함은 이 눈짓을 붙잡아 다시 그것을 民族에게 눈짓
으로 전하는 일이다."(Das Sagen des Dichters ist das Auffangen dieser
Winke, um sie weiter zu winken in sein Volk.) (Heidegger: Erläuterunger
zu Hölderlins Dichtung—1950)

☆ (B) Friedrich Hölderlin(1770~1843): "Dichterberuf"

그러나 두려움 없이 그 사람은 神 앞에 홀로 머문다.
그것은 그가 짊어진 運命이다. 흐림이 없는 素朴은 그를 지키고
거기선 어떠한 武器도, 어떠한 狡智도 소용이 없다.
이리하여 이윽고 神의 不在가 그를 도울 것이다.
"Furchtlos bleibt aber, so er es muss, der Mann
Einsam vor Gott, es schützet die Einfalt ihn,
Und keiner Waffen braucht's und keiner
Listen, so lange, bis Gottes Fehl hilft."

☆ (C) Hölderlin: "Heimkunft"의 結句

이러한 憂愁를 싫거나 좋거나,
歌人은 魂 속에 자주 지니지 않으면 아니 된다.

그러나 사람들은 그렇지 않다.

"Sorgen wie'diese, muss, gern oder nicht, in der Seele Tragen ein Sänger und oft, aber die anderen nicht."

Heidegger는 말하고 있다. 「Hölderlir 詩의 解明」: 獨逸 사람은 詩作과 思索의 國民이다. 바야흐로 詩人의 말ㅇ 귀에 들어오기 위해서는 먼저 思索하는 사람들이 생겨나지 않으면 아니 된다. 憂愁에 잠긴 사람들의 思索만이(Das Denken der Sorgsamen allein ist), 時 속에 노래된 貯藏的인 近接(Nähe)의 秘密에 대하여 생각하면서, 「詩人에의 追想」("Andenken an den Dichter")이 되는 것이다. 追想에 의ㅎ여, 돌아오는 詩人과의 最初의(라고 함은, 아직 오랫동안은 먼 데에 머물러 있다는 意味로 말하고 싶거니와) 親近性(Verwandtschaft)이 시작되는 것이다.

만약 「다른 사람들」이 追想에 의하여, 親近하게 된다면 어찌 그들은 詩人과 더불어 結合하지 않고 견딜쏘냐"고

열일곱째 가름

가름 不條理의 哲學

– Camus의 L'Etranger를 中心으로 –

(1)

人間은 본시 인간에게 있어서 가장 확실한 것이면서 가장 불확실한 것, 그 自身의 그림자처럼 인간은 바로 코앞에 있으면서도 또한 쉽사리 붙잡을 수가 없는 것이다. 그렇게 인간은 숙명적으로 자신을 문제 삼도록 되어 있는 것인지도 모른다. Camus는 「시지프의 神話」(Le mythe de Sisyphe – 1942)에서 "人間이 人間 自體의 목적이다. 인간이 어떠한 存在가 되고자 하는 것은 이 인생에 있어서다"라고 말하고 있다. 어떠한 경우에서나 인간은 인간에게 있어서 유일 최대의 관심거리임에 틀림없다.

여기서 인간은 인간 자신을 항상 단순한 神도 또 단순한 동물도 아닌 어디까지나 人間 그것으로만 自己 定立하려고 시도한다. 또 그래야 할 것이다. 神이든 동물이든 따지고 보면 인간을 문제 삼고 또 그것의 해결을 위한 한낱 副題이며 수단에 지나지 않는 것이기 때문에, 인간 이란 필경 兩極이 스스로 조화를 이루기 위해 끊임없이 싸우는 矛盾體 인 것. 宇宙가 바로 거기서 시작하여 거기서 끝나는 것. 어떻든 인간을 인간 자체로서만 취급하고 인간 그것만을 대상으로 삼고, 그 外의 어 떠한 것에도 소속시키지 않는다는 것은 우리들의 문제를 단순화하고 적나라하게 하는 데 있어서의 필요조건이라 할 것이다.

일찍이 *Platon*은 희랍인으로, 더욱 *Sokrates* 時代에 태어난 것을 神 에게 감사했다지만, 그것은 한낱 偶然에 속한 일에 지나지 않는다. 사 람들은 누구나 그저 태어나는 것뿐이기 때문에, 언제 어떻게 무엇 때문 인지도 모르게 태어나, 살다가 보니까, 그렇게 되어 있을 뿐이라고밖에 어떻게도 말할 도리가 없다. 누구나 그 자신의 存在를 택하지는 않았 다. 조국도 시대도, 부모도, 일체의 환경 조건도, 심지어는 自己 自身 마저도 스스로가 택한 것은 아닌 것이다. 그러고 보면 사람들은 自己 의 人間과 그 生에 대하여 일단은 책임도 의무도 없다고 할 수 있는 일이다.

그러니 자기 자신의 존재에 대하여 나면서부터 책임을 질 수도 없는 自己의 人間과 生을 "대체 어떻게 살라는 말인가?"라는 반문이 생기게 되는 것은 오히려 당연한 일이라 할 만하다. 그러나 적어도 당자의 自 由 意志 以前에 마치 强要된 것이나 다름없는 이 生을 끝내 살아내야 한다는 것처럼, 큰 부담이 없고 또한 條理에 닿지 않는 일도 없을 것이 다. 태어난 것만도 그렇거늘, 하물며 고스라니 살아내기까지 해야 한 다는 것은 어떻게 생각하면, 너무나 가혹한 너무나 부당한 형벌이 아니 겠는가. 자꾸만 굴러 떨어지게 마련인 그 무거운 바위 덩이를 드높은 山頂에까지 몇 번이고 끌어올려야만 하는 이 무익하고도 희망이 없는 고역을 무한정 계속하지 않으면 아니 되는 Zeus 神의 노여움을 산 '시시포스'(Sisyphos)처럼, 人間은 生의 멍에를 그저 잠자코 둘렀어야만 한다는 말인가?

그리고 또 하나, 우리가 어디로부터 태어나고, 또 어디로 죽어 가는가? 하는 이처럼 낡고도 새로운 人生의 제일 문제가 실은 이날 이때까지 만인을 납득시킬 만한 해결을 얻지 못한 것으로 미루어, 영원히 人間의 밖에 버려진, 영원의 문제가 돌는지도 모르지만, 아무리 그렇다 손치더라도, 여기에 오직 한 가지 확실하고도 확실한 것은 바로 '지금=여기에 내가 살고 있다'고 하는 事實인 것이다. *Jaspers*에게 있어서처럼, 우리 人間은 어디까지나 '交通과 歷史性에 있어서의 自己 自身'으로서, 주어진 狀況과 조건 속에서만 살게 마련이다. 그 뜻이야 어떻든, 여기 이 자리 이 시간에 이렇게 불려나와 모두가 특이하게 산다는 形式의 存在 方式을 취하고 있는 것만은 엄연한 사실이 아닌가. 어쨌든 일체의 인간 문제는 실로 평범한 이 事實 하나에 근거를 두고 있다고 보아야 할 것이다.

우연히 생겨난 채 살아가다가 어느 한 시기 곧 이른바 '自我의 發見'(*Spranger*)이라는 단계에 이르러, 사람들은 일체의 것이 곧 자기와 世界뿐이라는 것을 알게 된다. 그 전엔 너도 나도 없는, 아니 自他가 未分의 카오스 속에 아무렇게나 있었던 것을, 이제 비로소 世界에 있어서의 나의 位置를 스스로 찾아내고 그럼으로써 여기에 내가 있고 또 네가 거기에 있으며 "버들잎은 언제나 푸르고 꽃잎은 어디서나 붉다는 것"(柳綠花紅)을 비로소 알게 된다. 안팎의 世界에 대한 이러한 開眼과 더불어 여기에 진실로 하나의 인간이 實存的 事實로 되는 것이다. (主體로서의 나의 誕生)

지금 우리는 여기에 어김없이 살고 있다. 이는 곧 스스로 택할 수도 있었던 자신의 죽음을 팽개치고 도리어 삶을 主體的, 自覺的으로 택했다는 뚜렷한 증거가 되는 것이 아닐 수 없다. 진작 우리들 각자가 각자의 生을 맨 처음 받아들일 때, 선택의 자유가 없었던 것만은 사실이나, 이젠 그것이 아니다. 自殺의 權利의 포기처럼 강한 生의 肯定이 없었기 때문이다. 여기서 우리는 人間 存在가 단순히 세상 속에 아무렇게나 내던진 존재에 그치지 않고, 스스로가 제대로의 길을 향하여 힘차게 스스로 내던지기도 하는 그러한 存在라는 것을 짐작하게 된다.

나는 나의 過去, 나에게 주어진 既定의 온갖 조건에 대하여, 책임을 지지 않는 대신에, 나의 주체적인 意圖와 企劃 속에 전개될 나의 未來에 대해서는 책임의 전부를 걸머지지 않으면 아니 된다. 과거는 나 이전의 것이지만, 미래는 나 이후의 곧 나의 것이다. 나는 이제 나를 주어진 조건 밑에서 어떻게든지 되만들어 낼 수가 있는 무한의 可能의 世界와 自由의 大地가 안전에 질펀히 전개된다는 것을 알 수 있다.

(2)

우리는 위에서 우리가 우리의 生을 이미 自己 選擇, 自己 肯定하고 있음을 보았다. 그 生에의 눈물겨운 자세가 너무나도 聖스러움에 사람들은 도리어 놀라지 않을 수가 없는 것이다. 그럼에도 불구하고 生이 항상 각자에게 있어서 끝없는 懷疑와 彷徨의 소용돌이 속에 내던져짐은 웬 일인가. 더욱 우리의 生營爲가 白兵戰처럼 치열할 때, 一生에의 의식이 강하면 강할수록, 오히려 '살 것인가? 말 것인가?' 하는 어처구니없는 한 가닥 강인한 의혹이 너무도 심각하게 고개를 쳐들고 들이닥침은 대체 무엇 때문인가? 그것은 물론 人生이 살 값어치가 있는가 없는가에 대한 주체적인 인식이 그 기반을 상실해버린 데서 오는 결과이리라. 여기서부터 새삼 人生의 意味의 문제가 절실하고도 긴요한 것이 되어오는 것이 아니겠는가.

그러면 대체 人生에 의미가 있는가, 없는가? "人生이 살 만한 것인가, 아닌가를 판가름하는 일이야말로 哲學의 근본 과제에 해답을 주는

일"이라고 *Camus*는 말한다. 「神話」 더욱 그에 따르면 "自殺하는 일은
다만 人生이 '살 만한 것이 못 된다'는 것을 고백하는 일이다." 그렇다
면 非自殺者는 '人生이 살만한 것'이라는 것을 반증하는 것이 되어야
할 것인가? 우리가 이 순간에 죽음을 택하지 않고, 삶을 이어가고 있다
는 것이 반드시 人生에 별 신통한 意味가 있고 價値가 있어서가 아니
듯이, 自殺者에게 있어서도 반드시 '人生이 살 만한 것이 못 된다'는
증거가 되지 않는 경우가 또한 허다함을 우리는 잘 알고 있다. 그러기
에 *Camus*도 "自殺을 하는 사람들이 人生의 意味를 확신하고 있었다
는 일이 가끔 있다"고 말하고 있는 것이다. 아니, 경우에 따라서는 自
殺 行爲가 도리어 하나의 강력한 生의 肯定 또는 生 意味의 再確認
이 되는 수조차 있음을 어찌하랴.

　왜 生 속에는 자주 위에서와 같은 二律背反的인 現象이 깃드는 것
일까? 그것은 우리가 산다는 그것이 生의 意味 여하와는 전연 무관계
있다는 것을 말하는 것이 아니면 아니 된다. 종잡아 말하자면, 生에 의
미가 있어서 우리가 살고 또 의미가 사라졌으니 삶을 그만둔다는 따위
가 아니라는 것뿐이다. 우리들로 하여금 이렇게 살게 하는 것은 바로
意味가 아니다. 生은 意味 이전에 속하여 있는 것이기 때문이다. 그리
고 산다는 것 그 자체가 곧 至上의 목적일 뿐이다. 살아간다는 것만이
人間에게 주어진 유일의 권리며 의무라는 것. 그것은 도대체가 意味의
문제가 아니고, 근원적인 상태 곧 욕구의 문제다. 그러한 욕구에서 사
는 것과 意味에서 사는 것과는 그 뜻이 서로 다르다. 삶 속에서 어떤
다른 意味를 찾으려다 그것을 이루지 못하고 낙망한다는 것과 오로지
意味 이전의 生 그것을 위하여 산다는 그것과는 아주 다른 것이 아니
겠는가.

　사람은 본시 살아서 어떤 '무엇'을 하는 것이 아니다. 그것을 함으로
써 또는 그 함과 그 됨됨이 훌륭하고 有意味하다고 해서 그 삶이 더욱
빛나고 또는 달리 값어치가 따라붙는 삶이 되는 따위의 것도 아닌 것

이다. 오로지 삶을 삶답게 '산다는 것', 사람이 사람답게 산다는 것, 내가 나답게 나대로 살고 있다는 것, 그것 자체가 또 그것만이 존귀한 것이다. 이와 같이 항상 生 以外에 生 以上의 어떠한 目的 原理도 있을 수없는 것이므로, 生이외의 일체의 것은 한낱 수단적 가치밖에 지니지 못하는 것이라고 일러야 한다, 그것은 마치, 인간이 되어서 '무엇'을 하는 것, '무엇'이 되는 것이 아니고, 바로 '무엇'을 통하여 '인간 그것이 되는 일'이 궁극의 목적인 것과 同調다.

일체의 意味는 인간이 실존한다고 하는 것을 전제로 하고 있는 것이다. 實存 이전에 意味가 있을 턱이 없지 않은가? Sartre에 의하면 '人間이란 저 스스로가 만든 것 이외의 아무것도 아닌 것'이므로 人間 存在에 先行하는 本質(곧 인간의 意味)이 있을 까닭이 없다. 도대체가 意味란 사람들이 갖다가 붙이게 마련인 것. '살 보람이 있는가 없는가?'라는 문제는 '生에 있어서의 理性'에서가 아닌 '生에의 意志'에 의해서 결정되어야 할 문제라는 것.

(3)

Camus가 "이전에는 살아가기 위해서 人生이라는 것이 어떤 의미를 가지고 있는 것인가, 아닌가를 아는 것이 문제였다. 그러나 여기서는 그와 반대로 人生에 意味가 없으면 없을수록 그만큼 더욱 훌륭하게 人生을 살아갈 수 있으리라고 믿어지는 것이다."라고 말한 것은 옳다. 그러나 그것은 엄청난 逆說이다. 意味에 의하여 주어진 生이 아닌 生에 意味를 기를 쓰고 찾으려는 인류의 유구한 罪 없는 徒勞 – 말하자면 合理主義的 意味 狂信者的 억지가 하나의 虛妄에 불과함을 새삼스럽게 깨닫게 된 데 불과하다. 인생은 왕왕 逆說이다. 손쉽게 一元化할 수 있을 만큼 단순하지가 않다. 그래서 더욱 살맛 있는 것인지도 모른

다. 이처럼 逆說인 탓으로 살맛이 더욱 생긴다는 人生을 어찌 合理的
으로만 따질 수 있는 일이랴. 人生을 評價하는 데 있어서, 재래의 尺
度가 반드시 알맞은 것이라고만은 하기 어려운 것이다.

不條理(absurde<ap'syrd>)란 곧 조리에 닿지 않는다는 不合理(unrea-
sonable)의 뜻이며, 背理(contrary to reason) 또는 矛盾(contradiction)의
뜻이다. 우스꽝스러운 것, 허무맹랑한 것, 어리석은 것, 터무니없는 것,
억지 부리는 것, 난센스(무의미한) 따위를 말한다. 人生이란― 본래가
그러한 것, 곧 살고 있으면서 항상 산다는 것 자체가 문제인 모순투성
이라는 것이다. 삶이란 원래 合理 以前이요, 意味와는 아무런 연분도
없는 것(무관계한)이기 때문에, 그래서 Camus는 계속하여 "산다는 것,
그것은 바로 不條理를 살리는 일이다. 不條理를 살린다 함은 무엇보다
도 먼저 不條理를 응시하는 일이다"라고 말한다. 그러므로 운명이 부
조리임을 깨닫게 될 때에는, 우리는 여기서 도피함이 없이 意識에 의
하여 끊임없이 이 부조리를 목전에 밝히면서 사력을 다하여 받들지 않
으면 아니 된다는 결론이 우러나온다. Nietzsche의 運命愛(amor fati)가
바로 그렇듯.

不條理는 그것이 부조리란 이유로 해서 버려지는 것이어서는 안 된
다. 反抗이란 Camus에 의하면 "압박하여 오는 運命을 확호하게 만드
는 일이며, 그것에 人生을 굴복시키는 따위의 諦念이 아닌 것이다."
그러기에 不條理한 人生은 회피할 성질의 것이 아니고 액면 그대로
잔인하리만큼 솔직 대담하게 받아들이는 일, 살아 넘기는 일이 아니면
아니 된다. 여기서 Camus는 "무의식적인 反抗을 폐기하는 일은 문제
를 회피하는" 일이라고 단언하기도 한다. 이러고 보면 메스껍고 시시하
기 짝이 없는 단 한 번의 人生을 그러므로 더욱 제 노견대로, 살다가
또한 피할래야 피할 길조차 없는 조만간의 죽음의 운명마저 헛되이 저
주는커녕, 오히려 행복하게 實存的 勇氣로써 떳떳이 받아들인 저 異邦
人이며 單獨者며 例外者인 바보 같은 '뫼르쏘'(Meursault)야말로 족히

實存主義的 英雄의 훈장을 가슴에 달아줄 만하다.

不條理란 필경 인생에 잘난 意味를 찾아낼 수 없음을, 또는 어디에도 별난 希望조차도 없음을 말하는 것이지만(nonsense), Camus의 不條理의 哲學은 人生이 無意味하다고 해서 절망하거나 체념하는 그런 따위 싱거운 이야기가 아니고, 오히려 그 不毛의 땅에 새로운 意味의 運河를 파헤쳐 보고자 하는 치열한 題望에 불타고 있음을 뜻하는 것이다. 가치를 부정하는 不條理 思想은 그 자체가 이미 하나의 가치 긍정이 아니면 아니 된다. 구태여 人生에 의미도, 가치도, 희망도 없다고 우겨댐은 필경 그 자체가 벌써 Camus에게 있어선 버젓한 人生의 하나의 意味이며, 가치며, 희망인 것이다. 당초부터 인생에 의미를 찾아보려는 의욕이나 원망이 없었다면, 都是 있고 없고가 문제 밖의 일일 것이 아니겠는가. 그래서 Camus는 뒤이어 「反抗的 人間」(L'Homme Revote—1951)의 첫머리에 "不條理는 內容에 있어서 모순된다. 산다는 일 자체가 하나의 가치 판단인데, 부조리는 生을 유지하려고 하면서 일체의 가치 판단을 배척하기 때문이다. 호흡하는 일은 판단하는 일이다"라고 쓰고 있는 것이 아닌가.

(4)

Camus는 「異邦人」에서 不條理의 哲學을 구체적으로 전개해 보였다. 현대인을 상징하는 自閉的이며 고독한 주인공 '뫼르쏘'는 이른바 천편일률적인 日常性의 권태로움 속에서 지극히 평범하고 또 단조로운 생활을 이어가는 젊은 사무원이다.

小說의 줄거리는 단순할 수밖에 없다. 한 아파트에서 사는 어느 건달패의 얼치기 친구가 된 죄로 그것도 지극히 우연하고 하찮은 사건에 휩쓸려 아라비아 사람 한 놈을 죽이고, 재판을 받고 사형 언도를 받는 것으로 끝난다는 싱겁고 허무맹랑하기 그지없는 이야기다. 하기야 한낱 偶然에 속하는 사소한 일이 엄청난 결과를 가져오는 일이란 이 세상에 얼마든지 있다. 偶然이란 놈은 곧잘 사람들을 희롱하고, 또 섭리를 농락하고, 질서를 파괴하고, 진실을 조소하는 악마와도 같다. 偶然은 자주 歷史의 背後에서 操縱의 구실을 도맡기도 한다. 우리는 그 好適의 보기 하나를 Meursault의 짤막한 생애의 이야기에서 뚜렷이 볼 수도 있다는 것뿐이다.

무엇이 그다지 살고 싶어서 그런 것도 아니고, 또 그렇다고 자살할 만큼 충분한 죽음의 이유도 없는 탓으로, 그날그날을 저대로 성실하게 살아가는 Meursault는, 그렇다고 유별난 Pessimist도 Nihilist도 아니나, 최후의 재판정에서 단지 구역질나는 재판국의 고통과 한증 같은 무더위와 지옥 같은 권태로부터 한시 바삐 벗어나는 것만이 소원이 돼서, 성이 가신 辨解의 구차함을 포기하고, 다만 맹목적인 사실 인정으로써 조용히 저항하고 희망이나 기대 같은 것은 아예 엄두도 내지 않는 불실한 사형수에 불과하다.

그는 어느 날 근무처의 사장이 부르기에 나가보니 "빠리에다가 출장소를 설치할 계획이니 그리로 가 볼 생각은 없느냐?"는 것이었다. 그러나 그에겐 아무런 흥미도 없는 이야기였다. "이러나저러나 나에게는 매일반입니다." 또는 "누구든 생활을 바꿀 수는 결코 없는 것이고, 또 어느 경우든 생활이라는 것은 모두가 그게 그거구, 따라서 여기서의 내 생활에 조금도 불만을 느끼지 않는다"는 것이 그의 대답이었다, Meursault 라는 사람은 바로 그러한 위인이었다. 신념에 사는 것뿐인 Meursault는 자기 자신을 헐값으로 파는 일이 없었고, 따라서 마치 옛날의 성인이나 된 것처럼 태연하게 그러나 죽음을 싱겁게 받아들인다. 위 사장과의 한 토막 대화는 「異邦人」 전체뿐 아니라, 피고를 별론하는 데도 가장 중요한 대문이라고 느껴지나, 전연 무시되어 버렸고, 따라서 檢事는 시종 너무나 合理的인 法條文에 의거해서만, 그리고도 약간은 감정을 섞어

가면서까지 한사코 被告를 죽이려고만 들었다. 보통의 경우에도 그러한 일이 더러 可能하듯이 Meursault의 심판자도 역시 합법적인 살인에 한몫 끼고 있는 셈이다. 검사는 죄수를 필요 이상으로 적대시한다(異質者). Meursault가 처음 법정에 끌려 들어갔을 때, "나는 어쩐지 침입자 같고 필요 없는 존재라는 기묘한 생각조차 들었다"는 것을 보면.

(5)

　그러면 무엇 때문에 그들은 그를 그처럼 異端視하는 것인가? 단적으로 말하면 Meursault는 그의 일체의 행동과 사고가 상식에서 너무나 벗어나 있다는 것이다. 여기서 벗어나 있음은 어긋나 있음을 뜻한다. 검사는 피고가 "사회의 가장 본질적인 율법을 무시하고 있으므로……인간의 마음의 가장 기본적인 반응조차도 할 줄 모르는 자이므로……"라고 말하고, 그러니 사형에 해당한다고 결론했다. 검사가 대체 무엇 때문에 분노에 떨고 있는가를 우리는 잘 알 수 있다. 곧 자기네들이 자기네들의 人生에 부여하는 질서 또는 의미와 상치한다는 데서 오는 것 이외의 아무것도 아님을.

　실은 '그럴 수도 저럴 수도 있다'는 多樣的인 存在 方式의 可能에 대하여 도무지 관대할 줄 모르고, 다만 '이래도 저래도 안 된다'는 일방적이며 편파적인 當爲만을 내세워 斷罪하려 들 때, 언제나 個別者는 통곡하여야 하는 것이다. 罪는 惡에 있다기보다도 特'異'에 있고, 따라서 '異卽惡'이라는 사고방식이 왕왕 횡포를 부리게 된다. 그래서 결국 자기네들이 꾸며놓은 틀에 의하여 어떻게든 범죄를 성립시키려고만 서두는 것 같다. 여기에 있어서 몇몇 친구들의 유리한 증언과 自身이 초조하게 천 언 만 언의 변명을 늘어놔봤자 별도리가 없을 것 같다는 그것보다도, 차라리 마음이 내키지 않으며 또 어처구니가 없고 허무맹랑하기 그지없는 것이, 아주 정나미가 떨어지는 판이고 보니, 살고 싶은 생각이라곤 털끝만치도 없고, 모든 게 귀찮게만 여겨져 견딜 수가 없게 된 Meursault였다.

관선 변호사는 또 변호사대로 그에겐 좀 이상스러운 생각이 들기도 했다. 피고를 대신하여 '나'라는 일인칭을 사용하는 것이 습관인 모양인데, 나도 아닌 '나'가 나 아닌 외딴 이야기를, 내 이야기처럼 얼토당토않게 늘어놓고 있는 꼴이 우습기만 한 것이다. 이 법정의 주인인 나를 완전히 추방해 놓고, 저희들끼리만 이리저리 주고받고 하더니, 급기야 '死刑!'이라고 판결을 내리려는 그 꼬락서니가 싱겁기 짝이 없는 노릇이었다. 그래서 "그때 나는 벌써 법정에서 멀리 떨어져 있었다"고 생각되었고, "이미 나의 것이 아닌 생애, 그러나 그 속에 내가 지극히 하찮은 것이나마, 뚜렷한 기쁨을 발견하고 있던 생애의 추억에 잠겨 있었다"는 Meursault였던 것이다.

(6)

人生은 별다른 意味도 계획도 없이 그저 그렇게 또는 우연히 꾸며지는 수가 더러 있다. 이를테면 아무렇게나 내던진 한주먹 조약돌이 보는 사람에 따라서 여러 가지 모습으로 비친다. 三角形으로도 또는 다이아몬드형으로도 제멋대로 보일 것이다. 그러나 그건 객관적으로는 아무렇게나 제멋대로 흩어진 몇 개의 돌에 불과하다. 意味는 언제나 보는 이의 편에만 있게 마련이다. 그래서 人生은 관점 하나에 의하여 喜劇이기도, 悲劇이기도, 無意味하기도, 有意味하기도 할 것이다. 이리하여 일체의 二律背反的인 現象이나 또는 그럴싸한 支配的인 原理나 權威 따위도 한번 베일을 벗겨보면 대개 그러한 데서 오는 것인지도 모른다. 여기에 獨制主義와 獨斷論의 온상이 있다고 할 것이다.

「시지프의 神話」에서 *Camus*가 "어느 날 아침 일찍 刑場으로 통한 감방의 문 앞에 선 한 사형수의 숭고한 可能性, 생명의 순수한 火熖 以外의 일체에 대한 저 극단의 無關心, 여기서는 죽음과 부조리가 理性에 적합한 유일의 自由의 原理……임을 확실히 알 수 있다"고 한 것은 바로 「異邦人」의 末尾의 사형집행을 경각에 둔 Meursault의 이렇다 할 罪意識도 없으니, 뉘우침이랄 것도 있을 까닭이 없는, 저 淡淡如水한 심정을 그대로 전해주고 있는 듯싶다. "나는 처음으로 세계의 다정스러운 無關心(indifference)에 나의 마음을 열고 있었다. 이처럼 세계를 나 자신과 똑같은 것으로 또 형제처럼 느끼며 나는 행복했고, 또 지금도 행복하다는 것을 깨달았다"고 하는 것이 바로 그것이다.

Meursault는 이를테면 "그런 것이 무슨 중요성이 있다는 말인가?" 또는 "그것이 어떻다는 말인가?" 그리고 "이러나저러나 매일반"이라고 하는 따위의 생각 또는 언사를 자주 쓰고 있다. 우리가 모두 하필이면 이 세상을, 또는 조국을 위해서 또는 어떤 意味가 있어, 태어난 것도 아니었고, 또 무슨 깊은 意味가 따로 있다는 人生도 아니라면, 어떠한 것이거나 꼭 그래야만 할 것도 없는 것이니, 생각하면 이래도 저래도 좋지 않겠느냐는 것이다(無關心). 별로 意味라는 것도 없고, 또는 반드시 意味도 뭣도 아닌 人生과 그 여러 가지 事實들을 제멋대로 어떤 하나의 고정된 意味 聯關에서만 따지려 들고, 또 그래야만 속 시원하게 생각된다고 하는 전통적인 사고방식(그것은 하나의 病인데) 곧 일체를 합의적 실증적으로만 처리하려고 하는 思想에 대한 어렴풋한 反感속에 不條理 哲學의 溫床이 있음은 두말할 것도 없다. 죄인 아닌 죄인 Menrsault가 인생의 縮圖 場面이며 極限狀況의 하나인 재판정의 국면 국면에서 느끼고 또 짜증을 낸 것도 바로 그것이다.

(7)

1962년의 *Camus*의 한낱 출발점에 지나지 않는 것인 '不條理'의 哲學은 1951년에 이르러 '反抗'의 哲學으로 발전한다. 소극적인 不條理의 意識에서 적극적인 反抗에 의한 투쟁 또는 現實의 부조리에 대한 反抗으로 價値의 否定에서 肯定으로, 그리고 方法的 懷疑에서 絶對的 眞理에로 나아갈 것을 가르치는 것이다. 부조리의 체험이야말로 중요한 것이었다. 그것을 거쳐서만, 人間과 世界가 여지없이 解體·崩壞됨으로써, 베일이 걷히는 순간에 오히려 거기 絶望의 無에서 超克에의 大道가 열릴 것을 바랐기 때문이다. "부조리의 체험은 나에게 최초이며 유일한 明證을 보여준다"고 한 것이 곧 그것이다. 여기서 비로소 反抗의 論理가 成立하는 것이 아니겠는가.

*Camus*는 現代人에게 바른 反抗的 態度를 가지고 살 것을 가르친다. '반항적 인간'이란 어떠한 경우에도 '아니'(non)라고 하고, 또는 '그렇다'(oui)고 하는 人間을 말한다. 반항이 가지는 스스로의 한계를 인정하면서, 모두가 힘을 모아 역사에 있어서의 不正과 暴力, 非人間性과 自由의 侵害에 反抗하여 人間性을 수호하려고 하는 태도를 옳다고 보는 것이다. 여기서 *Camus*는 "나는 反抗한다. 그러므로 우리는 存在한다."(To me revote donc nous sommes)고 말할 수밖에 없다.

(8)

우리는 위에서 意味 以前의 인생을 있는 그대로 살아간다는 데에 人生의 참된 意義가 있음을 보았고, 또 *Camus*가 인생을 부조리한 것으로 규정한 것은 오히려 상실된 人生에 意味를 추구하려는 간절한 마음의 표현인 동시에 人生에 대한 적극적인 긍정을 위한 逆說的인 表

現이었기에, 거기에 反抗이라는 美德이 方法으로서의 不條理의 당연한 귀결로서 나온 것이었다는 것을 보았다.

Camus에게 있어서, 부조리의 意識은 自殺에로 우리를 이끌기는커녕 도리어 죽음과 고뇌에 대한 反抗으로 밀어내고, 그리고 절망의 막바지에 가서는 오히려 '외디퍼스'(Oedipus)와 Sisphos처럼 '모든 것이 좋다'고 행복에 겨워 판단하게 하는 영웅적인 정신으로 나타나는 것이다. 죽음조차도 제대로 허락되지 않는 生의 福된 刑罰을 미소로써 감수하는 이른바 生에 있어서의 모범수인 인간 존재는 그러나 동시에 순간순간의 죽음에 대한 앞질러서 하는 각오를 통하여 차라리 生의 誠實한 時間과 永遠을 설계한다. 여기에 있어서 죽음은 生의 끄트머리에 매달린 어떤 附加物 따위가 아니고, 오히려 生을 生답게 하는 生의 原動力 또는 起點이 되는 것이라고 할 수조차 있는 것이다. 죽음은 항상 生에 있어서, 生에 대하여, 警覺劑다. 죽음은 보통 자기 스스로가 경험조차 할 수 없는 無와 같은 것이지만, 그러면서도 매 순간의 生 속에 뚜렷이 살고 있는 어떤 것ー곧 生의 한 分身이다.

그러면 매 순간에 이러한 '죽지 않는 죽음'의 체험을 통하여 엮어지는 生을 우리는 어떻게 살아야 할 것인가? 그렇다! 이것만이 오늘 우리에게 가장 절실하고 또 가장 긴박한 인간의 문제인 것이다. 이 문제의식의 농도에 따라서 生의 농도가 정비례로 짙어간 것임은 두말할 나위도 없다.

우리들의 죽음은 바로 우리의 코앞에 있다. 죽음은 삶 이상으로 엄연하다. 이를 만약 헛되이 부정하려고 하면 할수록 죽음의 幻想(可能性)은 더욱더 우리를 엄습해 온다. 그러나 죽음을 각오하고 기다리는 Meursault에겐 오히려 공포가 아닌 행복이 다가오고 있었다. 그런데 人間은 모두 Meursault처럼 집행이 유예된 사형수와 같음을 어떻게 하랴. 다만 그것을 부질없이 부인하고 망각하고 또는 회피하려고 하는 것만이 Meursault와는 다를 뿐.

우리가 Meursault처럼 죽음에 대하여 向背하지 아니하고, 이를 정면
에서 영접해 들일 때, 生은 그 빛나는 순간순간이 그대로 최후가 되는
것이다. 그 최후로서의 각 순간을 붙잡고 우리는 生의 誠實을 다할 뿐
이다. 生의 매 순간을 바로 최후라고 생각하고 최후의 그 순간까지 人
間으로서의 誠實을 다하여 어디까지나 主觀的으로 사는 것만이 동시
에 永遠을 사는 것이 되는 것이다.

生의 모순과 人間의 고뇌에 우는 實存은, 자기 이외의 어떤 것에도
구원을 바라는 손을 내밀지 않고, 어디까지나 人間의 순수성과 존엄을
수호하면서 절망을 모르는 Sisyphos를 닮고, 행복하게 죽음을 조용히
기다릴 수 있는 Meursault를 닮아, 눈물을 머금고 피를 토하며 生의 重
荷를 힘들여 밀고 또 밀어 저기 '永遠'이 깃든 太陽의 頂上에까지 끌
어올리지 않으면 아니 된다.

§ Albert Camus(1916~1960)의 主著

1. 「結婚」(Noces)<評論集> 1939
2. 「異邦人」(L'Etranger)<小說> 1942
3. 「시지프의 神話」(Le mythe de Sisyphe)<哲學書> 1942
4. 「誤解」(Le Malentendu)<戱曲> 1943
5. 「Caligula」<戱曲> 1945
6. 「어느 도이취의 친구에의 片紙」(Lettres à un Ami Allemand)<評
   說> 1945
7. 「反抗論」(Remarques sur la Révolte)<評論> 1945
8. 「미노토르 또는 오랑의 休憩」(Le Minotaure ou la Halte d' Oran)
   <評論> 1946
9. 「La peste」<小說> 1947
10. 「戒嚴令」(L'État de siège)<戱曲> 1948

11. 「正義의 사람들」(Les Justés)<戲曲> 1950
12. 「反抗的 人間」(L'Homme Re'volte)<評論> 1951
13. 「여름」(L'Été)<評論> 1954
14. 「轉落」(La Chute)<小說> 1955
15. 「謫地와 王國」(L'Exil et la Royaume)<短篇集> 1957

열여덟째 가름

哲學入門을 위한 文獻 紹介

(1)

Oswald Külpe(1862~1915)는 그 ★ "Einleitung in die Philosophie"(1895)
에서 哲學 槪論의 두 가지 目的을 말하고 있다. 첫째 것은 哲學上 주요
한 문제를 들어 그 解決法을 제시함으로써 讀者를 '哲學하는'(Philoso-
phize) 데에 이끌려고 하는 의도에서 나온 것이며, 둘째의 것은 哲學上
의 歷史的 知識을 주어 哲學의 槪念을 밝히려고 하는 의도에서 쓰인
것이라고 하였다. 앞의 것은 개인적·주관적 입장에서 쓰인 것이며 따
라서 '哲學하는 일'에의 誘導는 언제나 한 哲學者의 主觀的 方法에
의한 것이 되기 쉬운 데 反하여, 뒤의 것은 어디까지나 個人의 說이라
고 하는 좋은 범위를 벗어나, 과거 현재의 전반에 걸친 哲學의 鳥瞰圖
를 그려 보이려는 것이 되는 것이다. 곧 역사적 객관적 입장이다.

위 두 개의 입장이 각각 일장일단이 있으므로, 理想으로는 兩者가 각각 지닌 좋은 구실이 함께 調和를 이룬 제3의 것에 기대하는 수밖에 없다는 결론이 나오게 된다. 그건 그렇다 하고, 첫째 것의 한 보기로는 ★Friedrich Paulsen(1846~1908)의 同名의 書(1892)를 들 수 있으며, 둘째의 한 보기로는 ★Wilhelm Wundt(1832~1920)의 역시 同名의 書(1901, 9. A. 1922)를 들 수 있다.

Oswald Külpe의 그것은 위와 같이 哲學 槪論이라는 것의 目的에 관해 關心이 컸으므로, 비교적 公平하게 모든 입장을 해명해 주고 있다. 그리고 다음 ★Karl Wilhelm Jerusalem(1854~1923)의 同名의 書(1899. 10. A. 1922)와 ★Wilhelm Windelband(1848~1915)의 역시 同名의 書(1914, 3. A. 1923)는 다소 첫째의 종류에 가까운 槪論書이지만, 널리 보급되어 너무나도 유명하다.(英譯도 國譯도 나와 있다) 그中에서도 Windelband의 그것은 Neo-kantians(Neukantianer)의 입장이 바탕이 되어 있으나, 哲學 槪論으로서는 고금을 통하여 獨步이다. 위에 든 것들은 대개 著者 沒後에도 有志者에 의한 改訂 增補版이 거듭해서 계속 나오고 있다.

그 다음으로, 도이취의 美學者 ★Max Dessoir(1867~1947)의 同名의 書(1936)는 무척 재미있게 읽을 수 있으며, 그 외에도 ★Hans Cornelius(1863~)의 것(1901, 23, A. 1921)과 ★Theodor Litt(1880~1962)의 것(1933) 등이 있다.

einleitem(Einleitung) 대신에 einführen(Einführung)이라는 말을 쓰고 있는 槪論書 또는 入門書가 있다. 이를테면 戰後에 改版된 ★Hermann Nohl(1879~)의 "Einführung in die Philosophie"(1935, 4. A. 1948)라든지, H. Schötermann의 ★"Einführung in die Philosophie in Gesprächen" 中의 I. "Metaphysik", II. "Erkenntnistheorie"는 冊名 그대로 會話體로 되어 있어서 친숙해질 수 있고, 自然 科學者이기도 한 Erich Becher(1882~1929)의 것★(1926)은 明哲한 思考에 行文도 平明하여,

읽어서 보람이 있다.(그는 前記 Külpe의 後任者였고, 認識論에 있어서는 kritischer Realismus의 주장자, 形而上學에선 Psychovital'smus의 대표자였다고 전해지고 있다.)

그리고 유명한 것으로는 ★Karl Jaspers(1883~1969)의 同名의 書를 들 수 있다. Radio 강연을 모둔 것으로 1950年에 나왔다.(圖譯도 두어 종류 있다)

그러나 이 哲學 入門書는 一般 哲學 入門이 아니고, 곧 'Jaspers 哲學 入門'인 데에 특색이 있다. 그렇게 생각하면, Henri Bergson(1859~1941)의 ★"Introduction à la métaphysique"(1903)나 Georg Simmel(1858~1918)의 ★"Hauptproblem der Philosophie"(1910, 7. A. 1945)도 William James(1842~1910)의 ★"Some problems of Philosophy, A Beginning of an Introduction to Philosophy"(1911)도 또는 Bertrand Russell(1872)의 ★"The problems of Philosophy"(1912)나 ★"An Outline of philosophy"(1927)도 각각 著者의 主張에의 招待인 점은 마찬가지다.

(2)

다음에는 哲學史를 들어보자. 본래 哲學史가 학문적 체재를 갖춘 것은 Hegel(1770~1831)의 ★「哲學史 講義」(Vorlesung uder die Geschichte der Philosophie 3Bde, hrsg. v. K. L. Michelet, 1840~1843)에서 비롯한다.

이에 자극을 받아 Hegel의 몰후 Hegel의 中央派(das Zentrum) 사람들 중에서 훌륭한 哲學家들이 많이 나왔다.(Kuno Fischer(1824~1907)도 그중 한 사람) Hegelianer의 die Rechte에 속하는 Johan Edward Edmann(1805~1892)의 ★「哲學史 綱要」(Grundriss der Geschichte der Philosophie, 2Bde. 1866), 그리고 Friedrich Überweg(1826~1871)의 同名의 書3卷 ★(1862~1866), Windelband의 ★「哲學史 敎本」(Lehrbuch der Geschichte der Philosophie"(1892) 등을 들 수 있다. 이들은 어느 것이나 著者 在世中에는 물론이려니와, 沒後에도 後繼者에 의하여 改訂 增補되어 現代化되고 冊數도 불어나고 있다. 이를테면 Überweg의 것은 Max Heine에 의하여 增補되어 4卷이 되고, 그 뒤에 5卷이 되어 오늘엔 귀중한 座右寶라 할 만하다. Windelband의 것은 Heinz Heimsoeth(1886~)에 의하여 "20世紀의 哲學"이 증보되어, 옛날의 무게를 그대로 유지하고 있는 셈이다.

그 외에 일반적인 것으로는 Karl Vorländer(1860~1928)의 ★"Geschichte der Phiosophie, 2Bde., 1903. 7. A. 3Bde., 1927", 그리고 Friedrich Karl Albert Schwegler(1819~1857)의 ★"Die Geschichte der Philosophie im Umriss(Neue Fnzyklop. der Wissenschaften u. Künste, 1848), 16. A., 1905", 그리고 Frank Thilly(1865~1903)의 ★"A History of Philosophy"(1914)와 Rogers의 ★"Student's History of Philosophy"(1905), 그리고 Clement C. J. Webb의 ★"A History of Philosophy"(1915) 등은 널리 보급된 간편한 哲學史다.

그리고 Emile Brehier(1876~1952)의 大著 ★"Historie de la Philosophie, 7vols"(1876~1952)가 있다. 근자의 것으로는 Bertrand Russ ll의 ★"A History of Western Philosophy"(1949)와 Johannes Hirschberger의 ★"Geschichte de Philosophie 2Bde",(1949)가 두드러진 자이다.

(3)

哲學 辭典으로서는 Ludwig Noack(1819~1885)의 ★"Philosophiegeschichtliche Lexikon"(1879)을 비롯하여 유명한 Rudolf Eisler(1873~1926)의 大業 ★"Philosophen Lexiken"(1912), ★"Handworterbuch der Philosephie"(2. A. 1922), ★"Wörterbuch der philosophischen Begriffe"(4. A.

3Bde, 1927∼1930) 등이 있다. 그 외에 Andre Lalande(1867∼)의 ★ "Vocabulaire technique de la Philosophie"(1928), 戰後에는 Werner Ziegenfuss의 ★"Philosophenlexikon"(1949)이 있다.

　위와 같이 방대하진 않지만, 그 대신에 간편한 것으로는 ★"Kirchners Wörterbuchder Phil. Grundbegriff von Michaelis(1907)"(die Neubearbeitungen und Umgestaltung von Johannes Hoffmeister, 1944), ★Henrich Schmidt의 ★"Phil, Wörterbuch"(9. A. 1934)(Kroners Taschenausgabe), Walter Brugger의 ★"Phil. Wörterbuch"(1947), Erwin Metzke의 ★"Handlexikon der Philosophie"(1948), Dagobert. D. Runnes의 ★"The Dictionary of Philosophy"(4. E. 1942)를 들 수 있다.

(4)

　哲學年表－Carl Stumpf(1848∼1936 獨心)는 유명한 哲學學派 系統圖를 만들었고, 그 외에 Eritz Schultze의 "Stammbaum der Philosophie. Tabellarisch－schemati－scher Grundriss der Gesch. d. Philosophie(1899) 라는 것이 있다. 그리고 도이치에서는, "Handbuch der Philosophie"라는 領域을 斯界의 權威者들이 분담 집필한 아주 편리하고 鳥瞰圖的인 pamphlet가 행하여지고 있다.

Hölderlin: "Patmos" 第一節

　　神은 가까와도,
　　붙잡기란 어려운 것.
　　허나 危險이 있는 곳에,
　　救助도 또한 자라나니.

어둠 속에
독수리는 살고, 두려움 없이
알프스의 아들들은
深淵 위의
위태로운 假橋를 건넌다,
方今, 주위에 「時間」의 봉우리들은 겹치고,
最愛의 무리들은 서로 가까이에 살건만,
떨어진 山頂에서 지치고 지쳤다.
그럼 우리들에게 순결한 물을 주려무나,
오오, 날개를 주려무나,
정성어린 마음으로, 저편으로 달려가고,
또 이편으로 되돌아오기 위하여.
"Nah ist
Und Schwer zu fassen der Gott.
Wo aber Gefahr ist, wächst
Das Rettende auch.
Im Finstern Wohnen
Die Adler, und furchtlos gehn
Die Söhne der Alpen über den Abgrund Weg
Auf leichtgebaueten Brüken.
Drum, da gehäuft sind rings
Die Gipfel der Zeit,
Und die Liebsten nahe wohnen, ermattend auf
Getrenntesten Bergen,
So gieb unschuldig Wasser,
O, Fittiche gieb und, treuesten Sinns
Hinüberzugehen und Wiederzukehren."

附錄(其二)

(1) Memo錄

Memo 1

☆ ① Jerusalem: 「Introduction to philosphy(1899)

"The Greek word *Philosophia* is evidently derived from the verb *Philosophein,* which signifies to strive after knowledge, and indeed, from the puro desire to know, without having any practical purpase in view whatever."

"That the most important thing in philosophy is philosophizing."

☆ ② Herodotos(c. 484～430 以後 B.C.) 「Historie」에 나오는 첫 구절.

七賢人 中의 한 사람인 Solon과 小 Asia의 Lydia의 王 Croesus와의 對話.

"Athenae로부터 오신 손님이시어, 卿의 일에 대하여, 卿의 才智와 巡遊에 관하여, 곧 卿이 知識을 구하고(智慧를 사랑하고) 觀察을 위하여(求景 삼아서) 많은 나라들을 遍歷하였다고 하는 말을 우리는 여러 가지로 듣고 있습니다."

("Thou, philosophizing(*philosopheon*) hast visited a vast part of the world for the sake of reflection(*theories heineka*). — dass Solon philosophierend viele Länder aus Wissbegierde durch wandert habe."

☆ ③ Thucydides(B.C. 472~402) 「Peloponnesus 戰爭의 政治史」에서 Pericles 王의 말을 인용함.

"We are lovers of wisdom(we philosophize) without effeminacy" (philosophoumen aneu Malakias). — "Wir strelen nach Bildung ohne Verweichlichung.")

Memo 2

☆ ④ Descartes: Cogito, ergo sum — I think, therefore I am, — Ich denke, also lim ich. — Je pense, donc je suis.

☆ ⑤ Maine de Biran(1766~1824): Je veux, donc je suis.

☆ ⑥ Karl Marx: "sondern umgekehrt ihr gesellschaftliches Sein, das ihr Bewusstsein."

☆ ⑦ Dewey: I own, therefore I am.

☆ ⑧ Camus: Je me révolté, donc nous sommes.

☆ ⑨ Goethe: 「Faust」(Studierzimmer)

"In Anfang war das Wort!

In Anfang war der Sinn!

In Anfang war die Kraft!

In Anfang war die Tat!"

Memo 3

常識과 哲學

☆ ⑩「Heidegger:「Was ist Metaphysik?」(1929)

"Die Philosophie ist－aus dem Blickpunkt des gesunden Menschenver-
rstande gesehen－nach Hegel die

'Verkehrte Welt' "＜Phänomenologie des Geistes, Bewusstsein Ⅲ＞

Memo 4

Classification of Science

☆ ⑪ Francis Bacon(1561～1626)「Novum Organum」1620.

☆ ⑫ 現行의 分類 一覽

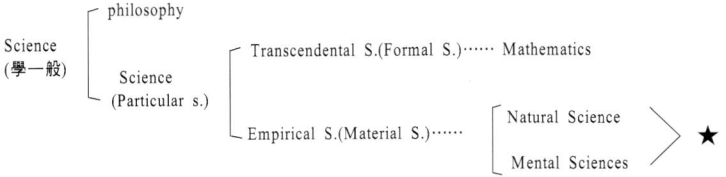

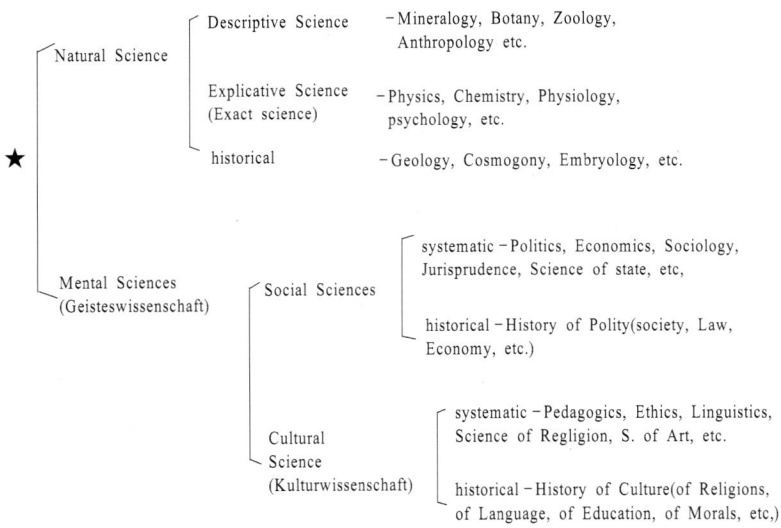

Memo 5

☆ ⑬ Goethe: 「Faust」 erster Teil(Der Tragödie) Nacht.

"Habe nun, ach! Philosophie.

Juristerei und Medizin,

und leider auch Theologie!

Durchaus studiert, mit heissen Bemühn.

Dafür ist mir auch alle Freud entriseen.

Auch hab' ich weder Gut noch Gelc,

Noch Ehr' und Herrlichkeit der Welt

☆ ⑭ faustisch:

　人間에게 주어진 일체의 幸福과 苦痛을 스스로 體驗하고 自我를 普遍的인 것에까지 높이려고 하는 行動이 그 基調를 이룬다. 이러한 自我 擴大의 傾向을 Faust的이라고 말한다.

Memo 6

☆ ⑮ Hegelians의 分裂

Hegel의 哲學은 허다한 弱點을 내포하고 있었다.

① Hegel은 自然 및 精神을 Logos의 顯現이라고 보았는데, 이 Logos 대신에 物質을 갖다 놓으면 그의 철저한 觀念論은 대뜸 철저한 唯物論이 되게 마련이다.

② 神學上으로도 Hegel은 信仰과 知識(宗敎와 哲學)은 필경 表象과 槪念의 義라고 보고.(같은 內容을 다른 形式으로 表出한 것) 人格的인 神의 存在를 明白히 하지 않았다.

③ Christ의 神性 및 個人의 魂의 不滅에 대하여 명확한 대답을 한 일이 없다.

여기서 1835년에 David Friedrich Strauss(1804~1873)의 「예수의 生涯」(Das Leben Jesu, Kritisch bearbeitet, 2Bde.)가 나오자, Hegelian 사이에 分裂이 생겼다. 한편에서는, Hegel의 哲學이 敎會의 가르침과 일치한다고 하고,(右派) 다른 편에선, 그렇지 않다고 주장한다.(左派)

die Rechte(右派, 保守派, Old Hegelians, Althegelianer)는 Hegel의 哲學을 正統的 超自然的라고 보고, Hegel은 人格的인 神, 神의 化身인 Christ, 個人의 魂의 不滅을 가르쳤다고 주장하고,

die Linke(左派, 自由派, Young Hegelians, Junghegelianer)는 Hegel이 汎神論을 통하여, 普遍的 實體인 神, 普遍的 精神의 Christ, 個人의 魂의 死滅을 가르쳤다고 주장한다.

(Strauss는 國會의 席次에 본떠 左右 兩派로 이를 나눈 것이다. 당시 '도이취'의 國會에서는 與黨은 議場의 右側에 野黨은 그 左側에 議席을 차지하고 있었다.)

Hegelians에도 調停者를 自任하는 中央派(das Zentrum)가 있다.

die Rechte의 대표자는 Göschel, E. Erdmann이며, die Linke의 대표자는 Strauss, Feuerbach－Marx, Engels, Lassalle이며, das Zentrum의 대표자는 Rosenkrantz, Michelet, Eduart Zeller(1814~1908) 및 Kuno Fischer(1824~1907) 등이다.

Strauss는 福音의 歷史 解釋에, 新生面을 열었다. 종래에 聖書에 실린 이야기를 그대로 事實이라고 믿는 正統派와 弟子들의 創作이라고 생각하는 非正統派가 있는데, Strauss는 「예수의 生涯」에서 兩便에 모두 반대하고, 事實도 아니고 創作도 아니고, 信徒들의 열렬한 信仰心이 무의식적으로 만들어낸 이야기라고 주장하여, 聖書 속의 Jesus는 歷史上의 Jesus가 아니고, '信仰上의 Jesus'라고 하였다.(따라서 엄밀한 의미에 있어서 '歷史的'인 「예수의 傳記」는 불가능하다는 것이다.)

그는 그 著者의 끝 章에 가서, 神人의 敎義를 批判하였다.(Christ가 人間의 性과 神의 性을 아울러 가졌다는 생각 곧 人間이 된 神이라는

神人性(有限 且 無限)은 결코 Christ라는 一個人의 특성이 아니고, 人類 全體의 특성이라고 말하였다.

Memo 7

☆ ⑯ Schakespeare(1564~1616)

Hamlet: "There are more thing in heaven and earth, Horatio, than
　　　　are dreamt of in your philosophy."

Hamlet: "To be or not to be, that is the question."

☆ ⑰ Goethe: 「Faust」

　Mephistopheles가 學生에게(Studierzimmer)

"Grau, teurer Freund, ist alle Theorie,

und grün das Lebens goldner Baum."

☆ ⑱ Dilthey:

"Das philosophische Denken der Gegenwart dürstet

und hungert nach dem Leben."

☆ ⑲ Charles Baudelaire(1821~1867) 「Les Fleurs du Mal-1857」의
　　著者.

인생의 제일 문제는 "우리는 무엇 하러 이 세상에 태어났느냐?"는
것이다. 이는 "人類의 好奇心을 최대로 자극시키는" 물음이다.

☆ ⑳ 映畵 "Sabrina"(O. Hepburn 주연)

"I have learned so manythings……not……but I much more important recipe, I have learned how to live-how to be in the world, and not just to stand aside aside and watch. And I will never, again run away from life, or from love, either."

☆ ㉑ Philosophische Anthropologie:

Max Scheler에 의하면, 人間의 本質과 本質 構造를 本質的 直觀 (Wesenserschauung)에 의하면 파악하려고 하는 學이다. <여기서 哲學 的이라고 함은, 生物學的, 生理學的인 人類學(Anthropologie)와 구별하 기 위해서다. 그런다고 生理的·心理的인 生命을 부인하는 것이 아니 고, 오히려 精神과의 統一을 求하려고 한다.>

Max Scheler는 말한다.

"人間이라는 대상을 문제로 삼는 일체의 學에 대하여 哲學的 基礎 를 주는 것은 人間學이다."

그의 Thema는 "人間이란 무엇인가? 存在에 있어서의 地位는 어떠 한가?(Was ist der Mensch? und was ist seine stellung im Sein)

곧 存在의 全體 곧 世界와 神과의 內部에 있어, 어떠한 形而上學 的 場所와 位置를 차지하고 있는가라는 문제다.

Philosophische Anthropologie란 곧 '人間의 本質과 本質 構造'의 學 이다.

Bernard Groethuysen에 의하면, Philosophische Anthropologie는 "필 경 自己 自身을 포착하려고 하는 人間의 自己 省察이다.

memo 8

☆ ㉒ Windelhand에 의하면 "哲學 組織의 織物 속에 宗敎와 倫理와 美的 織維가(Dieser religiöse, ethische, ästhetische Einschlag in dem

Gewebe dor philosophischen Systeme) 들어 있다는 그것은 주지의 사
실이다. 哲學은 단연코 價値를 떠날 수가 없는 것이다.(ein wertfreies)
그것은 價値的인 思惟이다.(werthaftes Denken)

곧 形而上學은 여러 가지 理想의 實體化임에 틀림없다."(Metaphysik
ist Hypostasierung von Idealen)

Memo 9

☆ ㉓ 哲學의 問題 領域

Kant는 그 「論理學」(Logik－1800)의 서론에서 "哲學의 領野(Das
Feld der Philosophie)는 다음과 같은 여러 문제를 포함한다. 곧,

① 무엇을 나는 알 수 있는가?(Was kann ich wissen?)

② 무엇을 나는 行할 수 있는가?(Was soll ich tun?)

③ 무엇을 나는 希望할 수 있는가?(Was darf ich hoffen?)

④ 人間이란 무엇인가?(Was ist der Mensch?)

라고 말하고 있다. 그리고 그는 이렇게 덧붙이기를 잊지 않았다. "根本
에 있어서, 그러나 모두 이들은 人間學 속에 넣어 생각할 수 있을 것
이다. 왜냐면 최초의 새 문제는 최후의 문제에 관계하고 있기 때문이
다."라고.

(Im Grunde Könnte man aber alles dieses zur Anthropologie rechnen,
weil sich die drei ersten Fragen auf die letzte beziehn.)<Heidegger의
「Kant und das problem der Metaphysik」에서 인용>

Kant의 第1問은 認識에 관한 問題(「순수 이성 비판」이 이에 대답한
다.) 第2問은 倫理에 관한 問題 (「실천 이성 비판」이 이에 대답한다)
第3問은 宗教에 관한 問題(「단순한 이성의 한계 내에 있어서의 종교」
가 이에 대답한다) 그리고 第4問은 哲學的 人間學의 問題이다.

그리고 우리는 그 外에 "그것은 무엇인가?"(Was), "어떻게 그것은 생겨났는가?"(Werden) 등의 存在論(Ontology)의 問題 및 宇宙, 生成論(Cosmology) 곧 一般 形而上學의 問題를 설정할 수도 있다.

그러면 哲學의 全 領野는 다음과 같이 된다.

Memo 10

☆ ㉔ Existenzphilosophie: 近代의 合理主義的 觀念論 내지 實證主義에 반대하는 입장에서, 主體的 存在로서의 實存을 中心 개념으로 삼는 哲學이다.

☆ ㉕ Existenz: 歷史的·主體間 人間의 獨自的인 生存의 事實.(事實存在, 現實 存在, 眞實 存在)

Memo 11

☆ ㉖ Romain Rolland(1866~1944)의 「Vie de Beethoven(1770~1827)」의 序文:

"人生이란 苦惱 속에서 가장 偉大하고 가장 豊饒하고, 또 가장 幸福할 수 있다. 이러한 苦惱와 悲哀를 克服한 英雄들의 先頭에 壯하고 깨끗한 Beethoven을 세우자."

☆ ㉗ Beethoven의 이른바 "Durch Leiden Freude!"
"苦惱를 통한 創造의 原理" − 苦盡甘來.

☆ ㉘ Spranger(1882~1963): "人間은 危機一髮의 狀況을 克服하는 일(Überwindung von Grenzsituation)에 의해서만 더욱 높은 段階에 도달할 수 있는 것이다. 우리는 悲劇的인 經驗에서 어떤 積極的인 것, 建設的인 것이 생겨나도록 노력하지 않으면 아니 된다."

Memo 12

☆ ㉙ Genesis (XXII)

1절. 하나님이 Abraham을 시험하시려고, 그를 부르사대……

2절. 여호와께서 가라사대, 네 아들, 네 사랑하는 독자 Isaac을 다리고, Moriah 땅으로 가서 내가 네게 지시하는 어떤 山, 거기서 그를 번제로 드리라.(and offe) him there for a burnt offering upon of the mountains……)

7절. Isaac이 갈아대, 불과 나무는 있거니와, 번제할 어린 양은 어디 있나이까.

(Behold the fire and the wood: but where is the lamb for a burnt offering?

8절. Abraham이 갈아대, 아들아 번제할 어린양은 하나님이 자기를 위하여 친히 준비하시리라. ……

9절. 이게 Abraham이 그곳에 단을 쌓고, 나무를 부려 놓고. 그 아들 Isaac을 결박하여 단 나무 위에 놓고,

10절. 손을 내밀어 칼을 잡고 그 아들을 잡으려 하더니(And Abraham stretched forth his hand, and took the knife to slay his son.)

11절. 여호와의 사자가 하늘에서부터 그를 불러 가라사대, Abraham아, Abraham아, 하시는지라, ……

12절. 사자가 가라사대, 그 아이에게 네 손을 대지 말라, 아무 일도 그에게 하지 말라. 네가 내 아들, 네 독자라도 내게 아끼지 아니하였으니, 내가 이제야 네가 하나님을 경외하는 줄 아노라.(for now I know that thou fearest God.……)

13절. Abraham이 눈을 들어 살펴본즉, 한 숫양(ram)이 뒤에 있는데. 뿔이 수풀에 걸렸는지라, Abraham이 가서 그 숫양을 가져다가 아들을 대신하여 번제로 드렸더라.

Memo 13

☆ ㉚ Kierkegaard: 「Entweder－Oder」(1843)

"결혼하라, 그러나 그대는 그 뒤에 그것을 후회하리라. 결혼하지 말라, 그러나 그대는 그 뒤에 그것을 후회하리라. 어떻게 하든지 그대는 후회하리라.

세상의 어리석음을 웃어 주어라,

그러나 그대는 그 뒤에 그것을 후회하리라
세상의 어리석음을 그러나 울어 주어라,
그러나 그대는 그 뒤에 그것을 후회하리라,
어떻게 하든지 그대는 후회하리라.

처녀가 말하는 것을 믿어라,
그러나 그대는 그 뒤에 그것을 후회하리라.
처녀가 말하는 것을 믿지 말라
그러나 그대는 그 뒤에 그것을 후회하리라.
어떻게 하든지 그대는 후회하리라.

목을 매어 죽어라,
그러나 그대는 그 뒤에 그것을 후회하리라.
목을 매어 죽지 말라,
그러나 그대는 그 뒤에 그것을 후회하리라.
어떻게 하든지 그대는 후회하리라.

제군이여, 실로 이것이 '人間의 賢命'(Lebensweisheit)의 全部인 것이다.”

☆ ㉛ Aurelius Angustinus(354~430): 「Confessiones－400」
  “당신을 위하여 우리를 만드셨으므로, 당신 안에서 쉬임을 찾을 때까지, 우리의 마음에는 쉬임이 없나이다.”

☆ ㉜ Kierkegaard:
  “詩人이란 무엇인가? 그 가슴속에 심각한 苦惱를 간직하고, 그리고 嘆息과 嗚咽을 마치 아름다운 音樂처럼 울리는 입술을 가진 不幸한 人間을 이름이다.”(Was ist ein Dichter? Eln unglücklicher Mensch, dessen Lippen so goformt sind, dass sein Seufzen und Schreien sich in schöne Musik verwandelt, während seine Seele sich in geheimen

Qualen windet.) (Entweder－oder)

☆ ㉝ Was heisst Wesen?

33. "Das Wesen ist das, wodurch ein Ding das ist, was es ist."

Memo 14

☆ ㉞ Kierkegaard: 「Die Krankheit zum Tode」(1849) John Ⅺ;

1절. 어떤 병든 자가 있으니, 이는 Mary와 그 형제 Martha의 촌 Bethany에 사는 Lazarus라.

2절. 이 Mary는 향유를 주께 붓고, 머리털로 주의 발을 씻기던 자요, 병든 Lazarus는 그의 오라비더라.

3절. 이에 그 누이들이 예수께 사람을 보내어 가로되, 주여 보시옵소서, 사랑하시는 자가 병들었나이다. 하니,

4절 예수께서 들으시고, 가라사대 "이 病은 죽을 病이 아니라,(This illness is no unto death,－Die Krankheit ist nicht zum Tode.) 하나님의 영광을 위함이요, 하나님의 아들로 이를 인하여 영광을 얻게 하려 함이로다.

Memo 15

☆ ㉟ Jaspers:

(Grenzsituation: "Das heisst, es sind Situation, über die wir nicht hinaus können, die wir nicht ändern können."(Einführung in die Philosophie－ 1948) 곧 實存이 超越에 부딪치지 않으면 아니 될 그러한 狀況에 있

을 때, 이 狀況을 특히 極限 狀況이라고 한다.(☆ 28 참조)

Memo 16

☆ ㊱ Goethe:

悲哀 속에서 빵을 씹고
저 홀로 외로운 한밤중을
이불 속에서 울어 본 이가 아니고는
神의 힘을 아지는 못하리라.

☆ ㊲ Prolog im Himmel: Der Herr: 「Faust」
"Es irrt der Mensch, so lang' er strebt."

Memo 17

☆ ㊳ John 19: 5(Ecce Homo)
"Then came Jesus forth, wearing the crown of thorns, and the purple robe, And Pilate saith unto the, Behold the man!(Sehet welch ein Mensch!)

☆ ㊴ Nietzsche에 의하면:
Grecia의 Tragödie(Tragedy)는 Dionysos的인 것의 Apollon的 形象化에서 생긴 것이다. 곧 兩者의 綜合을 의미하는 것이지만, 그것의 根柢에 있는 것은 音樂이며, 神話이며, 곧 das Dionysische다. 그의 Übe-

rmensch의 思想도 역시 Aopllon的인 靜觀에서가 아니고, Dionysos的인 衝動에서 나온 것이다. <irrational한 입장>

das Dionysische(Dionysischer Typus)란, 陶醉의 世界, 激情的 情意的, 集合的 世界－音樂과 舞蹈 곧 Pathos의 世界, 또는 無限과 無形에 陶醉하려고 하는 傾向이다.(Dionysos＝Bacchus)

das Apollinische(Apollinischer Typus; Apollonian type)란, 夢想의 世界, 靜觀的, 秩序的, 叡智的, 個人的 世界－造型 美術과 敍事詩 곧 Logos의 世界, 또는 有限과 有型에 滿足하려고 하는 경향이다.(Apollon)

☆ ㊵ Hermann Hesse(1877～1962)의 「Demian」(1919)에 의하면.

"2・3週 後에 나는 H 大學에 입학 수속을 마쳤다. 그러나 이러고저러고 간에, 모두 나를 失望케 했다. 내가 들은 哲學史의 講義는 학생들의 행동처럼 공허하고 또 기계적이기만 했다. 모든 것이 千遍一律的이며, 누구나가 틀에 박혀 있고, ……그러나 나는 자유스럽게 온종일 내가 하고 싶은 대로 하고 지냈다. 郊外의 어떤 古家에서 조용하고 快適한 生活을 하고, 나의 책상 위에는, 몇 권의 Nietzsche가 놓여 있었다. Nietzsche와 더불어 나는 살고, 그의 魂의 孤獨을 느끼고, 그를 끊임없이 채찍질한 運命을 더듬고, 그와 더불어 煩悶하고, 그리고 이렇게도, 대담하게 自己의 길을 걸어간 사람이 일찍이 있었다는 것을 마음 기쁘게 생각하였다."고.

☆ ㊶ H. Hesse: "Im Nebel"

Seltsam, in Nebel zu wandern!
Einsam ist jeder Busch und Stein,
Kein Baum sieht den andern,
Jeder ist allein.

Voll von Freunden war mir die Welt,

Als noch mein Leben licht war;

Nun, da der Nebel fällt,

Ist keiner mehr sichtbar.

Wahrlich, keiner ist weise,

Der nicht das Dunkel kennt,

Das unentrinnbar leise

Von allen ihn trennt.

Selitsam, in Nebel zu wandern!

Leben ist Einsamsein

Kein Mensch kennt den andern,

Jeder ist allein.

Memo 18

☆ ㊷ Heidegger: Nichts－Angst.

"Was ist Metaphysik?"(1929)

"無는 不安에 있어서 스스로를 들어낸다.－그러나 存在者로서가 아니다. 마찬가지로 無는 대상으로서도 주어지지 않는다. 不安은 결코 無의 把握은 아니다. 그렇지만, 無는 不安에 의하여, "不安 속에서 뚜렷해지거니와, ……""

(Das Nichts enthüllt sich in der Angst－aber nicht als Seiendes. Es wird ebensowenig als Gegenstand gegeben. Die Angst ist kein Erfassen des Nichts. Gleichwohl wird das Nichts durch sie und in ihr offenbar, ……)

"우리는 오히려 無는 不安에 있어서, 全體에 있어서의 存在者와 함께 생긴다고 말한 것이다."(Wir sagten vielmehr; das Nicht begegnet in der Angst in eins mit dem Seienden im Ganzen.)

"無는 人間的 現存在에 대하여, 存在者가 그 自體로서 顯示되는 일을 可能하게 하는 것이다."(Das Nichts ist die Ermöglichung der offenbarkeit des Seienden als eines solchen für das menschliche Dasein.)

"不安의 無의 밝은 밤에 있어서 비로소 存在者 그 自體로서의(存在者로서의 存在者의) 根源的인 顯示性이 생겨난다."(In der hellen Nacht der Angststeht erst die ursprüngliche Offenheit des Seienden als eines solchen.)

"無의 根源的 顯示性 없이는 自己 存在도 없고 自由도 없다."(Ohne ursprüngliche Offenbarkeit des Nichts kein Selbstsein und keine Freiheit)

"現存在는 無 속으로 지탱되어 <保全되며> 있는 일이다."(Da-sein heisst: Hineingehaltenheit in das Nichts.)

"現存在는 無 속으로 지탱되면서, 항상 미리<事前에> 全體에 있어서의 存在者를 넘어 나가서 있다. 이 存在者로부터 넘어 나가서 있는 일을 우리는 超越이라고 이름한다."(Sichhineinbaltend in das Nichts ist das Dasein je schon über das Seiende im Ganzen hinaus. Dieses Hinaussein über das Seiende nennen wir die Transzendenz.)

"만약 現存在가 本質의 根據에 있어서 超越하지 않으면(necht

transzendieren) 곧 이 경우엔, 만약에 現存者가 앞질러서 無 속에 지탱되어 있지 않는다면,(Würde, es sich nicht im vorhinein in das Nichts hineinhalten,) 그것은 결코, 存在者에 관계할 수도 없고,(dann könnte es sich nie Seiendem verhalten,) 또 自身과도 관계할 수 없을 것이다.

☆ ㊸ Heidegger에 의하면:

人間이란 超越을 그 根本 構造로서 갖는 것이며, 存在者의 全體를 넘어서-이 경우 넘어서야 할 超越者란 결국 自己 自身이지만-접근하는 데에 人間의 人間 된 소이가 있다.

그리고 Heidegger는 存在者의 全體(存在하는 것의 全部)를 넘어서는 일에 의하여, 存在者의 全體의 모습이 드러난다고 하는데, 우리들 有限한 人間이 대체 어떻게 存在者의 全體를 넘어설 수 있는 일인가? 그에 의하면, 우리 人間이 有限한 存在이기 때문에 도리어 存在者의 全體가 밝혀질 可能性이 성립한다는 것이다. 이런 일을 우리는 '不安'에서 체험한다. 우리가 일단 심각한 Angst에 엄습되면, 이제까지 친근하던 것, 자기의 生存의 根據가 되어 오던 것의 全部가 우리들로부터 멀리 떨어져, 存在者의 일체가 自己의 발밑에서 미끄러져 나가고, 우리는 완전한 孤獨 속에, 虛無 속에로 던져지는 것이다. 그런데 Angst에 있어서 우리가 虛無 속에로 내던져지고, 存在者의 全體가 우리에게 無緣한 것 곧 異他的인 것으로서 저편에 바라다보일 때, 이와 같은 距離를 통하여, 비로소 우리는 存在者 그 自體의 眞實의 모습이라는 것을 凝視하게 되고, 거기에 形而上學의 성립의 가능성이 생겨나는 것이다.

"In der hellen Nacht des Nichts der Angst……"

곧 다만 虛無 속에 投入된 자만이 存在의 眞相을 붙잡을 수 있는 것이다. "不安의 無의 밝은 밤에 있어서" 存在者의 異他的인 모습에 接한 자만이, 形而上學의 出發點으로서의 驚異(Thaumazen)의 念을 지닐 수 있는 것이다.

☆ ㊹ Il pleure dans mon coeur.(Paul Verlaine−1844∼1896)

Il pleure dans mon coeur
Comme il pleut sur la ville.
Quelle est cette langueur
Qui pénêtre mon coeur?

O, bruit doux de la pluie
Far terre et sur les troits!
Pour un coeur qui s'ennuie
O, le chant de la pluie!

Il pleure sans raison
Dans ce coeur qui s'écoeure,
Quoi! nulle trahison?
Ce deuil est sans raison.

C'est bien la pire peine
Ce ne savoir pourquoi,
Sans amour et sans haine,
Mon coeur a tant de peine.

Memo 19

☆ ㊺ Heidegger: 「Sein und Zeit」
"Der Tod als Ende des Daseins ist die eigenste, unbezügliche, gewisse

und als solche unbestimmte, unüberholbare Möglichkeit des Daseins."

☆ ㊻ 金銀玉帛이 積如소라도 臨終獨作孤魂逝니라.(浮雪居士: 四浮詩)

Memo 20

☆ ㊼ 形而上學의 問題 領域(世界觀의 問題)
  ① 世界는 하나냐? 多냐? 有限이냐? 無限이냐? 그리고 精神的인 것
    이냐? 物質的인 것이냐? 또는 兩者의 對立이냐? 그렇지 않으면
    兩者의 融合이냐?
  ② 그리고 단순한 機械的으로 움직이는 것이냐? 不然이면 어떤 目
    的 있어 움직이는 것이냐?(위는 一般的 形而上學의 問題)
  ③ 그리고 世界의 主宰者가 있느냐? 없느냐? 있다면 하나냐?<혼자서
    世界를 지배하는 것이냐?> 여럿이서냐? 또는 전연 없는 것이냐?
    그렇지 않다면 世界를 지배하는 人格的 存在者로서의 神이란
    것이 따로 없고, 世界가 바로 神이냐?<世界＝自然 곧 神(Deus
    sive Natura)－神을 世界의 原因으로 보는 것이 아님> 또는 世界
    는 神의 지배를 떠나서 스스로의 法則에 의하여 움직이느냐?
  ④ 또 그것은 (事物 특히 人間<의 意志>) 이미 宿命的으로 決定되
    어 있느냐? 그렇지 않고 전연 自由냐?
  ⑤ 그리고 사람의 마음의 本質은 固定的이고 實體的이냐? 또는 活
    動的·創造的인 것이냐? 또 그것은(精神) 知性이냐? 感情이냐?
    또는 意志냐?

위와 같이 世界觀의 問題는 통틀어 22個로 나누어 생각할 수 있다.
그 한 보기를 들면: Spinoza＝Singularist－Monist－Mechanist－Pantheist－

Determinist – Actualist – Intellectualist.

   Herbart=Pluralist – Spiritualist – Telologist – Theist – Determinist – Substantialist – Intellectualist.

☆ ㊽ 周易: 繫辭傳;

  "形而上者 謂之道. 形而下者 謂之器"

  Metaphysica라는 말은 希語의 meta (뒤에)+physica(自然學 – physis=自然)로 되었다. Andronikos(70 B.C.頃)가 Aristoteles의 著作을 編輯할 때, 自然學的 論究<物理學> 뒤에 配列된 一群의 論文이 이와 같이 命名된 데서 비롯한다. 內容的으로는 Aristoteles 자신에 의하여 第一 哲學(Prote philosophia) 또는 神學이라고 불린 것과 同一하다.

☆ ㊾ 神의 存在의 證明(Argument of the existence of God~Beweis des Daseins Gottes)

  이는 사람들이 가지고 있는 神에 대한 信仰을 理性에 의하여 根據 세우기 위하여 行하여지는 것이다. 그러나 超自然的 啓示에 기초를 둔 信仰을 왕왕 理性論的인 神의 存在의 證明을 無用한 것이라고 배척한다. 그러나 神學과 知識, 神學과 世界觀의 架橋를 필요하게 생각하는 입장에선 이 證明이 적극적인 의의를 갖는 것이다. 그 端初는 이미 初代 敎會의 Grecia 哲學에 있어서의 辨證法의 援用에서 볼 수 있다.

  ① 本体論的 證明(ontological argu.~Ontologischer Beweis): Anselmus 에게 있어서와 같이, <그의 Monologium> 完全한 存在로서의 神의 槪 念自體에서 神의 存在를 推論하는 따위는 여기에 속한다. Descartes의 人性論的 證明(Anthropologicalproof~Anthropologischer Beweis)도 이 것이다. 곧 우리가 스스로를 不完全하다고 생각함은 最完全者 곧 神 의 觀念에 겨누어서인 것이다. 그렇다고 우리가 우리들 속에 있는 神 의 觀念의 原因이라고 생각해서는 아니 된다. 왜냐하면, 原因이 結果

보다 작은 實在性을 가질 수는 없으니까. 그러므로 우리의 밖에 神이 存在하여 이 觀念을 우리 안에 불러일으킨 것이라고 생각 아니 할 수 없다. 곧 神은 필연적으로 存在하는 것이다.

Hegel도 本體論的 說明法의 眞理性을 옹호하여. 모든 存限者에게 있어선 그 存在와 槪念이 구별되어야 하지만, 神과 같은 無限者는 槪念이 存在를 포함하는 것이라고 보았다.

Schleiermacher의 認識論的 證明(Epistemological argument)도 이것과 연관성을 갖는다. 곧 그들 存在를 파악할 수 있는 우리들의 認識 能力에서 思惟와 存在의 分裂을 극복하는 最高의 實在로서의 神을 推論한다.

② 宇宙論的 證明(Cosmological argument～Kosmologischer Beweis)

(A) 自然界에 있어서의 運動에서 그 因果 關係를 더듬어, 점차로 原因을 찾아 올라가, 최후에 原動者 내지는 自己 原因(causa sui－또는 第一 原因)으로서의 Got의 存在를 推論하는 것이다.(Thomas Aquinas－1225/6～1274)

(B) 因果 現象의 探究에서 그것을 가능하게 하는 普遍的 因果 聯關으로서 곧 包括的인 本體로서의 神의 存在를 推論하는 경우다.(Lotze－1817～1881)

③ 目的論的 또는 物理・神學的 證明(Physicotheological arg.～Physiko－theologischer Beweis)

自然界의 合目的性(Fitness～Zweckmässigkeit), 調和, 秩序, 美, 莊嚴 etc에서 世界를 最高의 知慧를 갖는 神의 創造에 돌리는 것이다.(舊約聖書 詩篇 19, 104. 그리고 Kant도 이를 인정하고 있다.)

④ 道德的 證明(Moral arg.～Sittlicher Beweis)

또는 倫理的－宗敎的 說明(Ethic－religious arg.～Ethisch－religiöser Beweis) 이는 道德的 要請(Postulat)에 基하여, 聖스러운 神의 實在를 說明하려는 것이다. 良心을 Divine voice라고 보는 따위도 이러한 생각.

특히 Kant는 이 證明을 强調한다. 곧 實踐 理性(praktische vernunft)의 要請으로서 德에 알맞은 淨福(wellbeing～Wohlsein～Eudaimonia)을 賦與할 수 있는 神의 存在가 必然的이라고 보는 것이다.

☆ (50) 生從何處來

死向何處去
生也一片浮雲起
死也一片浮雲滅

Memo 21

Karl Marx:

☆ (51) 「Das Kapital」 3Bde<第一卷－1867. 2, 3卷－1885, 1894－Engels>

"Hegel에게 있어서는 思惟의 過程은 現實 世界의 創造主며, 現實의 世界는 단순히 그 外面的인 表現에 不過하지만, 나에게는 그와 反對로 觀念의 世界는 人間의 頭腦 속에 轉置되고 번역된 物質의 世界 이외의 아무것도 아니다."(第2版 跋文)

☆ (52) 「Zur Kritik der politischen Ökonomie」(1859)의 序文

"사람은 그 生活 資料를 社會的으로 生産함에 있어서, 일정한 必然的인－自己의 意志에서 독립한－關係에 들어간다. 이 관계는 곧 그 社會에 있어서의 物質的 生産力(Produktionskraft)의 일정한 發展 階段에 상응하는 生産 關係(Produktionsverhältnis)다. 이 生産 關係의 總體가 社會의 經濟的 構造를 이루는 것이며, 法律的 및 政治的인 上部 構造가 그 위에 건설되는 참의 基礎가 되는 것이며, 또 이에 상응하는 일정한 社會的 意識 形態 곧 宗敎, 哲學, 科學, 藝術, 및 道德 등의 精神 文化 內容을 생기게 하는 것이다.

헌데, 生産 手段(Produktionsmittel―勞動 對象과 勞動 手段을―括한 것) 곧 生産力(Produktionskraft―勞動力, 勞動 對象, 勞動 手段의 3要素)은 점차로 발달하여 가는 것이므로, 그 以前의 生産力에 응하여 형성된 生産 關係 및 法律, 政治 等의 形態는 이윽고 새로운 生産力에 적합할 수 없게 된다. 아니 그뿐 아니고, 이들의 諸 關係는 生産力의 發展 形態에서 그 桎梏으로 轉化한다. 이 충돌이 곧 革命이며,(곧 生産 關係가 生産力에 있어서의 桎梏이 될 때, 生産 關係의 變革으로서의 革命이 일어난다.) 따라서 社會의 改造는 이와 같이 必然的으로 行하여지는 것이다."

☆ ㊾ Karl Marx에 의하면:

意識이란 필경 意識된 存在에 불과하므로(Das Bewusstsein=das bewusste Sein) "人間의 意識이 人間의 存在를 規定하는 것이 아니고, 오히려 그와 반대로 人間의 社會的 存在가 人間의 意識을 規定하는 것이다." 바꾸어 말하면, "物質的 生活의 生産 樣式이 社會的・政治的・精神的 生活 過程 一般을 制約하는 것이다."

☆ ㊿ Karl Marx의 主著

1. Ökonomisch―philosophisches Manuskript.(經濟學的―哲學的　草稿) 1844

2. Die heilige Famillie(Engels와의 共著) (神聖家族) 1844

3. Die deutsche Ideologie(Engels와의 共著) (獨逸的 이데올로기) 1846

4. Misère de la philosophie(哲學의 貧困) 1847

5. Manifest der Kommunistischen Partei(Engels와의 共著)(共産黨 宣言) 1848

6. Zur Kritik der politischen Ökonomie(經濟學 批判) 1859
7. Das Kapital, 3 Bde(資本論) 1867～1894
8. The civil War in France(프랑스의 市民 戰爭) 1871
9. Thesen über Feuerbach(포이에르바하에 관한 테제) 1845 脫稿 1888 發表
10. Theorien über den Mehrwert, 3 Bde(剩餘 價値說) hrsg. v. Kautsky. 1905～1910

Memo 22

☆ (55) Hume: "習慣은 人生에 있어서의 위대한 지도자이며, 이것만이 우리들의 經驗을 우리들에게 有用한 것이 되게 하는 것이다."

Memo 23

☆ (56) Kant:

(A) "David Hume의 警告야말로 수년 전에 비로소 나의 獨斷의 假睡를 파괴하고 思辨的 哲學의 범위에 있어서의 나의 攻究에 전혀 다른 方向을 제시한 것이다."

(B) "나는 無識한 사람들을 경멸해 왔었다. 그러나 Rousseau가 비로소 이 迷妄을 깨우쳐 준 것이다. 幻想的인 優越感은 사라지고 말았다. 이제 나는 사람들을 존경할 줄 알게 된 것이다.

Memo 24

☆ ㊗ Comte:

그는 啓蒙 時代(Enlightenment, Aufklärung)의 이른바 進步의 思想(L'idée de proprès)을 받아들여, 人間의 知識은 ① 神學的 段階(Theological stage)에서 시작하여, ② 形而上學的 段階(Metaphysical stage)를 거쳐 ③ 實證的 段階(Positive stage)에 도달한다고 한다. <Law of the three stages>

① 第1段階에서는 自然 現象이 擬人的으로 취급되어 庶物 崇拜(Fetichism), 多神敎(Polytheism), 一神敎(Monotheism) 등으로 發達한다. ─神學的 내지 假空的 段階─準備 段階.

② 第2段階에서는 抽象的 槪念이 實在라고 생각되어, 이로써 世界를 설명한다. 위의 두 段階에선 世界를 絶對的인 것으로 해석하려고 하는 것이다. ─形而上學的 내지 抽象的 段階─過渡的 段階.

③ 第3 段階에서는 事實에서 出發하여 法則을 구한다. 現象의 本體(noumenon)니, 第一 原因(Causa prima) 窮極 目的이니 하는 따위를 인정하지 않는다. 인정하는 것은 단지 現象의 法則 곧 事實間의 영원한 關係뿐이다. 일체의 認識은 關係의 그것이며, 따라서 모두가 相對的이다. ─科學的 내지 實證的 段階─決定的 段階.

Comte는 나아가, 知的(學問)의 三段階에 응하여 政治的 社會的 發達에도 三段階가 있음을 밝혔다.

① 神學的 段階(13세기까지)에는 武斷的 狀態(僧侶와 軍人의 支配)가 배당되고,

② 形而上學的 段階(14세기~18세기)에는 法治的 狀態(哲學者와 法律家의 支配)가 배당되고,

③ 實證的 段階(大革命 以後)에는 産業的 狀態(科學者와 産業家의

支配)가 배당된다. 이 段階에선 힘의 分配와 生産力에 의하여
일체가 결정된다.

이러한 實證主義的 見地에서 Comte는 諸 科學의 秩序를 생각한다.
科學은 모두 三段階를 거쳐 발달하는바, 發達에는 遲速의 差가 있기
때문에 實證的 段階에 도달한 歷史的 順序에 좇아서 六分 된다. 곧,
基礎 科學으로서의 數學에서 출발하여 天支學, 物理學, 化學, 生物學
(心理學 포함)을 거쳐서 人間 社會의 科學일 Sociologie에 도달한다.
<Physique sociale> 따라서 社會學은 最高의 科學이다. 이는 모든 科
學 특히 生物學에 基礎를 두고 있다. 社會는 곧 有機的 個體로부터
형성되기 때문이다,

☆ ⑧ Positivism:
  위 주장은 Windelband에 의하면, "現象의 背後에는 아무것도 없다.
그것은 비단 우리에게 대해서 뿐 아니라 그 自體에 있어도 없다는 것
이다."
  "이러한 주장은 필경 本來의 思惟 要求를 부정하는 것이며, 따라서
哲學으로서의 自家撞着이다. 바로 哲學의 破産이다. 歷史가 명시하는
바와 같이 人間 思惟의 要求는 아무래도 形而上學的 實在에 向하지
아니할 수 없다. 이러한 의미에서 Philosophie는 사실상 必然的으로
'超越的 思惟'(transcendent thinking)인 것이다.(und in diesem Sinne ist
die Philosophie in der Tar notwendig transzendentes Denken.)

☆ ⑨ 論理(的) 實證 主義(Logical positivism)
  論理的 實證 主義者에 의하면, 從來의 哲學史가 科學과 같이 착실
한 진보를 하지 못한 것은, 무의미한 形而上學的 問題에 얽매여 왔기
때문이다. 形而上學的 問題란 우리의 인식 능력을 넘어선 것이기 때문
에, 우리로선 答할 수 없는 問題 곧 擬似 問題(pseudo-problem)에 지

나지 않는다. 거기서 그들은 哲學을 形而上學에서 해방시켜, 有意味하고 解決 可能한 問題의 探究에 向하게 하여야 한다고 생각한다. <종래의 哲學의 問題로서 科學的·實證的으로 吟味할 수 없는 것—非科學的·形而上學的 要素—은 모두 거짓 問題라고 보는 것이다.>

따라서 在來의 哲學이 한 것처럼 非科學的인 世界觀(Weltanscha-uung)이 아니고 科學的인 世界 把握(Weltauffassung)을 목표로 하여야 한다는 것이다. 곧 哲學은 Welt나 Mensch에 대하여 이야기하는 일이 아니고,(그건 經驗 科學의 일) Welt나 Mensch에 대하여 이야기하는 命題에 대하여 이야기하는 일, 따라서 哲學이란 곧 言語 批判이다. <言語의 交通 整理> 이들의 言語的 考察은 재래의 대개의 哲學 論爭이 言語 使用의 曖昧性 不確性에서 온 것이라고 보고, 問題를 非問題化하는 데 成功한 것이다.

곧 哲學을 科學 理論 體系의 形式 論理的 分析(Logical analysis)(科學의 言語의 論理的 分析)에 限定함으로써, 諸 科學의 成果의 一般化에 의한 世界觀을 일체 배척한다. <科學의 科學>

Logical positivism은 近世 初期 以來의 Empiricism의 現代版에 틀림없다. 論理的 經驗主義니 科學的 經驗主義(scientific empiricism)이니 整合的 經驗主義(Consistent empiricism)라는 이름의 傾向의 差가 있긴 하나, 言語의 論理 分析을 方法으로 하는 科學的) 哲學(Scientific philosophy)을 목표로 하는 基本的 態度에 있어서는 변함이 없다.(言語의 論理的 分析이란, 槪念과 命題의 意味를 論理的으로 分析하여 그것이 참으로 意味하는 것이 무엇인가를 밝히는 일이다.)

위를 종합하면:

① 非科學的·形而上學的 要素의 除去

② 科學的 方法의 哲學에의 導入

③ 經驗的·實證 可能性에의 要求

④ 言語의 論理 分析的 方法의 採擇

⑤ 하나의 科學的 哲學의 樹立 目標 etc.

Memo 25

☆ ⑩ Hans Vaihinger(1852~1933)의 "Philosophie des Als‒Ob"

Vaihinger는 "Als‒Ob(것 같은)의 哲學"을 주장하여, Kant의 哲學을 實用主義的으로 해석하였다. 그에 의하면, 眞理란 生活 目的에 有用한 假構(Fiktion)에 불과하다. Fiktion이란 실제로는 참은 아니지만, 마치 참'인 것같이'(Als‒Ob) 생각되어 目的의 달성에 도움이 되는 假定을 말한다. 우리가 實在하는 것처럼 믿는 <곧 재래의 形而上學이 무비판적으로 받아들인 바> 原子, 無限者, 意志의 自由, 物自體, 絶對者, 人格, 物質, 力, 靈魂, 宇宙, 時代 精神, 範疇 등의 抽象的인 諸概念은 實在의 反映도 아니고, 다만 人間의 生物的인 生活 目的을 實現하기 위하여 만들어진 假定 또는 假構(擬說)에 지나지 않는다.

따라서 眞理라는 것도 그 自體로서 眞理라는 價値를 갖는 것이 아니고, 生物的인 目的에 쓰임이 있느냐 없느냐에 의하여, 그 價値가 결정되는 것이다. 그리고 思考를 生物的인 生活 目的을 實現하기 위한 手段으로서 Fiktion에 의하여 認識을 얻는 것이며, 實行을 위한 補助手段이 되는 것이다.(實行과 意志가 優位를 차지한다고 하는 主意說) 따라서 意識的인 虛僞를 가지고도 生物的인 目的을 達成할 수가 있다. 그러므로 眞理는 合目的인 誤謬에 틀림없다.

이러한 擬說의 方法은, 迷信 命題를 사용할 수가 없고, 항상 '인 것 같은'이라는 形式을 갖지 않으면 아니 된다. Vaihinger는 模寫說을 배척하는 不可知論의 입장에서, Kant의 先驗的 主觀을 擬說이라고 하고, 이것에 의하여 모든 認識이 構成的으로 行하여진다고 한다. 認識은 實在의 模寫가 아니고, 主觀의 構成이라고 하는 점은 Kant의 構成主

義的 認識論과 일치하지만, 그 主觀을 Kant 哲學의 純論理的인 認識 主觀이라고 보지 않고, 個人的 또는 種族的 生命 主權이라고 보기 때문에 Relativism으로 歸着할 수밖에 없다.

이 哲學은 19세기 말로부터 현저하게 드러난 眞理에 대한 相對主義的·主觀主義的인 見解를 극단으로 표명한 思想이며, 더욱 生物學主義(Biologism)를 받아들임으로써 Pragmatism에도 접근하게 된 것이다.

Meno 26
☆ ⑥① 봄은 오는가 金龍濟 1960. 2.(자유당 말기)

병든 세월에도
해와 별이 죽지 않아서
겨울은 가고
봄은 오는가

올봄에 또
무슨 선거 바람이 어떻게 불든
후미진 초가집 뒷 곁에서
원통한 색시 귀신이 울면
빨간 복사 꽃은 피겠지

공연한 꽃들이 피면
불쌍한 마을마다
홍역꽃도 마마꽃도 피어서
아기 잃은 엄마들이 통곡하겠지

땅은 파도 파도 못 살고
그나마의 논밭도 없는 산골

군대 나온 젊은이들이
고향의 봄을 떠나는 산길에는
노란 송이 버섯도
독가스탄을 텅텅 터뜨리겠지.

Memo 27

☆ ⑥ Hegel의 Dialektik

A와 B의 異質的인 兩極의 對立 緊張에 의한 止揚(Aufheben) 過程을 의미한다. 곧 A와 B가 그것의 相反的 緊張 關係(Antithetisches Spannungsverhältnis)를 거쳐, 그것의 綜合的 統一 關係(Synthetisches-Einheitsverhältnis)에 이르는 過程이다.

A가 B에 辨證法的으로 發展한다고 함은 무엇을 말하는 것인가? A가 B에 발전하기 위해서는, A는 먼저 A인 것을 그만두지 않으면 아니 된다.(廢止 또는 廢棄) 왜냐면, 만약 A가 언제까지라도 A임을 계속한다면, B에의 발전이란 있을 수 없기 때문이다. 그와 동시에 또 A는 어떤 의미에서 역시 A임을 계속하지 않으면 아니 된다.(持續) 왜냐면, A가 완전히 소멸되어 버린다면, 그것은 A가 소멸하여 전혀 새로운 B가 출현한 것으로서 적어도 A가 B로 발전했다고는 말할 수 없기 때문이다.

이리하여 A는 어떠한 의미에서든 A임을 계속하여야 하지만, 그러나 한편 또 단순한 원래의 것대로 계속한다면, 거기엔 어떠한 발전도 있을 수 없는 것이겠다. 그러므로 A가 B로 발전하기 위해서는 A는 A이면서 그러면서도 B에까지 높여지지 않으면 아니 된다.(昂揚)

위의 廢止, 持續, 昂揚의 세 의미(계기)를 동시에 포함하여 Hegel은 이를 止揚-Aufheben이라고 부른다. <These와 Antithese가 일단 廢棄되면서 그러면서도 높여져, 保存되는 것,<'이것도 저것도'(Sowohl-als-auch)> 따라서 Hegel의 辨證法的 發展이란 필경 이 Aufheben의 過程 불과하다. <Negation der Negation>

Hegel에 의하면, "矛盾이야말로 일체의 운동과 생명성의 근원이다. 어떤 것은 자기 자신 속에 하나의 矛盾을 가지는 限에 있어서만 스스로 움직이고, 충동과 활동을 갖는다." 그리고,

Hegel에게 있어서 "哲學이란 決裂된 調和를 다시 회복하는 일"(Wiederherstellung der zerrissenen Harmonie)이다. <反對의 綜合>

Hegel의 역사적 변증법의 발전 과정은 卽自(an sich)인 家族에서 對自(für sich)인 市民 社會를 거쳐서 그 대립을 止揚한 卽 且對目的(an und für sich)인 人倫體(Sittlichkerit)에 이른다.

Memo 28

☆ ⑥ Eduard Maximilian Röth(1807~1858)

그는 Egypt, Percia의 研究에서 Grecia 哲學과의 관계를 문제 삼다. Greek philosophy의 發生을 東方에서 求한다. 이를 東洋說이라고 한다.(그 主著는 Geschichte unserer abendländischen Philosophie, 2 Bde., 1846~1858. 2. A 1862)

거기서 Herakleitos의 說의 根源을 Egypt에서 求하고, Pythagoras, Demoklitos의 그것을 India 및 Babylonia의 影響이라고 본다. 이 說을 지지하는 이에 Gladisch가 있다.

그러나 反對說도 있다. Eduard Zeller(1814~1908)(그의 主著 Die Philosophie der Griechen, 6 Bde., 1844~1852., 3~7. A., 1879~1920)

에 의하면, Alexander 時代까지 Grecia 民族이 접촉한 東方 民族은 神話나 神祕的 天地 開闢說 등은 가지고 있었으나, Philosophie를 가지지는 않았다고. 곧 Grecia 思想家들이 시험한 만물의 자연적 설명을 위하여 原流 또는 模範이 될 만한 試圖를 한 者는 없다는 것이다.

Platon: "希臘人은 知識을 사랑한 데 反하여 Egypt人과, Phönicia人은 財寶를 사랑하는 것으로서 그 特質을 삼는다"고.(Politeia, Nomoi.)

Memo 29

☆ ⑭ Humanism(人間主義, 人本主義, 人文主義, 人道主義):

人間性(Human nature, humanity, menschliche Natur, Humanität) 尊重의 입장에 서서 人間性을 속박하거나 억압하는 일체의 것으로부터 人間을 해방시키려고 하는 思想을 Humanism이라고 한다. 다시 말하면 人間의 生命, 價値, 敎養 및 人間의 創造力을 존중하고, 이를 守護하고 나아가 이를 더 한층 豊饒하게 하려고 하는 精神이다. 따라서 이를 부당하게 짓밟고, 억압하고, 파멸시키려고 하는 어떠한 것과도 對抗하여 싸우려고 하는 精神이라고 할 수 있다.

Memo 30

☆ ⑮ Aristoteles;

Platon은 Idea를 現象 곧 "個物을 떠나서 存在한다."고 생각한 데 反하여, Aristoteles는 Idea는 現象 가운데 있다고 하고, 일체의 현상은 Idea 곧 本質 그것의 실현에 불과하다고 말하였다. 그는 이 발전 과정을 形相(Eidos)과 質料(Hyle)와의 관계라고 본다. 實體는 個體의 변화·생성 사이에 자기를 실현하는 것이라고.

 Hyle는 무엇이든지 될 수 있는 것이지만, 현실적으로는 아무것도 아닌 것이다. 家屋에 對하여, 材木이 있고, 材木에 對하여 樹木이 있고, 樹木에 대하여 樹木의 씨가 있듯이, 모든 規定된 것의 根柢에는 第一 質料(Primary matter)가 있다. —matter와 form의 대립은 固定的인 것이 아니라는 것, 어떤 관계에 있어서는 matter인 것도 다른 관계에 있어서는 from이 된다는 것을 알게 된다.

 이렇게 생각하면, 存在 全體(全 自然)는 일반적으로 조금도 Eidos를 포함하지 않는 Primary matter를 최하 단계로 하여, 조금도 Hyle를 포함하지 않은 순수한 形相인 궁극의 形相<第一形相(Primary form)—神>을 頂点으로 하나의 段階를 이루고 있는 것이다.

 이와 같이 Eidos(곧 Idea)를 Energeia(現勢) 또는 Entelekheia(圓現)로서 곧 成成의 運動과 결부하여 이해하려고 하는 점이 Aristoteles의 體系가 Platon의 그것과 다른 重要한 점이다. Platon은 Idea 정지한 것, 生成 및 運動에 대립한 것, 自立的 存在라고 보았지만, Aristoteles에게 있어서는, Idea 곧 Eidos는 生成에 의하여 영원히 만들어지는 것, 영원의 Energeia 곧 完全한 現實性 가운데 있는 活動이다.(Hyle를 可能<潛勢—dunamis, Potentia, Möglichkeit>이라고 하고, Eidos를 實現<現勢—Energeia, actus, Verwirklichung—그리고 實現이 完成한 것은 Entelekheia 圓現>이라고 한다.)

Memo 31

☆ ⑥⑥ Ernst Heinrich Haeckel(1834~1919)은 Emil Heinrich Du Bois-Reymond의 「Die sieben Welträtsel」(1880)의 전부를 그 主著 「Die Welträsel」(1899)에서 완전히 해결하였다.

Memo 32

☆ ⑥⑦ speculative philosophy(spukelative Philosophie)

감각을 떠나서 순수한 理性 活動에 의해서만, 實在를 포착하려고 하는 哲學을 말한다. 곧 理性의 絶對性을 주장하는 입장이다.

Memo 33

☆ ⑥⑧ 映畵 "Ben－Hut"

Arrius: "Your eges are full of hate, No. 41. That is good. Hate keeps a man alive it gives him strength."

Arrius: "You believe existence has a purpose."

Memo 34

☆ ⑥⑨ Leibniz: 「Monadology」(1714)

§79: "Souls act in accordance with the laws of final causes through their desires, ends and means. Bodies act in accordance with the laws of efficient causes or of motion. The two realms, that of efficient causes and that of final causes, are in harmony, each with the other.

(Die Seelen wirken nach den Gosetzen der Finalgründe durch Begehrungen, Zwecke und Mittel. Die Körper wirken nach den Gesetzen der bewirkenden Ursachen oder der Bewegungen. Und diese beiden Reiche, das der bewirkenden Ursachen und das der Finalgründe, harmonieren miteinander.)

<精神은 目的 原因의 法則에 좇아서 欲求, 目的 및 手段에 의하여 작용하고 身體(物體)는 實現 原因의 法則 곧 運動의 法則에 좇아서 작용한다. 그리고 이 두 個의 世界 곧 實現 原因의 世界와 目的 原因의 世界는 서로 調和를 이루고 있다.>

Memo 35

☆ ⑦ Ataraxia:

Hedonist인 Epikuros(c. 312/1~271/0 B.C.)에 의하면, 人間의 참의 기쁨은 結婚하지 않고, 애를 낳지 않고, 그리고 "숨어서 살라"(lathe biosas)는 主義를 받들 때, 비로소 얻어진다. <"政治라는 監獄에서 벗어나야 한다"> 곧 소극적인, 고통과 혼란으로부터의 해방, 또는 外界로부터의 煩雜을 떠나 있는 것, 곧 平靜 不動한 마음(Ataraxia)을 가짐으로써만 달성되는 快樂이다. <放蕩者의 快樂이 아님>

身體의 健康과 마음의 平靜, 他室에 依存하지 않는 自由한 精神 形態가 곧 Ataraxia다. 이러한 境地를 실현하는 것이 곧 哲學의 궁극의 목표라고 한다. <Ataraxia는 epoke에 항상 그림자처럼 따라다니기 마련이다.>

Memo 36

☆ ⑦ Kant의 이러한 말버릇을 닮은 말이 얼마든지 있다. Jaspers의 "理性이 없는 實存은 無爲……며"(Ohne Vernunft ist Existenz untätig,……) "實存이 없는 理性은 空虛하다."(So ist Vernunft ohne Existenz hohl)이라든지,(곧 Vernunftlose Existenz와 Existenzlose Vernunft) "教育 理

論이 없는 實踐은 盲目이며, 教育 實踐이 없는 理論은 空虛하다"라든
지 "思索이 없는 生活은 盲目이며, 生活이 없는 思索은 空虛하다."라
든지, "專攻이 없는 教養은 盲目이며, 教養이 없는 專攻은 空虛하다"
라든지, "主體가 없는 客體는 盲目이며, 客體가 없는 主體는 空虛하
다."라든지, 모두 그것이다.

Memo 37

☆ ⑫ hen kai pan(一且全)

  Simplikios(549년 죽음, Neo-platonians)가 전하는 바에 의하면, Xenophon
(B. C. 430~354)은, 實在를 一且全體라고 보고, 이를 神이라고 불렀
다. 곧 世界 原理로서의 神은 萬有를 自己 속에 包有하고 "一이면서
동시에 全體"라는 것이다. 神은 모습도 생각도 人間을 닮지 않고, 人
間과 神들 가운데서 가장 偉大한 것, 不生而永遠, 無限도 아니고, 限
定된 것도 아니고, 動靜을 超越하여 同所에 있으면서, 不動이며, 또
全體的으로 보고, 생각하고 듣고, 그 思考에 힘이 들지 않고, 萬物을
또한 손쉽게 움직인다고 한다. 그 思想은 Polytheism도 Montheism도
아니고 世界를 그대로 神이라고 보기 때문에, Sokrates 以前의 自然
哲學들에게 一般的 傾向인 汎神論的 世界觀을 대표하고 있는 것이다.

  ☆ ⑬ Goethe: Wanderers Nachtlied-1780. 9. 6.

    über allen Gipfeln
    Ist Ruh,
    In allen Wipfeln
    Spürest du
    Kaum einen Hauch;

Die Vöglein schweigen in Walde
Warte nur, balde
Ruhest du auch

Memo 38

☆ ⑭ Sokrates와 Platon

Platon은 20살 때 Sokrates의 門下에 들어가, 8년간 그를 따랐다. Sokrates의 사형집행은 그에게 커다란 충격이었다. 그들 師弟의 關係가 친밀했기 때문이다.

"I thank god. That I was born Greek and not barbarian, freeman and not slave, man and not woman: but above all, that I was born in the age of Sokrates."

☆ ⑮ Platon과 Aristoteles

Aristoteles는 17살 때, Platon의 門下生이 되어, 20년간 그에게서 배웠다.(Akademeia−387 B.C.) 그러나 그 사이는 Sokrates와 Platon의 그것에 비하여 그다지 두렵지가 않았던 모양이다. Platon은 Aristoteles가 언제나 공부에 열중하고 있으므로, '讀書家'라고 불렀고, 그의 또 하나의 弟子인 Xenokrates(c. 396~c. 314 B.C.)와 비교하여, Xenokrates에게는 拍車가 필요하지만, Aristoteles에겐 고삐가 필요하다고 했다는 말도 있다. 그러나 Aristoteles의 人間에 대한 많은 비난 가운데, 두드러진 것은 그가 스승을 질시하고 또 師恩을 잊었다고 하는 비난이다.

그는 스승에 대하여 이런 말을 했다.

"Amicus, plato, sed magis amica veritas."라고.

Aristoteles는 13년간 Athenai에서 교육하고 있었으나, (Peripatoi(散策

路)−Peripatetic school(逍遙學派) Athenai 사람에게서 瀆神을 이유로 告訴되었다. 그러나 그는 'Athenai 사람이 다시 哲學을 冒瀆하지 않게 하기 위하여' Athenai를 떠나 버렸다.

Memo 39

☆ ⑯ Socratic method(Developmental method)

Sokrates는 사람을 붙들고, 먼저 method of guestion and answer에 의하여 상대방의 思想의 오류를 自覺시킨다. 이는 올바른 知識을 얻게 하기 위해서는, 旣存의 偏見이나 誤解를 제거해 주지 않으면 아니 되기 때문이다. 이를 Socratic Irony(Die sokratische Ironie−eironeia)라고 한다.

다음엔 적극적으로 知識을 개발하여 그것을 槪念定義에까지 追求한다. 이 경우에 결코 外部에서 注入하는 것이 아니고, 상대방의 內部에서 끌어내는 것이므로(exducare) 그는 이를 Maieutics(Maieutike)라고 불렀다. <적극적 방면>

Maieutics는 Sokrates의 Inductive mithod이며 동시에 그의 敎授法이다. 위에서와 같이 Sokrates는 靑年들을 가르치는 데 있어서 먼저 상대의 意見을 토로시켜, 서서히 토론함으로써 窮地에 밀어 넣고, 마침내는 無知를 스스로 깨닫게 하며, 나아가 眞知(episteme) 追求의 念이 생기게 되었을 때, 비로소 再檢討하여 眞理에 도달한다.

이와 같이, 단지 가르치는 것이 아니고, 스스로 知識을 낳게 하고, 그것을 돕는 것이므로, 이를 助産術이라고 하는 것이다. <value−possibility, Wertmöglichkeit → value−actuality, Wertaktualität>

(2) 試驗問題集

1째 가름

哲學 精神

1. 철학 정신은 무엇 무엇인가? 그 제목만 적으라.
2. 登山家 George Leigh Mallory(1886~1924)는 山에 대하여 어떠한 名言을 남겼는가? 그 말은 哲學 精神과 어떠한 관계를 가지는가?
3. Aristoteles가 그 著 Metaphysica의 開卷 첫줄에서 naturally(von Natur)란 말을 쓴 것은 무엇을 의미하는 것인가? <인간의 知的 思慕에 대하여>
4. Aristoteles는 그 主著 "Metaphysica"의 첫머리에서 人間의 탐구 정신을 어떻게 표현하였는가? <英文으로나 獨文으로 옮길 것>
5. 哲學하는 일에 있어서의 懷疑는 그 자신이 목적인가? 아니라면 그러한 회의를 무슨 회의라고 하는가?
6. Feeling of wonder와 philosophy와는 어떠한 관계가 있는가?
7. "Cogito, ergo sum"이란 명제는 어떻게 하여 성립한 것인가?

8. Descartes의 doubt와 Hamlet이 Opelia에게 띄운 편지 사연을 관련 시켜 생각해 보라 - 거기에 공통점은 무엇인가?

9. Descartes가 이른바 methodic doubt를 통하여 얻은 결론이란 무엇 인가? - "I may douht……"의 문장을 완성시키라.

10. Descartes에게 있어서 진리의 criterion은 무엇인가?

11. methodic doubt와 Scepticism과는 어떻게 다른가? Scepticism은 어 떻게 하여 논리적 모순에 떨어지고 있는가? 또는 Scepticism을 한 마디로 비판하라.

12. Descartes는 마침내 무엇을 의심할 수 없다고 하였는가?

13. 회의주의 사상은 어떠한 경우 또는 시대에 성행하는 것인가?

14. Descartes의 methodic doubt는 무엇을 위한 doubt인가?

15. "Know thyself"란 외침은 무엇을 말하는 것인가?

16. Sokrates가 Greece 제일의 Wise man인 이유는 어디 있는가?

17. Bruno는 사형선고를 받고 재판장에게 뭐라고 말하였는가?

18. Bertrand Russell은 1961년 9월 12일에 1주간의 금고형의 언도를 받는 법정에서 재판장에게 뭐라고 말하였는가?

19. Bruno의 人生에 대한 태도를 丹心歌派的이라고 한다면 Galilei의 그것은 무엇인가?

20. Bruno의 對人生 態度에 대하여 Galilei의 그것을 비판적으로 변 호해 보라.

21. Galilei가 退廷할 때, 內心으로 외쳤으리라고 추적되는 말은 무엇 인가? <伊語로>

22. 靑年期의 精神的 특성을 Spranger는 뭐라고 말하였는가?

23. 靑年期의 정신적 특성은 구체적으로 어떻게 <특징적으로> 나타나 는가? 그 제목만 들라.

24. 靑年期의 특색을 살려 여름 휴가를 어떻게 살아야 할 것인가? <요령만을>

25. Kant의 三大 批判書를 原名으로 들라.

26. Kant는 무엇을 비판하였는가?

27. Kant가 크게 啓蒙을 받은 두 인물과 그 내용은 무엇인가? <간명하게>

28. 東洋이 科學이 발달하지 않은 주요한 이유의 하나는 무엇인가? 특히 철학 정신과 관련시켜서.

29. Sokrates가 죽음을 무릅쓰고 비판한 것은 무엇인가?(그가 죽음에 이르기까지 한 일이 무엇인가?)

30. 人間은 智者가 아니고 왜 愛智者인가?

31. Anselmus(1033~1109)의 argument of the existence of God 곧 ontological · argument는 철학 정신에 있어서 왜 비판을 받아야 하는가?

32. Der philosophische Geist는 未知의 것만을 회의하는 건가? 더 주요한 회의의 대상은 무엇인가?

33. Der philosophische Geist는 idolatry인가? iconoclasm인가? 그 이유를 적으라.

34. Socratic method란 어떤 것인가?

35. Eros란 무엇인가? Platon에게 있어서 Eros의 어머니는 누구인가? Platon은 왜 이 Mythos(myth)를 끌고 나왔는가? 그는 어느 著書에서 그 이야기를 전개하고 있는가?

36. 人間으로서 哲學者로서 Platon과 Aristoteles는 어떻게 다른가? 제자는 그 스승을 두고 어떠한 말을 하였는가?

37. 人間은 어떠한 要求에서 哲學을 硏究하게 되는가? 그 二大 領域은 각각 어떠한 역사적 시기에 나타나는가?

38. Platon과 Aristoteles는 사제 관계이면서도 哲學史의 二大 潮流(領域)를 어떠한 점에서 각각 대표하는 최초의 哲學者가 되는 것인가?

39. Philosophy를 哲學이라고 최초에 번역한 이는 누군가?

40. Heine는 Kant의 생애에 대하여 어떻게 말하였는가? <한마디로 요령만>

41. 人間이 自覺한다는 것은 무엇을 말하는 것인가? —大體 우리의 自我가 어떻게 된다는 말인가?

42. Platon의 對話篇 中 두 冊의 이름을 들어 보라.(原語로)

43. Platon은 그 著 "Phaidros"에서, 哲學이 人間에게 固有한 것이라는 것을 어떻게 말하였는가?

44. Heidegger는 "Was ist Metaphysik?"에서 哲學과 人間과의 관계를 어떻게 表現했는가? <獨文으로 옮기라>

45. Platon은 그 著 "Theaitetus"에서 哲學의 어머니는 무엇이라고 말하였는가?

46. Wonder와 Doubt는 어떻게 다른가?

47. Jaspers는 哲學의 根源(Ursprung)을 시대적으로 몇 가지로 구분하였으며, 그것은 각각 무엇인가?

48. Jaspers의 최초의 時代 批判書는 무엇인가?

49. Kant가 "Philosophie는(歷史는 제외하고) 결코 배울 수가 없고, 理性에 관해서는 기껏 philosophieren하는 일을 배울 수 있을 따름이다"라고 한 말의 뜻은 무엇인가?

50. Philosophie에 있어서 최초의 문제며 최후의 문제란 무엇인가? <다른 학문과 근본적으로 다른 점>

51. 50問과 관련하여 Heidegger가 말한 哲學의 優越性은 어디에 있는가? 그가 한 말을 옮겨보라.

52. Nietzsche는 무엇을 비판하였는가? 그가 말하는 '價値의 改價'(Umwertung aller Werte)란 무엇인가?

53. 韓龍雲의 尋春莫須向東去 西園寒梅已破雪의 詩句는 무엇을 말하는 것인가? 철학 정신과 관련시켜서.

54. Philosophie는 先入見이나 假說 따위를 허락하는가? 그건 왜?

55. Hegel의 Kant 인식 비판철학에 대하여 어떻게 비평하였는가?

56. "Werde, was du bist!"란, Der philosophische Geist의 어떠한 面을 말하는 것인가?

57. Sokrates는 Athenai의 젊은이들에게 무엇을 가르치라고 하였는가?

58. Rickert에게 있어서 철학자들이 철학의 개념만을 논의하고 있음은 비난할 만한 일인가? 아닌가? 그건 왜?

59. 哲學의 難解는 어디서 오는가?(哲學이 난해한 이유는 어디 있는가?)

60. Philosophie는 혼자서 하는 것인가? 여럿이 함께 하는 것인가?

61. 職業에 두 가지가 있다. 그것은 어떻게 다른가?

62. 西洋 思想(精神)을 구성하는 三大 要素는 무엇인가?

63. ① Protagoras. ② Sokrates. ③ 産婆術(maieutike). ④ 彫刻術. ⑤ 辯論術(Rhetorike). ⑥ 自覺 精神의 缺如. ⑦ 大衆 指導主義. ⑧ 大衆 追從主義 ⑨ Daimonion. ⑩ Sophists. －위 各 項目을 서로 연관지어, 두 묶음으로 해보라.(번호만 사용하여)

64. 사람이 자기 자신의 無知 또는 가난함(Penia)을 자각하면 어떻게 되는가? 무엇을 동경하게 되는 것인가.

65. Sokrates가 告訴된 이유는 무엇인가?

66. Sokrates가 政界를 떠난 중요한 이유는 무엇인가?

67. Sokrates의 遵法 精神이란 무엇인가?

68. Socratic method의 두 가지 방면을 간단히 말하라.

69. Sokrates는 자신의 敎育方法을 누구에게서 模倣했으며, 兩者는 어떠한 관련성을 가지고 있는가?

70. Sokrates의 偉大性은 어디 있는가?

2째 가름

哲學이라는 것

1. Schopenhauer는 人間을 어떻게 규정하였는가?

2. Bedürfnis einer Metaphysik이란 무엇인가?

3. 人間은 단순히 Homo Sapiens인가? 또는 Homo Faber인가?

4. Homo-Faber의 人間觀에 있어서 hand란 무엇을 의미하고 있는가?

5. M. I. T.의 建學 精神은 무엇인가?(Massachusetts)

6. 3H란 말은 누가 썼으며 무엇을 말하는 것인가?

7. 現代는 '만든 자'와 '만들어진 자'가 어떠한 관계를 맺고 있는가?

8. 現代의 새로운 神은 무엇인가?

9. Nietzsche가 말하는 "Gott ist tot"란 무엇을 뜻하는 말인가?

10. '機械 人間'은 무엇이고, '人間 機械'란 무엇인가?

11. 現代가 人間의 自己 喪失(自我)에 떨어졌다 함은 무엇을 말하는 것인가?

12. Philosophize라는 말이 나오는 최초의 문헌은 무엇이며, 거기서 Lydia 의 王, Groesus는 賢人 Solon에게 대하여 어떻게 말하고 있는가?

13. Hegel에 따르면 Philosophie는 무엇인가? <常識의 世界와 관련시켜서>

14. Francis Bacon이 그 著「Novum organon」에서 든 바 네個의 idola 란 무엇인가를 설명하라.

15. Platon이 그 著「國家論」(Politeias) 第7卷에서 든 Höhiengleichnis 란 무엇인가? 그의 Idea 說과 관련시켜 생각해 보라.

16. 현상적인 것, 이상적인 것에 만족하지 않고 본질적인 것, 본래적

인 것을 찾으려고 하는 慾望을 Schopenhauer 및 Jerusalem은 각각 뭐라고 하였는가?

17. Blaise Pascal의 대표적 저서<原名>를 들고, <일반적으로 알려진> 그가 거기서 한 유명한 말 한 구절을 옮겨 보라. <人間의 本質 規定에 관한>

18. Theories(Theoria)의 精神이란 무엇인가?

3째 가름

科學과 哲學

1. Philosophy와 Science의 상이는 그 연구 방법(태도)에 있어서 어떻게 다른가?

2. Francis Bacon은 Classification of science에 있어서 어떠한 標準下에 이를 행하였는가?

3. Classification of Science를 도표로써 표시해 보라.

4. Exact science란 무엇인가?

5. 現代를 가장 哲學的인 時代라고 規定할 수 있는 이유는 어디 있는가?

6. Herodotos가 전하는 바 Croesus의 말에 나오는 "for the sake of reflection"이란 어떠한 의미의 말인가?(그것을 알면 philosophize가 무엇임을 알 수 있다)

7. Philosophein이라는 동사의 뜻은 무엇을 의미하는 것인가를 Jerusalem에 의하여 풀어 보라.

8. Thucydides가 전하는 바 Pericles 王이 그 Athenai 시민에게 한 말 가운데서 Philosophia의 어원에 관한 것을 들어 보라.

9. Goethe는 "Faust"에서 現象과 本質에 관하여 어떻게 노래하였는가?(Mephistopheles로 하여금).

10. "Faust"에게 있어서 크게 얻은 것은 무엇이고 크게 잃은 것은 무엇인가?(그 Nacht의 獨白에서).

11. Grecia 사람들은 우주의 Arche를 무엇이라고 하였는가? 그 中 세 가지만 들라.

12. Thales, Platon, Kant는 각각 무엇을 本質 또는 實體라고 하였는가?

13. Platon의 Idea란 무엇인가?

14. Goethe는 人間의 Desire of Metaphysics를 "Faust"에서 어떻게 노래하였는가?

15. Goethe는 "Faust"에서 우리의 Leben의 값어치를 어떻게 노래하였는가?(Mephistopheles로 하여금).

16. Hegel이 逝去한 年代가 특히 思想史上 이유는 무엇인가?(특히 哲學과 科學과의 관계에 있어서).

17. Anaximenes의 Arche는 무엇과 무엇과의 결합이라고 볼 수 있겠는가?

18. Philosophie를 한마디로 정의해 보라. <全文 要 暗誦>

19. Philosophie의 정의에 나오는 誠實이란 무엇인가?

20. Spencer 또는 Paulsen은 각각 Philosophy와 Science의 관계를 어떻게 말하였는가?

21. Philosophie에 있어서 King Lear의 비극은 면할 수 있는가? 있다면 그 이유는?

22. Philosophie를 단순히 Wissenschaft의 綜合 또는 總括이라고 한다

면 어떠한 難點이 따르는가? <이러한 立場을 비판하라>

23. Philosophie를 Grundwissenschaft라고 하는 이유는?

24. Jerusalem은 Philosophie를 하나의 科學이라고 하고 또 科學 以上 이라고 했다. 왜 그런가?

25. Philosophie를 絶對 '無假定의 學'이라고 하는 이유는 무엇인가?

26. Philosophie를 Weltanschauungslehere라고 하는 哲學者는 누구인가?

27. Philosophie를 가리켜 科學의 統一이라고 한 哲學者는 누구인가?

28. 知識을 몇 段階로 나눌 수 있는가? 그 제목만 들어 보라. 또는 각 段階를 나타내는 물음 하나씩을 들어 보라.

29. Science는 그 연구 대상의 인식 가능의 문제에 대하여 어떠한 태 도를 취하는가? 그리고 이러한 문제를 취급하는 입장을 뭐라고 부르는가?

30. Phllosophy는 어떠한 점에서 Science와 통하고 또 어떠한 점에서 poetry와 통하는가?(Jerusalem에게 있어서).

31. Philosophie의 學名이 다른 學名과 다른 點은 무엇인가?

32. Hegelians는 Hegel의 沒後에 어떠한 動機에서 언제 分裂하였는가?

33. Jerusalem에게 있어서, 世界觀의 樹立에는 theoretical thought뿐 아니라, 우리의 어떠한 부분이 또 이에 참가하여야 하는가?

4째 가름

哲學과 藝術과 宗敎

1. 철학, 종교, 예술은 어떠한 점에서 그 대상과 목적을 같이한다고
   할 수 있는가?
2. 철학, 종교, 예술이 각각 의거하는 方法은 어떻게 다른가?
3. Philosophie는 특히 Lebensphilosophie(Dilthey의)나 Jerusalem이나
   Bergson의 입장에서 단순히 理論的·比量的 方法에만 의거하고
   있는가? 아니라면 왜 그런가?
4. discursive란 어떠한 方法을 이름인가?
5. Schleiermacher는 宗敎의 木質을 어떻게 말하였는가?
6. Jerusalem에게 있어서 Philosophy는 scientific equipment 外에 무
   엇을 필요로 한다고 하였는가?
7. 人間은 왜 절대적인 것, 성스러운 것, 무한한 것, 무제약적인 것,
   그리고 영원한 것들을 Sehnsucht하는가?
8. Philosophie가 現代에 와서 특히 宗敎的 色彩를 띠었다 함은 무
   엇을 말하는 것인가?
9. Platon에게 있어서 주어진 그대로의 것에 비하여 만족할 수 없는
   우리의 감정은 마침내 어떠한 요구로서 나타났는가?
10. 宗敎가 哲學의 영향을 받은 사실을 하나만 들어 보라.
11. Philosophy가 Religion의 영향을 받은 사실을 하나만 들어 보라.
12. 現代에 와서 Philosophy와 Literature가 악수하게 된 것은 무엇 때
    문인가?
13. Goethe에게 있어서 Erleben으로 쪼개지 않으면 商이 나오지 않는

것이란 무엇인가? 왜 그런가?

14. rational과 irrational과 unreasonable은 어떻게 다른가. 그리고 Absurd (absurde)와는?

15. Shakespeare나 Goethe나 Kierkegaard, 그리고 Rousseau, 그리고 Hesse 등이 재래의 哲學者를 싫어한 이유는 어디 있는가?

16. Dilthey에게 있어서, "어떠한 Leben에도 分析되지 않는 剩餘가 있다"고 함은 무슨 뜻인가?

17. Philosophie는 단순한 高次的인 知的 體系에만 그치는 것인가? 왜 그런가? <아니라면, 그 理由를> - "哲學은 곧 人間의 정신과 그 生의 통일적, 전체적 및 근본적인 표현 형태이다"라는 것과 관련시켜서.

18. Windelband에게 있어서 哲學 組織의 織物 속에는 무엇이 들어 있는가?

19. Windelband가 Metaphysik을 "Hvpostasierung von Idealen"이라고 하는 것은 무엇을 뜻하는 건가?

20 Windelband에게 있어서 Philosophie는 우리의 價値 生活에서 떠난 것인가? 아니라면 무엇인가?

5째 가름

哲學과 人間과 生

1. Charles Baudelaire에게 있어서 人生의 第一 問題란 무엇인가?

2. David Hume은 그 著 「A Treatise of human Nature」에서 궁극적으로 무엇을 기도하였는가?

3. Wilhelm Dilthey에게 있어서 '生의 수수께끼'는 무엇인가?

4. John Locke는 어떠한 동기에서 認識論 硏究를 시작하였는가?

5. Heinrich Rickert는 '人生의 意味 如何'의 문제를 어떻게 취급하였는가?

6. Wilhelm Dilthey에게 있어서 그의 「世界觀學」이 연구하는 三大 問題란 무엇인가?<題目만>

7. Max Scheler는 現代에 있어서 人間이 어떻다고 말하였는가?

8. Martin Heidegger는 現代가 人間에게 대하여 어떠한 위치에 있다고 하였는가?

9. Sören Kierkegaard은 어떠한 동기에서 Philosophie를 시작하였는가?

10. Max Scheler와 Martin Heidegger의 대표적 저서 하나씩을 들어보라. <단원명으로>

11. Philosophische Anthropologie란 어떠한 學인가?

12. Immanuel Kant의 主著 「Kritik der reinen Vernunft」는 무엇을 前提로 하고 쓰인 것인가?

13 .John Locke는 젊어서 친구들과 더불어 '道德과 天啓 宗敎'의 문제를 논하기 전에 무엇을 먼저 따지고 들어가야 한다고 생각하였는가?

14. Immnuel Kant는 哲學의 全 領野는 어떠한 問題들을 포함한다고

하였는가?

15. Philosophie의 問題를 크게 셋으로 나누어 보라. <Was, Werden, Wissen에 의거하여>

16. Philosophie의 全 領野를 知識學, 價値論 및 世界觀學(形而上學) 으로 三大分하여 각각 거기에 소속된 연구 영역을 들어 보라.

17. 哲學의 問題는 항상 반드시 人生에 직접 관계가 없는 것인가? 그렇지 않다면 어떠한 관계를 가지는 것인가?

18. 우리의 Laben이 神秘와 秘密에 가득 차 있다는 말은 무엇을 뜻 하는 것인가?

19. 우리가 生의 理解를 위한 生의 體驗을 풍부히 하기 위해서는 大 學 生活을 어떻게 할 것인가?(여름 休暇를 어떻게 값지게 보낼 것인가? —How to live?)

6째 가름

實存 哲學

1째 조각 實存 哲學이란 무엇인가?

1. 죽음이 生의 마지막 地點이 아니고, 오히려 生의 始發點이라고 하는 까닭은 어디 있는가?

2. 實存(Existenz)이란 무엇인가?

3. Existenzphilosophie를 한마디로 정의해 보라.

4. Jean−Arthur Rimbaud에게 있어서처럼 "人生이란 한 번뿐인 것"이 왜 不幸이고 또 多幸인가?

5. Kierkegaard의 죽음의 描寫(사랑의 生과 支配)에 있어서 사람이 죽을 때 하나의 神만이 남아 그를 지킨다고 함은 무슨 뜻인가?

6. Siddhartha 太子는 그의 四門遊觀(東−老, 南−病, 西−死, 北−僧)을 통하여 죽음을 깨닫고 어떻게 하였는가?

7. 人間의 과거는 이미 결정된 것이므로 어쩔 도리가 없으나, 그 대신에 未來는 어떤가?

8. 우리는 어떻게 살 것인가? −이를 한마디로 밝혀 보라.

9. '瞬間이 곧 最後'란 무슨 뜻인가?

10. 만약 그대가 그대의 무덤에 墓碑銘을 쓸 것이 허락된다면 어떻게 쓰려는가?

11. 왜 現代 哲學은 이다지도 죽음을 문제 삼게 되었는가?(문제 삼아야 하는가?)

12. 古代 Macedonia의 Philip 王은 어떠한 任務의 臣下를 그 아래에 두었다고 하는가? 그건 왜?

13. Albert Camus의 L'Etranger(The Stranger)에 있어서, 검사의 논고가 우리에게 진심으로 만족을 주지 않는 이유는 무엇인가?

14. Meursault의 Pessimism과 Nihilism은 단순히 Leben을 부정하는 것인가? 아닌가? 왜 그런가?

15. Meursault는 어떠한 점에서 神父보다도 자기 자신이 더 우월하다고 自信하는 것인가?

16. Existenz는 어떠한 특성을 갖는 것인가?

17. Meurasault가 "太陽 때문에 殺人했다"고 함은 무슨 뜻인가?

18. 'L'Étranger'에 있어서, 'indifference'란 무슨 뜻인가?

19. Jaspers는 Existenzphilosophie의 淵源을 어떤 哲學者에게서 찾았는가?

20. 有神論的 實存 哲學者와 無神論的 實存 哲學者의 이름을 둘씩
    만 들라.

21. 人類의 歷史를 가리켜 人間과 神과의 교섭의 歷史라고 함은 무
    슨 뜻인가?

22. 俗言 "過去는 묻지 마세요"(Let bygones be bygones)라는 말은
    어떠한 의미를 갖는 本質的 發言인가?

23. ① Sowohl-als-auch ② Kierkegaard. ③ Nietzsche ④ Jaspers ⑤
    Ecce Homo ⑥ existentielle Kommunikation ⑨ Entweder-Oder
    ⑧ das Man ⑨ Hegel ⑩ Heidegger 위 10개의 사항을 짝을 지어
    다섯 사항으로 한 묶음 하라.(번호로만)

24. 現代에 있어서 Intellectualism(또는 Rationalism)이 批判을 받는
    이유는 어디 있는가?

25. 現代 哲學의 三大 思潮는 무엇인가?

2째 조각 有神論的 實存 哲學

1째 목 Kierkegaard의 哲學

1. Kierkegaard의 思想을 詳考할 때 고려하여야 할 객관적 주관적
   조건<환경과 유전>을 그 제목만 들라.

2. K.에게 있어서 '主體性이 眞理'라고 함은 무슨 뜻인가?

3. K.는 그 著 「Entweder-Oder」에서의 人間의 智慧를 어떻게 어떻
   게 갈파하였는가?

4. K.는 왜 久遠의 戀人 Regine Olsen을 버렸는가?

5. K.의 대표적 저서 세 개의 이름만 들라.

6. K.의 信仰의 정도는 Regine Olsen의 그것과 어떻게 다른가?

7. K.에게 있어서, 자기 자신에게 缺如된 것이 認識이 아니고, 무엇

이라고 생각되었는가?

8. K.가 찾는 眞理는 객관적인 것이 아니고 무엇인가?

9. K.에게 있어서 實存的 思惟의 대상이 되는 것은 어떤 것인가?

10. K.에게 있어서 Wiederholung란 무엇인가? − 한마디로.

11. K.에게 있어서 Existenzproblem이란 무엇인가?

12. K.에게 있어서의 세 개의 Existenz를 서로 비교해 보라 − 요령을 찾아서.

13. K.는 무엇의 해결을 위하여 哲學하였는가?

14. Kierkegaard에게 있어서 der Aesthetiker가 오히려 自由를 상실한 노예라고 함은 무엇 때문인가?

15. K.에게 있어서 唯美家(der Aesthetiker＝Aesthetische Existenz)가 ‘mit Geist’로 살려고 한다면, der Ethiker와 der Religiöse는 무엇을 가지고 살려고 하는가?

16. K.의 der Religiöse에 있어서 Paradox이기 때문에 오히려 믿는다 함은 무슨 뜻인가?

17. K.에게 있어서 神은 wissen할 수 있는 것인가? glauben할 수 있는 것인가?

18. K.는 Existenz를 몇 가지로 나누었는가? <그 이름만>

19. Kierkegaard에게 있어서 ‘Krankheit zum Tode’란 무엇인가?

20. K.에게 있어서, der Einzelne, die Ausnabme란 무엇을 말하는 것인가?

21. K.의 der Aesthetiker에 있어서 Ironie의 현상이란 무엇인가?

22. K.의 der Ethiker에게 있어서, Humor의 契機란 무엇인가?

23. K.에게 있어서 Existen와 Philosophie가 필경 하나라고 함은 무슨 뜻인가?

24. K.의 Existenz를 ‘神 앞에 나서는 實存’이라고 한다면 Jaspers와 Nietzsche와 Heidegger의 그것은 각각 무엇인가?

25. K.에게 있어서 'Existenz vor dem Gott'란 어떠한 實存인가?
26. Hegel의 Dialektik을 quantitative Dialektik라고 할 때, Kierkegaard
    의 그것을 qualitative Dialektik라고 함은 무슨 뜻인가?
27. Entweder−Oder의 사상과 Sowohl−als−auch 사상은 어떻게 다른가?
28. 人間이 본래 der Einzelne라는 것을 깨달았을 때, 오히려 강해지
    는 이유는 무엇인가?
29. K.의 der Religiöse에 있어서 Aɔraham과 Isaac의 비유는 무엇을
    뜻하는 것인가?

2째 목 Jaspers의 哲學
 1. Grenzsituation이란 무엇인가? <그 정의>
 2. Jaspers에게 있어서 Grenzsituation(特殊의)엔 무엇 무엇이 있는가?
    <題目만>
 3. Jasper에게 있어서 Existenzerhellung란 무엇인가?
 4. Jaspers에게 있어서 Existenz란 어떠한 것인가?
 5. Jaspers가 그 Existenz 思想에서 Kommunikation과 Geschichtli-
    chkeit를 力說하는 이유는 무엇인가?
 6. Existentielle Kommunikation이란 무엇인가?
 7. Jaspers에게 있어서 絶望이 "世界를 초월한 前方을 표시하는 指
    標"가 된다고 함은 무슨 뜻인가?
 8. Jaspers에게 있어서 Welt란 무엇인가?
 9. Jaspers에게 있어서 Chiffre를 특히 'Chiffre des Scheiterns'라고 하
    는 까닭은 어디 있는가?
10. Heidegger는 詩人을 무엇하는 이라고 하였는가? <Hölderlin의 말
    을 念願에 두면서>
11. Jaspers가 哲學의 窮極에 Nichtwissen과 Schweigen을 가져오는 것
    은 무엇 때문인가?

12. Jaspers가 대표적 저서 세 개만 들라. <但 原語名으로>

13. Jaspers가 과거에 精神 病理學者였다는 것은, 現代 哲學에 어떠 한 面의 영향을 주는 데 도움이 되었다고 할 수 있을 것인가?

14. Jaspers는, Existenz는 Scheitern함으로써 도리어 神으로부터 geschenkt werden한다고 한다. 왜 그럴까?

15. Objektsein으로서의 Materie, Leben, Seele, Geist는 서로 어떠한 관계 를 가지며, 그것은 왜? 한편 Existenz에의 초월이 요구되는 것인가?

16. Kämpfende Liebe란 무엇인가?

17. Jaspers에게 있어서 죽음과 우연과 죄책과 싸움 등에 각각 대립하 는 것은 무엇인가?

18. Jaspers에게 있어서 '죽음에의 完全한 覺悟'는 우리에게 무엇을 가져오는 것인가?

19. 人間에게 根源的인 Leiden이란 어디서 오는 것인가. <곧 왜 人間 은 苦惱하여야 하는가?>

20. Jaspers 哲學의 三大 問題란 무엇인가? <그 제목만을 원어로 옮 기라>

3째 조각 舞神論的 實存 哲學

1째 목 Nietzsche의 哲學

1. Nietzsche의 amor fati란 무엇인가?

2. Nietzsche에게 있어서 Übermensch란 무엇인가?

3. Nietzsche에게 있어서 어떠한 이가 架空의 世界를 꾸며 내는가?

4. Nietzsche에게 있어서 heilige Lüge란 무엇인가?

5. Nietzsche에게 初期를 통하여 크게 영향을 준 이는 누구며, 왜 그 는 그들과 訣別하였는가?

6. Nietzsche는 왜 Christlanity를 반대하는가?

7. 'Gott ist tot'라는 Nietzsche의 思想은 Heidegger에 의하면 무엇인가?

8. Nietzsche에게 있어서 original sin이란 무엇인가?

9. Nietzsche는 Christianity의 成立의 根據를 어디에서 구하였는가?

10. Nietzsche의 Herrenmoral의 思想은 그 뒤에 어떠한 方向으로 그 릇되게 발전하였는가?

11. Nietzsche는 Grecia의 Tragödie를 어떻게 규정하였는가?

12. Nietzsche에게 있어서, das Dionysische와 das Apollinische는 어떻게 다른가?

13. Nietzsche의 대표적 저서 셋만 원명으로 들라.

14. Nietzsche에게 있어서 Nihilism이란 무엇인가?

15. Nietzsche가 "Gott ist tot"라고 할 때, 그것은 단지 神의 完全한 否定을 뜻하는 것인가? 아니라면 무엇인가?

16. Kierkegaard에게 있어서 人間 實存의 Nihilism은 무엇에 의하여 克服되었으며, Nietzsche는 무엇에 의하여 實存의 Nihilism을 克服하려고 하는가? 그것은 왜 그런가?

17. Nietzsche에 의하면 Christianity에 있어서는 무엇이 反價値가 되고 또, 무엇이 神聖化되었는가?

18. Nietzsche에게 있어서 기독교적 moral란 무엇인가?

19. 'der Sinn der Erde'란 무엇인가?

2째 목 Heidegger의 哲學

1. Heidegger에게 있어서 時間은 過去, 現在, 未來를 통하여 어디서 어디로 흐르는가? 그건 왜?

2. Heidegger에게 있어서의 죽음에 대한 다섯 개의 規定을 들어 보라. <그 제목만>

3. Heidegger에게 있어서 참의 勇氣란 무엇인가?

4. Heidegger에게 있어서 良心의 외침이란 무엇인가? <도덕적인 그 것과 다른 의미에서>

5. Heidegger의 Sorge란 무엇인가?

6. Heidegger에게 있어서 Dasein Existenz는 각각 무엇인가?

7. Besorgen(配慮)과 Fürsorge(顧慮)를 구별하라.

8. das Man이란 어떠한 사람인가?

9. das Verfallen이란 어떠한 것을 가리키는가?

10. 보통 사람은 왜 본래의 自己에 눈을 가리고, uneigentliche Selbst 의 存在 方式에 頹落되어 있는 것인가?

11. 사람들이 日常的 世界에 頹落되어 있음을 스스로 깨닫게 되는 契 機는 무엇인가? - 그것을 깨닫게 하는 것은 무엇인가?

12. Angst와 Furcht는 어떻게 다른가?

13. Heidegger의 Fundamentalontologie는 무엇의 意味를 해명하려고 하 는가? <무엇을 연구하려고 하는가?>

14. Heidegger의 대표적 저서, 세 개만 원명으로 들라.

15. Heidegger에게 있어서 Sein과 Seiende는 어떻게 다른가?

16. Heidegger에게 있어서 人間의 現存在(Dasein)가 存在論(Ontologie) 에의 通路가 되는 것은 무엇 때문인가?

17. 人間 곧 이 특정한 單獨者-<實存>가 지금-여기에-있다."(Da- sein-現存在) 곧 이 세상에 내던져져 '있다'(geworfen sein)고 함 은 무엇을 말하는 것인가?

18. 人間은 단순히 '내던져진 存在'뿐인가? - '이미' 어디엔가, 어떻게 든가 存在하고 있는, 自己의 現實的 存在를 스스로 선택할 수 없는 곧 被投的인 狀態에 영원히 머물어만 있는 存在인가? 아니 라면 人間에겐 무엇이 可能한가?

19. Heidegger에게 있어서 'Angst zum Tode'는 어떻게 하여 'Freiheit zum Tode'가 되는 것인가?

20. Heidegger가 죽음을 'Möglichkeit der Unmöglichkeit'라고 하는 뜻
    은 무엇인가?

7째 가름

現代의 虛無 思想

1. 虛無 思想은 危險 思想인가? 그건 왜?
2. Turgenev에게 있어서 Nihilist란 무엇인가?
3. Mikhail Bakunin과 Max Stirner의 대표적 저서 하나씩 들어 보라.
4. Nihilism과 Nilism은 어떻게 다른가?
5. Stirner의 입장과 Nichts는 어떠한 것인가?
6. Ivan Sergeevic Turgenev에게 있어서 Bazorov는 왜 귀족 계급을
   미워하면서도 선뜻 大衆 속으로 hineinleben하지 못하는가?
7. Anarchism과 Communism과 다른 점은 무엇인가?
8. Nihilism은 어떠한 점에서 思想的 意義가 있는가? – 어떠한 의미
   에서 건설적 또는 긍정적인 사상이 될 수 있는가?
9. Max Stirner의 Einzige란 무엇인가?
10. Max Stirner의 唯一者의 思想을 Humanism이라고 할 수 있는가?
    있다면 어느 점에서인가?
11. Max Stirner의 唯一者의 思想은 누구에게 어떠한 영향을 주었는가?
12. Max Stirner의 思想을 Existenzphilosophie의 계열에 넣어 생각할

수 있는 까닭은 무엇인가?

13. Bakunin과 Herzen의 Anarchism 宣言을 들어 보라.

14. Dostoevskij는 19세기 후반기의 Russia Intelligentsia를 어떻게 비평하였는가?

15. '모든 것을 否定'하여야 할 Nihilism이 하나의 권위로서 신앙하고 있는 것은 무엇인가?

16. 구약성서 시대의 철저한 Nihilism 또는 Pessimism을 나타내는 구절을 들어 보라, <전도서>

17. Nihilism은 역사의 어떠한 시기에 필연적으로 생기는 사상인가?

18. Nicolaï Alekcandrovich Berdjajev에게 있어서, 精神이 均衡을 유지하고 平安할 수 있는 時代와 그리고 現實의 歷史와 人間의 魂에 分裂이 생기는 時代는 각각 어떻게 다른가?

19. Jean－Paul Sartre에게 있어서 'Existence precedes essence'란 무슨 뜻인가? <간명하게>

20. Sartre에게 있어서 不安과 孤獨과 絶望은 각각 어떻게 하여 생기는 건가?

21. Sartre에게 있어서, 神이 存在하지 않는 이유는 무엇인가?

22. Sartre에게 있어서 "人間이란 저 스스로 만든 것 以外의 아무것도 아닌 것"이라 함은 무슨 뜻인가? 왜 그런가?

23. Sartre에게 있어서, 무한의 自由가 허락된 人間에게 단지 하나의 自由가 없다고 하는데, 그건 무엇인가?

24. Sartre의 철저한 自由에서 필경 무엇이 생겨나는가?

8째 가름

Pragmatism

1. John Dewey의 대표적 저서 세 개만 들라. <철학서>
2. Pragmatism의 장점 또는 공적은 무엇인가?
3. Pragmatism을 간명하게 한마디로 비판해 보라.
4. Dewey의 認識論을 Instrumentalism이라고 부르는 까닭은 무엇인가?
5. Pragmatism은 어떠한 思想의 영향을 받았는가? <그 속에는 어떠한 先驅的인 사상들이 깃들어 있는가?>
6. America의 歷史를 三大分하여 보라. <제목만>
7. Pragmatism에 있어서 認識의 發生 條件은 무엇인가?
8. Americanism을 간단히 비판하라. <우리나라와 관련시켜서>
9. Pragmatism을 Relativism이라고 하는 까닭은?
10. Americanism을 한마디로 표현하면 무엇인가?
11. Pragmatism은 Empiricism도 반대한다. 왜 그런가?
12. Pragmatism은 眞理의 Criterion을 어디서 求하는가?
13. Pragmatism이 Materialism을 非眞理라고 하고, Spiritualism을 眞理라고 하는 이유는 무엇인가?
14. Pragmatism이 Atheism을 否定하고 Theism을 肯定하는 이유는 어디 있는가?
15. Pragmatism이 Pluralism을 肯定하는 이유는 무엇인가?
16. Pragmatism이 未來主義에 立脚하고 있는 이유는 어디 있는가?
17. Pragmatism을 Meliorism이라고 부르는 까닭은?
18. Bentham 流의 Utilitarianism을 한마디로 말해 보라.

19. Pragmatism을 가리켜 새로운 衣裳으로 假裝한 Scepticism이라고 하는 까닭은?

9째 가름
形而上學의 問題 領域

1. 形而上學이라는 번역어의 출처와 그 원문을 밝히라. <漢字語>
2. 形而上學의 問題 領域을 도시하라.(原語로, 全文 暗誦) <단 일반적 문제와 특수적 문제는 별도로>
3. 因果 關係에 있어서는 先行 形態가 後起 狀態를 결정한다고 하면, 目的 關係에 있어서는 어떠한가?
4. 生成이 되기 위해선 어떠한 條件이 필요한가?
5. "梧桐一葉落 天下盡知秋"라는 詩句는 生成 問題에 관하여 무엇을 의미하는 것인가?
6. 目的 關係에 있어서 後起 狀態와 先行 狀態를 각각 뭐라고 말하는가?
7. 아래 빈칸에 알맞은 말을 집어넣어라. <문제 내용을 바꿀 수도 있음> 一世界는 하나냐?(Singularism) 多냐 (?　) 有限이냐 (?　) 無限이냐?(Infinitism), 물질적이냐?(?　) 단순히 기계적으로 움직이는 것이냐?(?　) 그리고 世界의 主宰者가 있느냐?(?　) 있다면 혼자서냐?(Monotheism) 여럿이서냐?(?　) 또는 따라서 神이란게 따로 없

고 世界가 곧 神인 것이냐?(?　) 그리고 世界는 神의 支配를 떠나서 스스로의 法則에 의하여 움직이는 것이냐?(?　) 또 그것은 (인간의 의지) 결정되어 있느냐?(?　) 또는 自由냐?(?　) 그리고 人間의 精神은 활동적, 현실적인 것이냐?(?　) 또 그것은 지성이냐?(?　) 감정이냐?(?　).

8. Metaphysics라는 학문의 이름은 어떻게 해서 성립하였는가?

9. 形而上學은 무엇을 연구하는 哲學의 領域인가?

10. Substance 또는 Reality의 槪念은 어떻게 해서 성립하였는가?

11. 歲月의 如流함과 人生의 덧없음을 읊은 우리나라의 時調 한 首를 외워 둘 것, <敎本 以外의>

12. Special Metaphysics의 三大 問題란 무엇인가?(그 제목)

13. Metaphysics의 Quantity (or Quality)의 문제는 각각 몇 개로 나뉘는가?

14. Spinoza의 哲學 體系는 形而上學의 각 문제 영역에서 어느 것과 관련이 있는가?

15. Pluralism, Singularism, Finitism, Infinitism, Materialism, Spiritualism, Dualism, Monism, Mechanism, Teleology etc를 각각 간명하게 정의하라.

10째 가름

實在의 數量論

1. Singularism에 있어서 '하나'(Einheit)란 무엇인가? 그 제목만 들라. <설명 무용>

2. Singularism과 Monism, Pluralism과 Dualism은 어떻게 다른가?

3. Reality의 數量의 問題(Singularism과 Pluralism)는 어떻게 해결할 수 있는 것인가?

4. Grecia 以來 西歐의 전통적인 사상은 Finitism인가? Infinitism인가? 現代 哲學은 어떠한가?

5. "Unity in the multiplicity"는 人間과 그 世界의 궁극적인 理想이라고 한다. 왜 그런가?

6. Pluralist 五名을 차례대로 들어 보라. <原名으로>

7. Anaxagoras의 nous를 Windelband는 뭐라고 불렀는가?

8. Johann Friedrich Herbart에게 있어서 "das Reale"란 어떠한 것인가. <이를 간명하게 말해 보라>

9. Pluralism을 批判하되 그 한 점만을 지적하라.

10. Singularism을 주장하는 代表者 두 사람을 들라.

11. Singularism은 人間 思惟의 本質 곧 the Demand for unity에 근거를 둠과 동시에 또한 어떠한 要求가 거기에 깃들어 있는 것인가?

12. "Akosmismus"란 무엇인가?

13. Grecia 사람을 "ein Augenmensch"라고 하는 까닭은 어디 있는가?

14. Infinitism은 Singularism과 結合하는가, Pluralism과 結合하는가, 왜 그런가? 그것을 처음 喝破한 사람은 누군가?

15. Greece 以來 Europe의 전통적인 사상은 Infinitism인가 Finitism인가. 그 사상은 어느 사상의 영향하에 變化를 가져왔는가?

16. "Wiederkohr aller Dinge"의 사상이 Nietzsche에 이르러 어떠한 사상으로 脚色되어 나타났는가?

17. 현대의 Existenzphilosophie는 Infinitism인가? Finitism인가? 그 까닭은?

18. Aristoteles의 hyle와 eidos의 思想에 있어서 God란 무엇인가?

19. Aristoteles에게 있어서 第一形相(eidos) 및 第一質料(hyle)란 무엇인가?

20. Aristoteles에게 있어서 全世界란 어떠한 것인가?(hyle와 eidos와의 관계에 있어서)

21. Platon의 Idea와 Aristoteles의 Eidos와의 차이점을 지적하라.

22. (B) ① Stoic School ② 永劫回歸의 思想 ③ Emanationstheorie ④ Pneuma ⑤ Monadology ⑥ Nietzsche ⑦ Leibniz ⑧ Herbart ⑨ Plotinos ⑩ das Reale, 위 10個의 事項 中 가장 가까운 것을 골라 짝을 지어 다섯 쌍을 만들어 보라.

23. Emanationstheorie란 무엇인가?(간명하게)

11째 가름

實在의 本質論

1째 조각 唯物論

1. Materialism을 한마디로 정의하라.

2. Hylozoism과 Materialism과는 어떻게 다른가?

3. 近世에 와서 Materialism의 대두에 결정적인 拍事를 加한 것은 무엇인가?

4. 近世 哲學에 들어와서 單元論的 唯物論은 어디서부터 發生하여 어디를 거쳐 어디로 들어가, 크게 전개되었는가?

5. 英國의 Materialist 세 사람의 이름을 들어 보라.

6. D'Holbach에게 있어서 '精神'이란 무엇인가?

7. Julien Offray de La Mettrie와 Paul Henry Thiry D'Holbach의 대표적 저서 하나씩을 들라.

8. La Mettrie는 '발이 <걷는 筋肉>을 가지고 있듯이' 腦髓는 무엇을 가지고 있다고 하였는가?

9. Vulgarized Materialist의 이름을 들고, 그들의 대표적 저서 하나씩을 들라.

10. Karl Vogt는 "思想의 ' '에 대한 관계는, 膽汁의 ' '에, 그리고 오줌의 腎臟에 대한 관계와 같다"고 하였다. 이 빈칸에 알맞은 말을.

11. Jacob Meleschott에게 있어서 '한 個의 人間'이란 무엇인가?

12. Ludwig Büchner에게 일체의 현상을 설명하는 데 있어서 어떠한 物理學的 法則에 의거하였는가?

13. Büchner에게 있어서 Determinism이란 어떠한 것인가?

14. 우리의 意識이 우리의 存在를 결정한다고 主張한 이는 누구며, 우리의 社會的 存在가 意識을 규정한다고 한 이는 누군가?

15. Marx에게 있어서, Oberaufbau와 Unterbau의 관계는 어떠한가?

16. Materialism을 비판하라. <간명하게>

17. Feuerbach에게 있어서 '精神'이란 무엇인가?

18. Hegel과 Marx의 Dialektik은 어떻게 다른가? <제목만이 아니고 그 내용마저 – 간단히>

19. 人間에게 固有한 根本的 衝動力에는 무엇이 있는가? <그 제목만>

20. Feuerbach의 主著 두 個만 들라.

2째 조각~4째 조각 唯心論, 二元論 및 一元論

1. Panentheism이란 무엇인가? 그 주장자는 누군가?

2. "esse, est percipi"란 무슨 뜻이며, 누가 한 말인가?

3. Pre－established Harmony란 무엇인가? 누가 한 말인가?

4. ① monad, ② das Absolute ③ reines Ich ④ Fichte, ⑤ Schopenhauer ⑥ Hegel ⑦ Leibniz ⑧ blinder Wille zum Leben ⑨ Wille zur Macht ⑩ Clear and distinct ⑪ Nietzsche ⑫ Descartes. 위 12個의 사항 中 서로 맞는 것을 찾아서 짝을 지어라.

5. Spiritualist의 대표자 5名만 골라 들어 보라.(原名으로)

6. Spiritualism이 Materialism과 더불어 하나의 Dogmatism인 이유는 어디 있는가?

7. Spiritualism을 간단히 비판해 보라.

8. Leibniz, Hegel, Schopenhauer의 대표적 저서 두 개씩만 들어 보라.

9. Leibniz에게 있어서의 Monad란 무엇인가?

10. Dualist의 이름을 세 사람만 들어 보라.

11. Dualist의 입장은 어떠한 입장인가?

12. Platon의 Idea 說이 Zweiweltentheorie가 되는 이유를 밝히라.

13. Occasionalism의 주장자는 누구며, 무엇을 주장하는 학설인가?

14. Descartes의 Dualism을 간단히 설명하라.

15. Occasionalism을 비판하라. <간단히>

16. Dualism을 비판하라. <간단히>

17. Platon의 對話篇으로 유명한 것을 다섯 개만 들라.

18. Descartes의 主著 두 개만 들라.

19. Monism의 두 가지 종류를 들고 각각 설명하라.

20. Spinoza에게 있어서 Natusa naturata와 Natura naturans는 무엇인가? <어떻게 다른가?>

21. Spinoza에게 있어서 神은 무엇인가?

22. Spinoza에게 있어서 Substance란 무엇인가?

23. Spinoza의 Pantheism을 한마디로 나타내는 말을 적어 보라.(Latin 語로)

24. Parmenides의 '有'(to on)는 어떠한 것인가?

25. Gustav Theodor Fechner는 精神과 物質을 어떻게 보았는가?

26. Grecia에 있어서 statischer Monismus와 dynamischer Monism을 주장하는 대표자 한 사람씩만 들어 보라.

27. Schelling의 Identitätsphilosophie를 간단히 설명하라.

28. Schelling의 ästhetischer Idealismus란 무엇인가?

29. Panlogismus란 무엇인가, 누구의 說인가?

30. ① Logos ② panta rei ③ Hegel ④ parmenides ⑤ Substance ⑥ Herakleitos ⑦ to on ⑧ Schelling ⑨ Spinoza ⑩ ästhetische Anschauung

위 10개의 사항을 서로 짝 맞추라.

31. Spinoza의 statischer Monismus를 간단히 비판하라.

32. Heidegger의 Ontologie를 一元論的 世界 解釋이라고 할 수 있는 이유를 밝히라.

33. Spinoza와 Schelling의 대표적 저서 세 개 씩만 들라.

12째 가름

實在의 生成論

1. Mechanism을 지지하는 哲學者의 이름을 들어 보라.

2. Spinoza의 Determinism을 표현하는 그 자신의 말을 들어 보라. <Ethica>

3. David Hume은 Causality를 어떻지 비판 부정하였는가?(우리의 마음의 習慣이라는 것과 관련시켜서)

4. Kant에게 있어서 Kausalität란 무엇인가?

5. Kant는 누구를 통하여 迷妄에서 벗어나고 假睡에서 깨어난 것인가? 그 迷妄은 무엇이고, 그 假睡는 어떠한 것인가?

6. Hume와 Kant의 Causal relation에 대한 見解를 再批判해 보라.

7. 機械論的(因果論的) 世界 解釋의 誤謬를 지적해 보라.

8. Hume의 대표적 저서 세 개만 들어 보라.

9. Windelband가 말한 "Die Notwendigkeit ist entweder Erfolglichkeit

oder Erforderlichkeit"의 뜻은 무엇인가? <번역이 아니고>

10. Teleogy와 Mechanism(또는 因果論)은 서로 대립하는―곧 二者擇一的인 世界解釋인가? 아니라면 무엇인가?

11. Aristoteles에게 있어서 神이란 무엇인가? <그 제목만>

12. Aristoteles는 Causality를 어떻게 해석하고 있는가?

13. Leibniz는 因果論을 어떻게 보고 있는가?

14. Teleology를 비판해 보라.(요점만을)

15. Johann Gottlieb Fichte는 Sollen과 Sein과의 관계를 어떻게 말하였는가?

16. Kant에게 있어서 機械的 形式과 有機的 形式은 어떻게 다른 것인가?

17. Johann Wolfgang von Goethe는 自然은 目的을 가진다고 하였는가? 아니라면 뭐라고 말하였는가?

18. Aristoteles의 대표적 저서 세 개만 들어 보라.

13째 ～ 14째 가름

認識論의 問題 領域 및 認識의 限界論(可能論)

1. 認識論의 問題 領域을 圖示하되 각 영역에 대표적인 學說 두 개씩만 들어라. <英文으로>

2. Cognition이란 어떠한 現象인가?―Karl Manheim(1893～1947)은 이

關係를 뭐라고 말하였는가?

3. 認識論의 三大 問題를 그 제목만 들라. <英文으로>

4. Dogmatism, Scepticism 및 Criticism을 간명하게 定義해 보라.

5. Rationalism과 Empiricism을 각각 定義하라.

6. Idealism과 Realism을 각각 定義해 보라.

7. Dogmatism의 두 가지 종류를 들고, 거기에 속하는 대표적 학설을 하나씩 들라.

8. 日常 生活上의 Dogmatist란 어떠한 爲人인가?

9. Scepticism을 Subjectivism 또는 Relativism이라고 하는 것은 무엇을 말하는 것인가?

10. Protagoras의 Relativism을 表明하는 命題는 무엇인가? <英文으로>

11. Gorgias는 Scepticism을 어떻게 표명하고 있는가?

12. Pyrrhon은 왜 'epoke'를 勸告하고 있는가?

13. Pyrrhon에게 있어서 'Es ist'인가 'Es scheint'인가 그건 왜?

14. Dogmatism을 한마디로 비판해 보라.

15. Scepticism을 한마디로 비판해 보라.

16. Ataraxia는 어떻게 해서 실현되는 것인가?(특히 Epikuros에게 있어서)

17. 日常 生活上의 Scepticist란 어떠한 爲人인가?

18. Wonder와 doubt는 어떻게 다른가. 兩者의 차이점을 지적해 보라.

19. Positivism의 motto는 무엇인가?(原語로)

20. Positivism을 간단히 정의하라.

21. Comte에게 있어서 Philosophie란 무엇하는 것인가.

22. Windelband는 Positivism을 어떻게 비판하였는가?

23. Windelband가 Philosophie를 "transzendentes Denken"이라고 하는 것은 무엇인가?

24. Positivism의 功績은 어디에 있다고 하겠는가?

25. Positivism이 결국 Relativism에 떨어졌다 함은 무슨 뜻에서인가?

26. Positivism과 Criticism과의 異同點을 들어 보라.

27. Kant에게 있어서 "Ding an sich"란 어떠한 것인가?

28. Criticism을 "Ding an sich"의 槪念과 관계 지어 비판해 보라.

29. Isidor Auguste Marie Francois Xavier Comte의 대표적 저서 세 개만 들라.

30. epoke(判斷 中止, suspension of judgement, Enthaltung vom Urteil) 란 무엇인가?

15째 가름

認識의 起源論(發達論)

1. Kant의 "內容이 없는 思惟는 공허하고, 槪念이 없는 直觀은 맹목이다"라는 말은 孔子의 어느 말과 그 의미 내용을 같이한다고 할 수 있는가?

2. Empiricism의 根本 命題는 무엇인가?

3. Kant는 Empiricism과 Rationalism의 問題를 어떻게 해결하였는가? <그 "純粹 理性 批判"첫머리에서>

4. 認識의 起源論의 문제는 心理學的인 問題인가 論理學的인 問題인가? 이를 밝혀 보라.

5. Platon에게 있어서, 感性的 知覺과 理性的 認識은 어떻게 다른가?

6. Rationalism의 長短點을 지적하라.

7. Empiricism의 이른바 根本 命題에 대하여, Leibniz는 뭐라고 덧붙여 이를 반박하였는가?

8. John Locke를 철저한 Empiricist 또는 Sensualist라고 할 수 없는 이유는 어디 있는가?

9. 代表的 Rationalist의 이름을 세 사람 들어 보라.

10. 代表的 Empiricist의 이름을 세 사람 들어 보라.

11. David Hume은 Law of Causality에 基礎를 둔 知識을 무엇이라고 보았는가?

12. Hume이 Locke 以來의 經驗論的 認識論을 懷疑論的으로 歸結시킨 것은 어떠한 의미를 가지는가? 그럼에도 不拘하고 亦是 感覺論的 經驗論에 立脚하고 있다고 보는 것은 무엇 때문인가?

13. Sensationalism이란 무엇인가?

14. Locke의 대표적 저서 세 個만 들라.

15. Transcendentalism을 간단히 定義해 보라.

16. 우리의 認識은 Kant에게 있어서, 어떻게 하여 成立하는 것인가?

17. Kant에게 있어서 Kategorie란 무엇인가?

18. Kant에게 있어서 認識이 成立하기 위해서는 어떠한 要素를 필요로 하는가? <곧 認識 成立의 要素는 무엇인가?><17. 問과 결국 같은 물음이다>

19. Kant에게 있어서 synthetical judgment a priori란 무엇인가?

16째 가름

認識의 對象論(本質論)

1째 조각 觀念論

1. 정신 작용의 특징으로서의 Intentionalität란 무엇인가? 이를 말한 이는 누군가?

2. Kant의 이른바 Copernicus的 轉回란 무엇인가?(kopernikanische We-ndung)

3. subjective Idealism이란 무엇인가? 그 대표자는 누구며, 그는 어떠한 말로써 이를 表現하고 있는가?

4. John Locke의 primary quality란 무엇이고, Berkeley는 왜 이것을 否定하였는가?

5. Locke의 primary quality의 支持者인 物體的 實體를 Berkeley는 否定하였지만, 그가 끝내 否定하지 못한 것은 무엇인가?

6. Berkeley에게 있어서 物體란 무엇인가?

7. Hume은 Berkeley의 사상을 어떻게 비판하였는가?

8. Kant의 transzendentales Idealismus란 어떠한 입장인가?

9. Kant의 transzendentales Subjekt란 무엇인가?

10. Subjective Idealism을 한마디로 비판해 보라.

11. Kant에게 있어서 認識이란 무엇인가?

12. Berkeley가 犯한 誤謬를 克服하려고 한 Kant는 다시 어떠한 새로운 誤謬에 빠진 결과가 되었는가?

13. George Berkeley의 대표적 著書 두 개만 들라.

2째 조각 實在論

1. Realism에 있어서 認識이란 무엇인가?
2. Copy theory란 무엇인가?
3. naiver Realismus란 무엇인가?
4. Naive realism을 비판하라.
5. Reflective realism을 科學的 實在論이라고도 부르는 이유는 어디 있는가?
6. Sir Isaac Newton이 "Principia"(1687)의 제3部의 末尾에서 한 유명한 말은 무엇인가?
7. Reflective realism이 결국 Naive realism과 다를 것이 없다고 함은 무슨 뜻인가?
8. New realism의 주장자들은 어떠한 共同 論文集을 언제 발간하였는가?
9. New realism이 결국은 Naive realism에 比하여 별반 發展이 없다고 함은 무슨 뜻에서인가?
10. 美國의 Critical realism의 주장자들은 어떠한 共同 研究 論文集을 언제 발간하였는가?
11. 美國의 Critical realism은 New realism에 비하여 보다 主觀的인가 客觀的인가? 그리고 전자가 후자에 대하여, 錯覺이나 幻覺(主觀的인 誤謬)의 現象을 說明할 수 없다고 함은 무엇 때문인가?
12. Critical realism에 있어서는, 知覺 "與件은 實在(存在)가 아니다" 라고 말한다. 그러면 그들은 data를 어떠한 것이라고 보고 있는가? <간명하게>
13. Critical realism은 무엇 때문에 與件이라고 할 수 없는 實在界를 용인하여야 하는가?

14. Critical realism에 있어서, 與件이란 책상 그것이 아니고 책상이라고 생각된 그것인데, 이와 같이 단순히 事實이라고 생각된 것에 불과한 것이 생각된 그대로 진실한 知識이라는 것을 證明할 수 있는 方法은 무엇인가?

15. Critical realism이 결국은 Pragmatism의 嫡子에 불과하다고 하는 이유는 어디 있는가?

16. Critical realism의 缺點은 Realism 一般의 그것과 共通하다고 한다. 다시 말하자면 무엇인가?

17. Nicolai Hartmann에게 있어서 認識이란 무엇인가?

18. Nicolai Hartmann의 입장을 "Ideal‒realismus"라고 하는 이유는 어디 있는가? 곧 對象과 主觀 곧 認識을 어떻게 보기에?

19. N. Hartmann의 "Metaphysik der Erkenntnis"는 認識을 기초로 하는 새로운 形而上學이 아니고 무엇인가?

20. N. Hartmann이 시도하는 새로운 認識論이 kritische Ontologie를 必要로 하는 이유는 어디 있는가? (끝)

(3) 主要 哲學者의 主著 目錄 찾기

(4) 人名 찾기

· 저자 ·

정종
(鄭璵)

·약력·

1915. 영광 생
1935. 배재고등보통학교 졸
1938. 중앙불교전문학교 졸
1941. 일본 동양대학 문학부
      철학과 졸
1942. 경성보육학교 교감
1944. 영광유치원 원감
1945. 영광민립중학교 교감
1948. 광주의과대학 예과 부교수
1952. 전남대학교 문리과대학
      철학과 교수

1958. 동국대학교 문리과대학
      철학과 교수
1975. 철학박사(동국대학교
      대학원)
1980. 한국공자학회 부회장
1981. 원광대학교 인문과학대학
      철학과 교수
1985. 한국공자학회 회장
1991~1995 전남대학교
          대학원 강사

·저서·

1953. 현실의 학으로서의 철학
1959. 인간의 학으로서의 교육학
1959. 새 敎育原理
1973. 轉換期의 哲學
1973. 苦惱의 哲學
1975. 孔子思想의 人間學的 硏究
1977. 山, 그대 나의 故鄕
1980. 孔子의 敎育思想
1982. 동서사상의 만남
1982. 나의 청춘, 나의 이상
1984. 라이프니쓰와 單子形而上學
1984. 自己의 世界를 산다
1985. 더불어 苦惱하는
      우리의 마당
1986. 論語와 孔子

1992. 철학과 문학의 심포지엄
1994. 고향의 시인들과
      시인들의 고향
1995. 나의 삶 80 (상)
1999. 나의 삶 84 (중)
1999. 나의 삶 84 (하)
2001. 근·현대 한국의 명문장
      100인 선 <공저>
2007. 나의 철학적 사고
2007. 나의 문학적 감동
2007. 나의 정치적 의식
2007. 온 버림 산문집
2007. 민중과의 철학적 대화

〈현실의 학〉으로서의 철학

초판인쇄 | 2009년 7월 10일
초판발행 | 2009년 7월 10일

지은이 | 정종
펴낸이 | 채종준
펴낸곳 | 한국학술정보㈜
주 소 | 경기도 파주시 교하읍 문발리 파주출판문화정보산업단지 513-5
전 화 | 031) 908-3181(대표)
팩 스 | 031) 908-3189
홈페이지 | http://www.kstudy.com
E-mail | 출판사업부 publish@kstudy.com

등 록 | 제일산-115호(2000. 6. 19)
가 격 | 36,000원

ISBN   (Paper Book)
        978-89-268-0152-9 98150 (e-Book)